中國學術思想 研究輯刊

十 一 編

林 慶 彰 主編

第20冊

魏晉美學趨勢

張 鈞 莉 著

花木蘭文化出版社
HUA-MU-LAN CULTURE PUBLISHING COMPANY

國家圖書館出版品預行編目資料

魏晉美學趨勢／張鈞莉 著 — 初版 — 新北市：花木蘭文化出
版社，2011〔民 100〕
目 6+242 面；19×26 公分
（中國學術思想研究輯刊 十一編：第 20 冊）
ISBN：978-986-254-540-9（精裝）
1. 魏晉南北朝哲學　2. 美學
030.8　　　　　　　　　　　　　　　　100002447

ISBN-978-986-254-540-9

9 789862 545409

中國學術思想研究輯刊
十一編　第二十冊　　　　　　　　　ISBN：978-986-254-540-9

魏晉美學趨勢

作　　者　張鈞莉
主　　編　林慶彰
總 編 輯　杜潔祥
出　　版　花木蘭文化出版社
發 行 所　花木蘭文化出版社
發 行 人　高小娟
聯絡地址　新北市永和區中正路五九五號七樓之三
　　　　　電話：02-2923-1455／傳眞：02-2923-1452
網　　址　http://www.huamulan.tw 信箱 sut81518@ms59.hinet.net
印　　刷　普羅文化出版廣告事業
封面設計　劉開工作室
初　　版　2011 年 3 月
定　　價　十一編 40 冊（精裝）新台幣 62,000 元

魏晉美學趨勢

張鈞莉　著

作者簡介

張鈞莉，國立台灣師範大學國文系、台灣大學中文研究所碩士班、師範大學國文研究所博士班畢業，早期研究重心在六朝的文學與美學思想，近年全力參與籌備台灣第一個專司培育對外華語教學師資的大學專業科系——中原大學應用華語文學系（Department of Teaching Chinese as a Second Language, Chung Yuan Christian University），曾擔任其創系系主任兩年。現仍任教於該系，主授文學與文化類課程。

提　　要

　　本書非為探討魏晉美學之現象，而在追溯這些美學現象的根源。認為魏晉南北朝時期的一切美學盛況，乃肇端於漢末魏初所產生之一股全新的、銳利的美學趨勢。此趨勢至少有三個層面：人本、緣情，與抽象。

　　所謂人本趨勢，是從以外在價值為重，轉為以人的自身為根本，將人的存在、人的自由意志視為首要的一種審美態度上的新趨勢。這是魏晉南北朝美學發生重大轉變的最根本原因。

　　當人的地位和價值凸顯之後，人們內心的情感意識得以自然表露，「緣情趨勢」遂成為魏晉時期另一個審美共通趨勢。魏晉人士特別重情。從人本趨勢到緣情趨勢，也說明了中國美學之內向化、主體化的發展特徵。

　　而除了內向化發展之外，魏晉之際另具有一個朝向形上玄遠發展的普遍趨勢，本書名之曰「抽象趨勢」。故其時論人以「才」「氣」「風」「神」為重；論學以「無」為貴，從而將中國美學從傳統的具體人事範圍，一轉而向玄遠抽象的境界邁進。

　　人本、緣情、抽象，此三方面合而形成所謂的「魏晉風度」。本書即針對此三大趨勢，分析其形成的原因、論證其各種呈現的形態，並統理其對兩晉南北朝美學之影響。期能為魏晉美學巍然有別於其他時代的特殊現象，做一番追本溯源的澄清與說明。

目

次

緒　論

一、釋　名

（一）魏晉美學

魏晉，或者擴大一點說，整個魏晉南北朝時期，是中國美學史上至為重要的一個時期。結束了在先秦兩漢時期漫長、迂迴而艱難的醞釀過程，中國美學終於在這個時候，從政治社會倫理思想等系統的灌溉哺育，以及不可避免的籠罩範限中站立了起來，開始用理性的目光、自省的意識，來尋找和架構一個自己的獨特世界。一方面在理論領域中，它以辯證否定的方式刷新了先秦兩漢時期的傳統審美觀念，如「文德論」、「言志說」等，首次提出，並形成了一系列影響深遠的美學觀念和學說，在才與性、形與神、言與意、虛與實、情與理與景、心與物……等諸對應關係上，從事了深刻的探測和挖掘，為中國美學獨特體系與風貌的形成，奠定了穩固的基礎，從而能夠在日後高度發展，卓然有別於其他任何一國家或地區的美學。其於觀念理論上的開拓建樹之功，有目共睹。

另一方面，和這種種新觀念相呼應地，此一時期在具體的美和藝術的形態上，也出現了一連串重要的變遷和轉化：所謂「魏晉風度」的形成，標誌著社會美標準的全新轉向；所謂「會心華林」的詠嘆，也正顯示著自然美的崛起，及其美感形成的特殊規律；而文學美中的山水、田園、抒情、詠物眾詩文主題，及音韻格律等創作原則的產生；藝術美中楷、行、草書及山水、人物畫各方面登峰造極之作的不斷出現，在在使得此一時期可以當之無愧

地，被稱爲是構成唐代以後千餘年中國所有的美和藝術諸形態的最終淵源，與最初模式。

也就是說，中國古典美學在魏晉南北朝時期，經由對先秦兩漢傳統審美觀的質疑、改造和揚棄；以及對各種美的自身本質的價值肯定、結構探索和創造發現，已經基本形成了它迴別於西方客觀實證美學的那份側重主體、側重心理、側重表現的主要性格特徵。

因此，難怪宗白華先生在〈中國美學史中重要問題的初步探索〉一文中高聲疾呼：「學習中國美學史，在方法上要掌握魏晉六朝這一中國美學思想大轉折的關鍵。」又說：「魏晉六朝是一個轉變的關鍵，劃分了兩個階段，從這個時候起，中國人的美感走到了一個新的方面，表現出一種新的美的理想……在藝術中，要著重表現自己的思想，自己的人格，而不是追求文字的雕琢，……這是美學思想上的一個大的解放。詩、書、畫開始成爲活潑潑的生活的表現，獨立的自我表現。」〔註1〕李澤厚先生也在論〈魏晉風度〉時說：「魏晉在中國歷史上是一個重大變化時期。……這個時代是一個突破數百年的統治意識，重新尋找和建立理論思維的解放歷程。」〔註2〕魏晉南北朝時期在中國美學發展史上的重要地位，是幾乎所有的美學研究者都注意到的事實。

（二）魏晉美學趨勢

魏晉南北朝時期這一切美學重大發展的形成和確定，都不是憑空產生的，它們肇端於發生在從漢末到魏晉之際這段時期內的一股全新的、銳利的美學趨勢。

1. 先秦兩漢的外向和諧審美基調

先秦兩漢時期美學的基本傾向是強調「中和」、「中庸」，以和諧爲美。〔註3〕儒家強調個體與社會、情感與倫理、美與善的和諧；道家則強調人與自然、絕對與自由、美與眞的和諧。因此整體來說，它們的審美關係結構都是外向的，要求人統一於社會倫理，或是自然精神的一個外在對象。兩漢時期董仲舒乘駕著「獨尊儒術，罷黜百家」的優勢，以「天人感應」和「君權神授」說配合著

〔註1〕《美從何處尋》，頁2，及頁5。台北元山書局，民國75年版。
〔註2〕《美的歷程》，台北三民書局，民國85年版，頁97～98。
〔註3〕參李澤厚、劉綱紀主編的《中國美學史·第一章先秦美學思想》「先秦社會與先秦美學」一節，及周來祥主編的《中國美學主潮·先秦美學》「古典和諧美的誕生」一章等。

陰陽五行觀，再對儒家的中和之美做了理論化、系統化的全面整頓和傾銷，從而更強化了這種外向的和諧關係結構。這段漫長的時期中的整體美學趨向是：作爲一個審美主體的人，對於外在的自然對象和社會群體的整體價值，都在或自覺或不自覺地順從著、模仿著、追逐著，以獲得那種形態及對象或許不同，但意識實質相通的所謂「和諧的美感」。這樣的審美意識所表現出來的，是著重群體價值的審美理想、著重理性認同的審美角度，和著重具象再現的藝術形態。這從「思無邪」的《詩經》所具有的「興、觀、群、怨」之功用，和寫實諷諫之傳統；從「鋪采摛文，體物寫志」的漢賦所具有的高度模擬技巧，和整體一致的作品風貌中可以明證。另外，周代簡單樸拙的青銅器物、漢代厚重具象的隸書和雕刻藝術，也是很好的輔助說明。〔註4〕

2. 魏晉的美學新趨勢

　　然而先秦兩漢這種外向和諧的審美關係結構，及其所表現出來的著重群體價值、著重理性認同、和著重具象再現的種種審美特色，到了魏晉南北朝以後，整個美學的性格特徵和呈現形態，卻成了斷然不同的一種「側重主體、側重心理、側重表現」的情況，亦即前述宗白華先生所謂「詩、書、畫開始成爲活潑潑的生活的表現，獨立的自我表現。」並且從此而展開了上文所說的一切美學盛況。這是怎麼一回事呢？

　　原來，銜接這兩大時代思潮的，是中間漢末魏初，延及西晉中期以前的這段歷史時期，由於種種內在外在的原因，爲魏晉美學造成了一股全新的發展趨勢，使得整個美學不論從內部組成，關係結構，到形式表現上都發生了翻轉性的變化，因而呈現出這樣前後全然不同的新面貌。

　　本書即針對此一發展新趨勢做綜觀研究。認爲在魏晉之際產生的美學趨勢至少具有三個層面：人本趨勢、緣情趨勢，及抽象趨勢。

（1）人本趨勢

　　所謂人本趨勢，乃相對於兩漢時期以董仲舒「天人相應說」所建構的「神本」思想體系、及東漢王充爲反對此「神本」論而以「氣化宇宙論」爲基礎，極力強調講求實用證據，而提出的「物本」論而言。「人本趨勢」出現在漢末魏初之際，是從以外在價值爲重轉而爲以人的自身爲根本的一種思想上的、審美態度上的新趨勢。在本書中特指從兩漢時代那個「人的活動和觀念完全

―――――――――――

〔註4〕參李澤厚《美的歷程》「青銅饕餮」與「楚漢浪漫主義」兩章。

屈從於神學目的論和讖緯宿命論支配控制」〔註5〕的社會和心理狀態中脫身出來，重新發現、思索、把握和追求自己的生命意義、生存方式的一種嶄新的覺醒態度。認為人，而不是人以外的任何事物、觀念、價值，具有最崇高的意義和價值。將人的存在、人的自由意志視為首要，揚棄褊狹的道德教條、天道觀念，而重視強調個人價值。自從魯迅在〈魏晉風度及文章與藥及酒之關係〉一文中說：「曹丕的一個時代可說是『文學的自覺時代』」〔註6〕以後，「自覺」、「覺醒」等象徵獨立人格的詞語成了討論魏晉美學時的常用語，具有約定俗成的共通意義。李澤厚《美的歷程·魏晉風度》也僅以「人的主題」和「文的自覺」二方面來涵括整個魏晉時期的美學特徵。〔註7〕這一切形成於漢末至魏晉之際的關於人的覺醒，與人的價值的發現、肯定、和極度發揮的共通意義及現象，本文統名之曰「人本趨勢」，並認為它是魏晉南北朝美學發生重大轉變的最根本原因。

（2）緣情趨勢

在人本的傾向日趨明朗，人的地位和價值日益高漲之後，人的各種自然屬性受到肯定，存在於人們內心深處的情感意識的作用也就隨之掙脫一切外在束縛，得以自然伸展。「緣情趨勢」於是與人本趨勢一起，成為促進魏晉美學大轉型的另一個更深層、更深刻的整體趨勢。整體來看，從先秦，尤其是兩漢儒家的以禮、以理節情；經漢末魏晉的神仙家們的以道節欲、竹林人士的抑情抗禮，人的內在情感在從獲得肯定到合理宣洩的路上曾經受過各種壓抑和扭曲，甚至一度墮入達生任情派的縱欲歧途之中，以致徒引非議。然而終於在哲學的「聖人有情」的論證，以及文學上「詩緣情而綺靡」，和日常生活上「人當道情」的嶄新體悟中茁壯成熟，成為一個在社會、個體、藝術、學術各層面都影響深遠的審美共通趨勢。以致於造成魏晉人士特別重情，從父子兄弟、夫妻友朋等人際關係的各層面，到整個人與宇宙造化、與周遭環境（山水）、與知識本體（玄理）之間的互動關係，都一以任情。桓子野的奈何之嘆、王伯輿的茅山之慟〔註8〕（《世說新語·任誕》）至今膾炙人口。可見

〔註5〕李澤厚語，見〈魏晉風度·人的主題〉，《美的歷程》，頁99。

〔註6〕《魯迅作品全集》10《而已集》，頁 127。台北風雲時代出版公司，民國 78
年版。

〔註7〕〈魏晉風度〉中還有一個主題：「阮籍與陶潛」論及阮、陶二氏在魏晉時代所
開創的兩種藝術境界，屬於前述二主題的作品論證和深入說明部份。

〔註8〕二事分別見《世說新語·任誕》第 42 條與第 54 條，本書頁 48 及 159 亦引。

「緣情趨勢」的發展路線和「人本趨勢」比較起來，過程有些迂迴，而影響一樣廣大。這是因爲情乃內在於人的本身，所以和人的問題比較起來，更深邃、也更複雜一些。這一股在魏晉之際所形成的「緣情趨勢」，對於人的當下直覺的情感之自由迸發給予高度重視，使得情深意重成爲「魏晉風度」的重要成份；文學藝術的審美角度也因此而有了從外在社會和道德教化向著主體內在作一大轉向的憑藉。「緣情趨勢」也是構成魏晉南北朝美學的大趨勢之一。

（3）抽象趨勢

「人本趨勢」和「緣情趨勢」之間有著部份相因相生的內在聯繫，但是另外一方面，魏晉之間還有一個更普遍的大趨勢，是日漸遠離具體人事，及人世，朝向形上、玄遠、虛無發展的一個抽象趨勢。從東漢王充著《論衡》以「疾虛妄」，〔註9〕到西晉陸機〈文賦〉論文學創作須「課虛無以責有，叩寂寞而求音」，藝術審美在漢魏之際，異常明顯地產生著一個由徵實向玄遠發展的巨大變化。它溯源於東漢以降隱藏在高亢的寫實主流之下的一股清虛高蹈的神仙思想；肇端於曹氏父子在肯定個體價值時，特別注重了個體的「才」與「氣」等精神特質；而由哲學上的正始時期王弼的「以無爲本說」正式揭開序幕，從而將中國美學整個的從傳統的具體人事範圍，一轉而向精神上的超脫與自由的抽象境界邁進。今日任何人一提及魏晉南北朝，立刻聯想到玄學與清談，即植因於此滂沛的抽象趨勢。反映在美學範疇中，是美的形態上的形與神關係、藝術表現上的言與意關係、審美對象上的人與物（自然）的關係等的再省思，並總結而突出地表現爲在社會美領域中的對眞實、自由、而超脫的人格美形象的熱烈追求，和重鑄再造，從而展現爲所謂的「魏晉風度」。整個魏晉美學從審美理想、理論範疇，到個別的文學、藝術、山水自然等等美的表現形態，乃至於人物和藝術品鑑的立論角度，全都囊括在此抽象的趨勢之中，從而獲得它巍然有別於其他時期美學的獨特性格特徵。

整體來看，人本的趨勢強調了主體人格的崇高價值，推動主體擺脫外在有限性的束縛，實現內在的無限和諧自由，因此人的個性、情感、心理等方面也就從一切外物的遮蔭中凸現出來，情感表現論隨著個性價值論而崛起於

〔註9〕《論衡・佚文》：「《詩》三百，一言以蔽之，曰：思無邪；《論衡》篇以十數，亦一言也，曰：疾虛妄。」又〈對作〉：「是故《論衡》之造也，起眾書並失實，虛妄之言勝眞美也。故虛妄之語不黜，則華文不見息；華文放流，則實事不見用。故《論衡》者，所以輕輕重之言，立眞僞之不平，非苟調文飾辭爲奇偉之觀也。」此皆王充「疾虛妄」說之大要。

魏晉之際，原是自然而然的現象；而魏晉人士在強調人的獨特價值時，卻把價值重心放在人的個性情感，而非人的活動實踐層面，（極大地相對於西方的人文主義，尤其是馬克思唯物主義）這就註定了魏晉思想和美學發展的內向性和抽象性了。也就是說，上述的「人本」和「緣情」兩個美學趨勢的本身，都具有著「抽象」的性質和特徵，它們都是在一個整體朝向虛玄抽象的潮流中生成和發展的，很難遽以分割抽繹。人本、緣情、抽象，三個方面層層相因相扣，盤根錯節地結合成一個大趨勢，帶出整個魏晉美學在先秦兩漢之後的歷史性的轉換──外向和諧內向化；對象認同心理化；人世關注玄遠化；而群體價值卻全面個性化──從而完成了它的獨特性格，與歷史價值。無此三趨勢，則魏晉南北朝美學無從獨立確立；盛唐以後浩浩蕩蕩的中國美學之萬古江流，也就無由尋根溯源。

本書有鑑於此，分別針對此人本、緣情、抽象三趨勢，分析其成因、論證其實質、統理其影響結果。據以分章立節，並於第一章中總論這三大趨勢之所以發生於漢晉之際的內在外在諸因素。

二、研究範圍

本書非為魏晉美學，而為魏晉美學趨勢之研究。因此著重點不在魏晉時期的美學現象，而在造成這些美學現象的根源。於是，在探討人本、緣情、抽象三趨勢的「形成」時，時間上以漢末魏初為主，然而不可避免的會上及於東漢，甚至遠溯於孔孟老莊；下至於魏末晉初，典午秉政以後。蓋因一觀念一趨勢之產生及確立，均非一朝一夕之事，必有其演變遞嬗之跡的緣故。源流之遠自不必說，而觀念之確立尤非一蹴可及，如以影響抽象觀念至鉅的魏晉玄學而論，乃正始時期之產物，其時已是魏末；而影響緣情趨勢甚深的「詩緣情」說的倡導人陸機，主要活動時期是在西晉太康、元康年間。〔註10〕故知論魏晉美學趨勢之形成，必須將時間範圍從漢末魏初再擴及西晉元康以

〔註10〕緣情說產生較晚，本文認為也是自然合理的。如前所述，情感乃內在於主體本身，為更深邃、更複雜的審美機制，故其生成，自然也有待於人格本體確立完善，並其內向化、抽象化的演變趨勢明朗之後。然而情感表現論的本身，同樣又是人本趨勢抽象化的促媒之一，就是它使得中國哲學和美學的人本精神沒有走上外向追尋的唯物主義去。再加上它所造成的任情之風，又實際是魏晉風度的主要架構之一，因此，為了緣情趨勢而將魏晉美學趨勢形成的時間下限往下延伸至晉初，也是「情」有可原的吧。

前。以此爲界，而仍以漢魏之際爲中心。於此階段內，美學趨勢已經於焉奠定，只待騁足奔馳了。正如吳功正《六朝美學史》所言：「從漢代神學到魏晉六朝人學這個哲學、美學途程中……一切都要到漢末才出現凝聚和沈澱，因此，對於六朝來說，最重要的不是整個漢代，而是漢末，是經過漢末的淤合或反撥，最終輸入六朝的。」〔註11〕至於西晉中期，乃至渡江以後、南北朝時期等所謂「魏晉風度」最踔厲蹈揚的階段的種種美的表現，則正是人本、緣情、抽象三趨勢在審美理想、藝術意識、及各種美的呈現等各方面的實踐結果，因此它們就是在分析此三趨勢對魏晉美學的「影響」時的最佳素材。

三、研究方法

本書所謂的魏晉美學趨勢，完全來自於對魏晉時期種種美學現象及審美理念的觀察、思考和歸納。而所謂魏晉的美學現象和審美理念，包括當時代的學術討論中所嘗試廓清的哲理思辨（以及辯）和人文關懷、當時各種文藝創作中所表現的審美特徵和規律、當時各種載籍中所呈現的一般社會現象、以及當時各種文藝理論批評著作中所總結的創作經驗等等。從這許多分散的素材中尋繹出共同的發展趨勢，先釐清此趨勢的形成原因；再論析其所以能奠定基礎成爲引導趨勢的諸多因素，以及其中所具有的美學意義。此二部份屬於該趨勢的內含研究。再細言之，形成原因的探討屬於一趨勢的緣起部份；奠定部份的說明則可見出該趨勢的拓展，和成熟茁壯。歷史範圍如上所述，以漢晉之際爲主。

抽繹出該美學趨勢，並析理其形成原因及奠基現象之後，本文著重掌握此趨勢，以其中的審美原理去統攝、審視、並解釋它對魏晉美學整體風貌的影響。屬於該趨勢的結果、影響、表現的研究，亦即，外緣的研究。時間範圍則以兩晉及南北朝時期爲主。

如此一方面尋繹因緣、一方面歸納特性，又同時追究其發展結果，三管齊下，期能將魏晉美學的人本、緣情、抽象三項特殊趨勢徹底廓清，從而使得魏晉美學之所以爲魏晉美學，其中的肯綮關目，得以昭然張舉。

〔註11〕見吳功正《六朝美學史》，頁37，江蘇美術出版社，1996年4月二版。

第一章　魏晉美學的生成環境

前　言

　　魏晉美學標誌著中國美學的成熟壯大，和轉型的開始。這個局面的形成，是整個中國文化、社會，和美學自身的內在邏輯同時開展的結果。因此，要了解魏晉美學的趨勢，研究其基本特徵和意義，必須將考察的視鏡擴展到歷史發展的廣闊背景中去，釐清它的生成環境的各方面。這樣的外緣研究，是研究整個魏晉美學趨勢的基礎。

　　這可以從當時的社會現實狀況、人們內在的心理價值結構，和學術哲理的邏輯發展三方面來說。

第一節　險惡的政治社會現實

　　宗白華先生在〈論世說新語和晉人的美〉一文中曾說：「漢末魏晉六朝是中國政治上最混亂，社會上最苦痛的時代，然而卻是精神史上極自由，極解放，最富於智慧，最濃於宗教熱情的一個時代。因此也就是最富有藝術精神的一個時代。」[註1] 誠爲的論。當時政治上的混亂、社會上的苦痛現象，可由以下四方面來說：

一、戰亂頻仍

（一）戰亂頻仍的情況

〔註 1〕《美從何處尋》，頁 187。

　　從東漢桓靈之世以來，中國長期處於戰亂動盪之中，先有黃巾之徒肆虐，「天下飢荒，民人相食」（《三國志・王昶傳》注引《任嘏別傳》）導致社會秩序破壞、農村經濟崩潰；繼之以董卓之亂、群豪割據，戰爭之頻繁，爲禍之劇烈，曠古未見。錢穆先生《國史大綱》論魏晉南北朝時期云「將本期歷史與前期相較，前期以中央統一爲常態，以分崩割據爲變態。本期則以中央統一爲變態，而以分崩割據爲常態。」〔註2〕天下分崩離析，百姓流離死亡。史載董卓入洛陽時屠虐百姓之情形爲：

　　　　是時洛中貴戚室第相望，金帛財產，家家殷積。卓縱放兵士，突
　　　　其廬舍，淫略婦女，剽虜資物，謂之「搜牢」。人情崩恐，不保朝
　　　　夕。及何后葬，開文陵，卓悉取藏中珍物。又姦亂公主，妻略宮
　　　　人，虐刑濫罰，睚眥必死，群僚內外莫能自固。（《後漢書卷七十
　　　　二・董卓傳》）

屠戮洛陽，搜括一空之餘，董卓又強行遷都長安，造成百姓更大的災禍：

　　　　……於是遷天子西都。初，長安遭赤眉之亂，宮室營寺焚滅無餘。
　　　　是時惟有高廟、京兆府舍，遂便時幸焉。後移未央宮。於是盡徙洛
　　　　陽人數百萬口於長安，步騎驅蹙，更相蹈藉，饑餓寇掠，積尸盈路。
　　　　卓自屯留畢圭苑中，悉燒宮廟官府居家，二百里內，無復孑遺。又
　　　　使呂布發諸帝陵及公卿以下冢墓，收其珍寶。（同上）

數百萬口洛陽百姓被強迫移徙入荒涼殘破的長安，已造成道途中積尸盈路的慘狀，其後董卓被誅，其將李傕、郭汜、樊稠等又攻入長安，繼續爲亂：

　　　　時長安中盜賊不禁，白日虜掠，傕、汜、稠乃參分城內，各備其界。
　　　　猶不能制，而其子弟縱橫，侵暴百姓。是時穀一斛五十萬，豆麥二
　　　　十萬，人相食啖，白骨委積，臭穢滿路。（同上）

堂堂古都帝京，淪至如此悲慘世界。日後曹丕追述其時亂象，曾於《典論・自敘》云：

　　　　初平之元，董卓殺主鴆后，蕩覆王室。是時四海既困中平之政，兼
　　　　惡卓之凶逆，家家思亂，人人自危。山東牧守，咸以春秋之義：「衛
　　　　人討州吁于濮」，言人人皆得討賊。於是大興義兵，名豪大俠，富室
　　　　強族，飄揚雲會，萬里相赴。兗豫之師戰於滎陽；河內之甲軍於孟

〔註2〕見該書第十二章。

津。卓遂遷大駕，西都長安。而山東大者連郡國，中者嬰城邑，小
者聚阡陌，以還相吞滅。會黃巾盛於海岱；山寇暴於并冀，乘勝轉
攻，席卷而南。鄉邑望煙而奔；城郭睹塵而潰，百姓死亡，暴骨如
莽。（《三國志卷二‧文帝本紀》注引）

　　此處所記載的是漢獻帝初平年間（190～193A.D.）的情景，至建安元年
（196A.D.），獻帝還都洛陽，然其時四方州牧郡守擁兵觀望，委輸不至，而城
中宮室燒盡，百官披荊棘，依牆壁間立。天子不能自存，命令不出國門。遂
又被曹操挾持遷都於許，從此天下分崩割據，群雄干戈相屬，兵燹連天。莽
莽神州，再無一處淨土。

　　漢末據地稱雄者，不下十餘家，兼併之餘，仍有袁紹、袁術、劉表、劉備、
曹操、孫權、呂布、張魯等畫地自據。而豪雄相爭，攻城掠地之間心存報復，
故其時戰爭之殘酷，屠戮之盛行，又為前所未見。再加上天災不斷，人民相食，
其時人民死亡之眾、流離之苦，在在令人觸目驚心。略舉數端如下：

自京師遭董卓之亂，人民流移東出，多依彭城間。遇太祖至，坑殺
男女數萬口於泗水，水為不流。陶謙帥其眾軍武原，太祖不得進。
引軍從泗南攻取慮、睢陵、夏丘諸縣，皆屠之，雞犬亦盡，墟邑無
復行人。（《三國志卷十‧荀彧傳》注引〈曹瞞傳〉）

自遭荒亂，率乏糧穀。諸軍並起，無終歲之計，飢則寇略，飽則棄
餘，瓦解流離，無敵自破者不可勝數。袁紹之在河北，軍人仰食桑
椹。袁術在江淮，取給蒲蠃。民人相食，州里蕭條。（《三國志卷一‧
魏武帝紀》注引《魏書》）

（袁）術大怒，遣其將張勳、橋蕤攻（呂）布，大敗而還。術又帥
兵擊陳國，誘殺其王寵及相駱俊，曹操乃自征之。……術兵弱，大
將死，眾情離叛。加天旱歲荒，士民凍餒，江、淮間相食殆盡。（《後
漢書卷七十五‧袁術傳》）

袁紹在冀州時，滿市黃金，而無斗粟，餓者相食。（《述異記》）

（二）戰亂頻仍對美學生成的影響

　　戰亂相尋，災禍不斷，於是人口劇減，墟里蕭條。連關中膏腴之地，自
遭董卓、李傕等人踐踏之後，也是奄奄一息，杳無人煙：

初，帝入關，三輔戶口尚數十萬，自傕、汜相攻，天子東歸後，長

> 宛城空四十餘口，強者四散，贏者相食，二三年間，關中無復人跡。
> （《後漢書卷七十二‧董卓傳》）

故《後漢書卷四十九‧仲長統傳》李賢注云：

> 孝靈遭黃巾之亂；獻帝嬰董卓之禍，英雄棋峙，白骨膏野，兵亂相
> 尋三十餘年，三方既寧，萬不存一也。

至晉懷帝時山簡上疏亦云：

> 自初平之元，訖於建安之末，三十年中，萬姓流散，死亡略盡，斯
> 亂之極也。（《晉書卷四十三‧山簡傳》）

這些戰役、屠殺、和飢荒瘟疫的結果，非但自靈帝至獻帝三十年中，百姓萬不存一，若再將時代背景拉長一些看，根據統計，中國的人口在漢桓帝永壽三年（西元 157 年）時，是五千六百多萬，到晉武帝太康元年（西元 280 年），減至一千六百多萬。相隔一百二十年，人口減少四千萬，這數目又是何其可驚！由此也可以看出，在這一個時代中，社會的混亂動搖到了什麼程度，民眾的死亡到了什麼程度。

魏晉美學就是在這樣的戰亂相尋，人命危淺的時代環境中發芽生長的。明乎此，則魏晉美學為何從起始便帶著強烈的人本色彩，又對生死之別表現出特殊強烈的關注與傷痛；對人世具象事物和禮教抱持異常的懷疑與反感，便不難明瞭了。

二、儒學衰微

（一）儒學衰微的原因

1. 駁雜不純

兩漢雖然稱為經學時代，然而自漢武帝所謂「獨尊儒術，罷黜百家」開始，「儒」即與「術」相連結，不復孔孟學說素樸之真貌。《漢書卷九‧元帝記》載宣帝之言曰：「漢家自有制度，本以霸王道雜之，奈何純任德教，用周政乎！」即明顯可知漢代之「儒」，自始即「以霸王道雜之」，殊為不純。近人沈剛伯〈論文化蛻變兼述我國歷史上的第一次文化大革新〉[註3]一文中曾為之分析曰：大抵漢代的統治階層大率僅以儒家理論作為中心思想與政治原則，而同時亦以陰陽家學說作專政之制衡；以法家主張作治事之手段；以道

〔註 3〕《中山學術文化集刊》第一集

家之生活態度撫綏安分守己之農民；又以辭賦小道作爲籠絡士人之工具；更以訓詁章句消磨士人之精力。實際綜核名實，而卻以道德仁義飾其外表，此即漢宣帝所謂「漢家自有」之制度。王霸雜用，寬猛相濟，因而造成兩漢郅治之世。然而是「儒術」，而非儒學矣。

其中影響最嚴重的莫過於雜揉陰陽五行的理論，與春秋災異之說。董仲舒以他自設的一套「天人之際，合而爲一」（《春秋繁露・深察名號》）的理論解釋《春秋》，極力就天象以論人事，而成其著名的神學目的論，籠罩兩漢政治人心四百餘年。《漢書卷五十六・董仲舒傳》載董仲舒於武帝元光元年上〈舉賢良對策〉曰：

> 臣謹案：《春秋》之中，視前世已行之事，以觀天人相與之際，甚可畏也。國家將有失道之敗，而天乃先出災害以譴告之；不知自省，又出怪異以警懼之；尚不知變，而傷敗乃至，以此見天心之仁愛人君而欲止其亂也。

將《春秋》這樣一部孔子「寓褒貶，別善惡」，苦心孤詣以正人心的巨著，用爲「觀天人相與之際」的災異之變，董仲舒以其神化經書的手法結合學術與政治，終於使得武帝龍心大悅，自己也因而仕途順遂。前引《漢書》本傳曰：

> 仲舒治國，以《春秋》災異之變推陰陽所以錯行，故求雨，閉諸陽，縱諸陰，其止雨反是。行之一國，未嘗不得所欲。

從此不但儒術獨尊，災異之說也囂於塵上。其後翼奉變本加屬，更進而將儒家經典全數予以神化。《漢書卷七十五・翼奉傳》載其言曰：

> 臣聞之於師曰，天地設立，懸日月，佈星辰，分陰陽，定四時，列五行，以視聖人，名之曰道。聖人見道，然後知王治之象，故畫州土，建君臣，立律曆，陳成敗，以視賢者，名之曰經。賢者見經，然後知人道之務，則《詩》、《書》、《易》、《春秋》、《禮》、《樂》是也。《易》有陰陽，《詩》有五際，〔註4〕《春秋》有災異，皆列始終，推得失，考天心，以言王道之安危。

可見六經俱已成爲陰陽災異之符兆，連一部文學的《詩經》，竟也可以配進五行五德天干地支等各種怪名目，牛鬼蛇神，烏煙瘴氣，直似一本「推背圖」！而此正漢代當時經學之特色也。故《後漢書卷八十二・方術列傳序》評之曰：

〔註4〕 孟康注引《詩內傳》曰：五際，卯、酉、午、戌、亥也。陰陽終始際會之歲，於此則有改變之政也。

> 漢自武帝頗好方術，天下懷挾道藝之士，莫不負策抵掌，順風而屆
> 焉。後王莽矯用符命，及光武尤信讖言，士之赴趣時宜者，皆騁馳
> 穿鑿，爭談之也。故王梁、孫咸名應圖錄，越登槐鼎之任；鄭興、
> 賈逵以附同稱顯；桓譚、尹敏以乖忤淪敗，自是習爲內學，尚奇文，
> 貴異數，不乏於時矣。是以通儒碩生，忿其姦妄不經，奏議慷慨，
> 以爲宜見藏擯。子長亦云：「觀陰陽之書，使人拘而多忌。」蓋爲此
> 也。夫物之所偏，未能無蔽，雖云大道，其礙或同。若乃《詩》之
> 失愚，《書》之失誣，然則數術之失，至於詭俗乎？如令溫柔敦厚而
> 不愚，斯深於《詩》者也；疏通知遠而不誣，斯深於《書》者也；
> 極數知變而不詭俗，斯深於數術者也。故曰：「苟非其人，道不虛行。」
> 意者多迷其統，取遣頗偏，甚有雖流宕過誕亦失也。

詭俗的數術之學雖姦妄不經，卻大行其道，至東漢時此等神祕虛妄的學說已
不易籠絡人心，經學的眞僞和權威性，不斷受到質疑。章帝乃於白虎觀召集
博士儒生，討論五經異同，在今文經學中又注入讖緯之說，更加迷信荒誕。
當時思想家大加撻伐者不乏其人。桓譚、王充等都曾力斥其非。張衡還上過
〈請禁絕圖讖疏〉。儒學已根基動搖矣。

2. 支離繁碎

　　兩漢儒學充滿神話迷思，然而仍盛行不輟之原因，班固說得好：

> 自武帝立五經博士，開弟子員，設科射策，勸以官祿，訖於元始，
> 百有餘年。傳業者寖盛，枝葉蕃滋，一經說至百餘萬言，大師眾至
> 千餘人，蓋祿利之路然也。（《漢書卷八十八・儒林傳贊》）

兩漢以儒學設科取士，學者自是皓首窮經，「利祿之路」說盡儒學發達之原因。
而也因爲此故，經學家必須能隨時對統治者的政策提供理論根據。他們因應
時局，對儒家經典做出符合現實政治需要的解釋。於是免不了便辭巧說，以
相陵尙，導致一部經典，異說叢生。同解《易經》，而梁丘與京氏不同；同論
《春秋》，而公羊與穀梁互異。最後不僅各經之間義相乖離，一家之內，又別
有支派。故何休感嘆曰：

> 傳春秋者非一，本據亂而作，其中多非常異義可怪之論。說者疑惑，
> 至有倍經任意，反傳違戾者。其勢唯問，不得不廣，是以講誦師言，
> 至於百萬，猶有不解。時加釀嘲辭，援引他經，失其句讀，以無爲
> 有，甚可閔笑者，不可勝記也。（《全後漢文》卷六十八）

再看當時儒者所言：

> 秦近（按，近應作延）君能說堯典篇目，兩字之說，至十餘萬言，
> 但說「曰若稽古」，三萬言。（桓譚《新論》）

> 古之學者耕且養，三年而通一藝，存其大體，玩經文而已，是故用
> 日少而畜德多，三十而五經立也。後世經傳，既已乖離，博學者又
> 不思多聞闕疑之義，而務碎義逃難，便辭巧說，破壞形體，說五字
> 之文，至於二三萬言。後進彌以馳逐，故幼童而守一藝，白首而後
> 能言，安其所習，毀所不見，終以自蔽。此學者之大患也。（《漢書·
> 藝文志·六藝略序》）

至東漢以後，這種「務碎義逃難，便辭巧說」的情況愈形嚴重，說經動輒數
十萬言，漢儒又恪守師法，謹守繁雜的經學不敢易一字，唯通儒能刪裁之，
然仍舊煩碎不堪。讀《後漢書》諸儒者傳可知：

> 及東京，……守文之徒滯固所秉，異端紛紜，互相詭激。遂令經有
> 數家，家有數說，章句多者或乃百餘萬言。學徒勞而少功，後生疑
> 而莫正。（《後漢書卷三十五·鄭玄傳論》）

> 初，榮受朱普學章句四十萬言，浮辭繁長，多過其實。及榮入授顯
> 宗，減爲二十三萬言。郁（榮子）復刪省定成十二萬言。（《後漢書
> 卷三十七·桓榮傳附桓郁傳》）

> 奐少遊三輔，師事太尉朱寵，學歐陽尚書，初，牟氏章句浮詞繁多，
> 有四十五萬餘言，奐減爲九萬言。（《後漢書卷六十五·張奐傳》）

> 初，父黯章句繁多，恭乃省減浮詞，定爲二十萬言。（《後漢書卷七
> 十九·儒林列傳·伏恭傳》）

後來劉勰在《文心雕龍·論說》中也說：

> 若秦延君之注堯典，十餘萬字；朱公文（即朱普）之解尚書，四十
> 萬言，所以通人惡煩，羞學章句。

今觀東漢當時的通人才士，確實均鄙薄章句之學。如揚雄，「少而好學，不爲
章句，訓詁通而已。」（《漢書卷八十七·揚雄傳》）；又如班固，「所學無常師，
不爲章句，舉大義而已。」（《後漢書卷四十·班固傳》）。揚雄《法言》又曰：
「今之學者，非獨爲之華藻，又從而繡其鞶帨。」都是對當時學者之文飾煩
碎，深表不滿。

3. 詭異不倫

自武帝表彰六經後，經學本已成爲整個社會實踐的一部份，皮錫瑞《經學歷史》稱「其學極精而有用」之意也。而其所謂「用」，乃指「以〈禹貢〉治河，以〈洪範〉察變，以《春秋》決獄，以《三百五篇》當諫書。治一經得一經之益也。」〔註5〕經義見諸實用，權威性日高。張金吾《兩漢五經博士考》序文說：「其務之也專，故其植之也固；其別之也嚴，故其持之也定；其求之也實，故其應之也不以文。」〔註6〕正因其實踐性的要求而有此專、固、嚴、定、實等特性。

而至末流，卻漸流於荒誕不經。史書中例證頗多，如：

> 張角作亂，栩上便宜，頗譏刺左右，不欲國家興兵，但遣將於河上北向讀孝經，賊自當消滅。（《後漢書卷八十一·獨行列傳·向栩傳》）

> 時夏大旱，太守自出祈禱山川，連日而無所降。輔乃自暴庭中，慷慨咒曰：「輔爲股肱，不能進諫納忠，薦賢退惡，和調陰陽，承順天意，至令天地否隔，萬物焦枯，百姓喁喁，無所訴告，咎盡在輔。今郡太守改服責已，爲民祈福，精誠懇到，未有感徹。輔今敢自祈請，若至日中不雨，乞以身塞無狀。」於是積薪柴聚荻茅以自環，搆火其傍，將自焚焉。未及日中時·而天雲晦合，須臾澍雨，一郡沾潤。世以此稱其至誠。（同上，〈諒輔傳〉）

> 詔書求賢良方正直言之士，有至行能消災伏異者，公卿郡守各舉一人，郡及大司農俱舉封。……其年大旱，封禱請無獲，乃積薪坐其上以自焚。火起而大雨暴至，於是遠近嘆服。（同上，〈戴封傳〉）

這樣的「用」，委實可謂已流於荒誕不經。然而漢儒似乎捨此等愚行即不知經學尚有何其他用處。故其平日所學多半爲僵化無用的死知識，自然亦不復足以維繫人心。

4. 僵化無用

皮錫瑞《經學歷史》又曰：「漢人最重師法。師之所傳，弟之所受，一字毋敢出入，背師說即不用。師法之嚴如此。」〔註7〕因爲重師法而一字不敢與師承有出入，結果是硜硜然小人哉，終身抱持一經而迂滯不通。《論衡·謝短》

〔註5〕皮錫瑞《經學歷史》，頁79。鳴宇出版社，民國69年5月初版。
〔註6〕商務印書館1937年版
〔註7〕《經學歷史》，頁64。

即譏評當日儒者，謂之既不知今，又不知古，唯知講授章句，絲毫不能施之實務。其言曰：

> 夫儒生之業，五經也，南面爲師，旦夕講授章句，滑習義理，究備於五經，可也。五經之後，秦漢之事，無不能知者（按，劉盼遂《論衡集解》曰：「無」字疑衍。），短也。夫知古不知今，謂之陸沉，然則儒生，所謂陸沉者也。五經之前，至於天地始開，帝王初立者，主名爲誰，儒生又不知也。夫知今不知古，謂之盲瞽。五經比於上古，猶爲今也。徒能說今，不曉上古，然則儒生，所謂盲瞽者也。

其言雖有些失於厚道，卻頗能刻畫當時儒者狹隘鄙固的面目。其後范曄撰《後漢書・儒林列傳論》時也評論曰：

> 若乃經生所處，不遠萬里之路，精廬暫建，贏糧動有千百，其者名高義開門受徒者，編牒不下萬人，皆專相傳祖，莫或訛雜。至有分爭王庭，樹朋私里，繁其章條，穿求崖穴，以合一家之說。故揚雄曰：「今之學者，非獨爲之華藻，又從而繡其鞶帨。」夫書理無二，義歸有宗，而碩學之徒，莫之或徙，故通人鄙其固焉，又雄所謂「譊譊之學，各習其師」也。且觀成名高第，終能遠至者，蓋亦寡焉，而迂滯若是矣。

《顏氏家訓・勉學》亦持平而論曰：

> 學之興廢，隨世輕重。漢時賢俊，皆以一經宏聖人之道，上明天時，下該人事，用此致卿相者多矣。末俗已來不復爾，空守章句，但誦師言，施之世務，殆無一可。故士大夫子弟皆以博涉爲貴，不肯專儒。

空守章句，但誦師言，漢儒末流的這些僵化拘執，使得儒者大爲當世所輕，此正是儒學衰廢的主要原因。

如此，因爲漢代儒學內部的駁雜不純、支離繁碎、詭異不倫、及僵化無用的問題，儒學的衰微就不足爲奇了。

（二）儒學衰微的情況

儒學衰微之原因如上述；至於儒學衰微所表現於外的徵候，可從以下三方面約略言之：

1. 太學遊談不止

東漢末期以後，經生氾濫，遊學增盛，而漸以浮華相尚，鮮能專習一經，

時儒學已呈外強中乾之情況。如《後漢書卷七十九·儒林列傳序》所言：

> 自安帝覽政，薄於藝文，博士倚席不講，朋徒相視怠散，學舍頹敝，
> 鞠爲園蔬，牧兒芻豎，至於薪刈其下。順帝感翟酺之言，乃更修黌
> 宇，凡所造構二百四十房，千八百五十室。試明經下第補弟子，增
> 甲乙之科員各十人，除郡國耆儒皆補郎、舍人。本初元年·梁太后
> 詔曰：「大將軍下至六百石，悉遣子就學，每歲輒於鄉射月一饗會之，
> 以此爲常。」自是遊學增盛，至三萬餘生。然章句漸疏，而多以浮
> 華相尚，儒者之風蓋衰矣。

再加上當時以孝廉舉士，汲汲於功名者不惜傷身害性、欺世惑眾以沽名
釣譽，換得薦舉之機會。如《後漢書卷六十六·陳蕃傳》載蕃爲樂安太守時
所遇之事：

> 民有趙宣葬親而不閉埏隧，因居其中，行服二十餘年，鄉邑稱孝，
> 州郡數禮請之。郡內以薦蕃，蕃與相見，問及妻子，而宣五子皆服
> 中所生。蕃大怒曰：「聖人制禮，賢者俯就，不肖企及。且祭不欲數，
> 以其易黷故也。況乃寢宿冢藏，而孕育其中，誑時惑眾，誣汙鬼神
> 乎？」遂致其罪。

如趙宣之流假冒爲善的人，若不是遇上陳蕃這種剛正不苟的碩德賢良，或許
便眞的魚目混珠，濫竽充數地被「舉茂才、察孝廉」去了。當時這類敗德之
事想必不少，對於儒者的形象，都是負面影響。

2. 非儒言論盛行

於是漢末的文士們，不論言行，均開始薄鄙周孔。除痛斥其煩瑣不倫，無
益於國計民生之外，甚且波及素來維繫世道人心的儒家倫常觀念。王充便是此
中代表人物。其「萬物自生」的理論，等於從根本毀棄儒道倫常。其說曰：

> 天地合氣，人偶自生，猶夫婦合氣，子則自生也。夫婦合氣，非當
> 時欲得生子，情欲動而合，合而子生矣。(《論衡·物勢》)
>
> 當其生也，天不須復與也，由（按，劉盼遂《論衡集解》於篇首「由
> 其有災變不欲以譴告人也」一句之下所注之「『由』，讀作『猶』」，
> 可援用於此。本書下文所引亦同此例。）子在母懷中，父不能知也。
> 物自生，子自成，天地父母，何與知哉？(《論衡·自然》)
>
> 夫人之施氣也，非欲以子，氣施而子自生矣。天動不欲以生物而

物自生，此則自然也。（同上）

王充這些學說，其實邏輯並不嚴密，學術上算是淺薄的，但在當時的時代意義上，卻因爲他敢於非聖人、薄周孔，對於儒家末流的種種因循苟且的惡習，頗有針砭作用。錢穆先生《國學概論》云：「此種議論，新奇可喜，宜其聳動一時之觀聽，而儒家五六百年來以孝治天下之倫理，根本遭其打擊矣。」林尹《中國學術思想大綱》亦云：「王充者，甚明老聃孔子之道，而不滿儒者以陰陽神化孔子之謬誣，爲求脫出當時思想之桎梏，故獨尊老子之言，順乎自然。廓清陰陽五行之氛霧，遂開魏晉玄學之先河。」〔註8〕都認爲王充此說重在打擊當時儒家以陰陽五行、或以倫理孝道治天下的氛霧。王充是較早敢於提出強烈非儒理論的大家，其思想影響後來魏晉清談極大。〔註9〕

王充之後，孔融是另一個大發非儒言論之人。《後漢書卷七十・孔融傳》：

> 路粹枉狀奏融曰：「融前與白衣禰衡跌蕩放言，云父之於子，當有何親，論其本意，實爲情欲發耳。子之於母，亦復奚爲，譬如寄物瓶中，出則離矣。」

孔融誅後，因其有高名清才，世多哀之。曹操懼遠近之議，乃頒〈數孔融罪狀令〉曰：

> 太中大夫孔融，既伏其罪矣，然世人多採其虛名，少於核實，見融浮艷，好作變異，眩其誑詐，不復察其亂俗也。此州人說平原禰衡受傳融論，以爲父母與人無親，譬若缻器，寄盛其中，又言若遭飢饉，而父不肖，寧贍活餘人。融違天反道，敗倫亂理，雖肆市朝，猶恨其晚。更以此事列上，宣示諸軍將校掾屬，皆使聞見。（《三國志卷十二・崔琰傳》注引《魏氏春秋》）

可見雖云路粹枉奏，然孔融應該確有此等驚世駭俗的非儒言論。錢穆《國學概論》亦云：「史文雖云路粹枉奏，恐融亦自有此論，非粹所能造也。其論蓋發自《論衡》，而融自喜之耳。」

至魏時非儒思想已蔚爲時尚。《世說新語・文學》注引《荀粲別傳》記荀粲對儒家學說提出的非難：

> 荀粲與諸兄儒術論議各知名。粲能言玄遠，常以子貢之言性與天道，不可得而聞也，然則六籍雖存，固聖人之糠秕。能言者不能屈。

〔註8〕　見該書頁112。商務印書館，民國79年8月三版。
〔註9〕　可參唐翼明《魏晉清談》。

《三國志卷十三‧王肅傳》注引《魏略》亦有隗禧評《左傳》之語：

> 隗禧字子牙，京兆人。年八十餘，以老處家，就之學者甚多。魚豢
> 常從問《左氏傳》，禧答曰：「欲知幽微莫若《易》，人倫之紀莫若
> 《禮》，多識山川草木之名莫若《詩》，左氏直相斫書耳，不足精意
> 也。」豢因從問《詩》，禧說齊、韓、魯、毛四家義，不復執文，
> 有如諷誦。

《三國志卷二十三‧裴潛傳》注引《魏略》載嚴幹與鍾繇對《左傳》與《公羊傳》之優劣問題的辯論曰：

> 嚴幹字公仲，馮翊東縣人……從破亂之後，更折節學問，特善《春
> 秋》、《公羊》。司隸鍾繇不好《公羊》而好《左氏》，謂《左氏》爲
> 「太官」，而謂《公羊》爲「賣餅家」，故數與幹共辯析長短。繇爲
> 人機捷，善持論，而幹訥口，臨時屈無以應。繇謂幹曰：「公羊高竟
> 爲左丘明服矣。」幹曰：「直故吏爲明使君服耳，公羊未肯也。」

「左氏直相斫書耳」、「公羊爲賣餅家」，這些言論若發於兩漢時期，定爲大逆不道，而在漢末魏晉時卻很習以爲常。有學之士尚且如此任情褒貶，隨意輕毀，餘更束書不觀，游傲無根之談矣。

3. 法術玄言夾擊

有鑑於儒學日益不振，曹操、曹丕均曾有祀孔尊經之詔。曹操於建安八年秋七月頒〈建學令〉：

> 喪亂已來，十有五年，後生者不見仁義禮讓之風，吾甚傷之。其令
> 郡國各修文學，縣滿五百戶置校官，選其鄉之俊造而教學之，庶幾
> 先王之道不廢，而有以益於天下。

曹丕則是於黃初二年下〈追崇孔子詔〉：

> 昔仲尼資大聖之才，懷帝王之器，當衰周之末，無受命之運，在魯、
> 衛之朝，教化乎洙、泗之上，悽悽焉，遑遑焉，欲屈己以存道，貶
> 身以救世。于時王公終莫能用之，乃退考五代之禮，修素王之事，
> 因魯史而制春秋，就太師而正雅頌，俾千載之後，莫不宗其文以述
> 作，仰其聖以成謀。咨，可謂命世之大聖，億載之師表者也。遭天
> 下大亂，百祀墮壞，舊居之廟，毀而不修，褒成之後，絕而莫繼，
> 闕里不聞講頌之聲；四時不睹烝嘗之位，斯豈所謂崇禮報功，盛德
> 百世必祀者哉！其以議郎孔羨爲宗聖侯，邑百戶，奉孔子祀。

同時他又「令魯郡修起舊廟，置百戶吏卒，以守衛之。又於其外廣爲屋室以居學者。」他們父子執政，均有心建學祀孔，振興儒道，然而實效不彰。此蓋因曹操本人崇尚法治，又曾於建安十五年至二十二年間連下三令，標舉「唯才是舉」，甚至說要用「負汙辱之名，見笑之行，不仁不孝，而有治國用兵之術者」，以共匡天下。此舉影響儒家倫常秩序之大，是他再下多少建學令都彌補不了的。這一點在下文第二章第一節中還要詳論。而曹丕，他真正嚮往的是道家的黃老之治，雖也忙著立太學祀孔子，但並非純粹服膺儒教。他欽羨的是漢文帝時代寬仁玄默的道家政治，故於即位後，連下〈薄稅令〉、〈息兵詔〉、〈輕刑詔〉、〈禁復仇詔〉等重要政策，無非是要採取黃老之道，與民休息。這在下文第四章第一節中也還要詳述。總之，他們父子二人，一尚法治；一崇道術，推孔尊經，不過餘事而已，如此當然不能改變儒學下頹之勢。故《晉書卷四十七‧傅玄傳》載玄〈舉清遠疏〉曰：

> 近者魏武好法術，而天下貴刑名；魏文慕通達，而天下賤守節，其後綱維不攝，而虛無放誕之言盈於朝野，使天下無復清議，而亡秦之病復發於今。

《三國志卷十六‧杜畿傳附杜恕傳》亦載恕曰：

> 今之學者，師商韓而上法術，競以儒家爲迂闊，不周世用，此最風俗之流弊，創業者所致慎也。

魏初「師商韓而上法術」，正始以後更祖尚玄虛，〔註10〕此後思想界都是玄學的天下，儒學更是一蹶不振矣。《三國志卷十三‧王肅傳》注引魚豢《魏略‧儒宗傳序》言正始時期太學諸生不學無術的情況云：

> 從初平之元，至建安之末，天下分崩，人懷苟且，綱紀既衰，儒道尤甚。至黃初元年之後，新主乃復，始掃除太學之灰炭，補舊石碑之缺壞，備博士之員錄，依漢甲乙以考課。申告州郡，有欲學者，皆遣詣太學。太學始開，有弟子數百人。至太和、青龍中，中外多事，人懷避就。雖性非解學，多求詣太學。太學諸生有千數，而諸博士率皆粗疏，無以教弟子。弟子本亦避役，竟無能習學，冬來春去，歲歲如是。又雖有精者，而臺閣舉格太高，加不念統其大義，而問字指墨法點注之間，百人同試，度者未十。是以志學之士遂復陵遲，而末求浮虛者各競逐也。正始中，有詔議

〔註10〕魏初與正始學術風貌有別，詳見下第四章第一節。

> 圜丘，普延學士。是時郎官及司徒領吏二萬餘人，雖復分布，見
> 在京師者尚且萬人，而應書與議者略無幾人。又是時朝堂公卿以
> 下四百餘人，其能操筆者未有十人，多皆相從飽食而退。嗟夫，
> 學業沈隕，乃至於此。

從初平到正始，短短不到六十年，儒學就從《後漢書·儒林傳論》所記的「其
風世篤，蓋布之於邦域矣」的郁郁盛況衰微到這種地步，眞令人驚異，宜乎
魚豢大發其慨歎之辭了。這原因雖可歸咎於政治，但儒學本身的崩離墮落，
再無力量維繫人心，也是一個重要的因子。到了晉朝，雖有少數如傅玄、范
寧等儒者力圖保守儒學的殘壘，努力掙扎，但已經是強弩之末，難以振作了。
《晉書卷九十一·儒林傳序》曰：

> 有晉始自中朝，迄於江左，莫不崇飾華競，祖述虛玄，擯闕里之典
> 經，習正始之餘論，指禮法爲流俗，目縱誕以清高。遂使憲章弛廢，
> 名教積毀，五胡乘間而競逐；二京繼踵以淪胥，運極道消，可爲長
> 歎息者矣！

百餘年間，儒家學說迭遭魏晉名士無情之打擊，血肉漸枯，精光難射，乃必
然之事也。至南北朝以後，雖曾於宋元嘉中儒學稍振，但已不復往日氣象。《宋
書卷五十五·臧燾、徐廣、傅隆傳論》：

> ……自魏氏膺命，主愛雕蟲，家棄章句，人重異術。……自黃初至
> 於晉末，百餘年中，儒教盡矣。高祖受命，議創國學，宮車早晏，
> 道未及行。迄於元嘉，甫獲克就，雅風盛烈，未及曩時，而濟濟焉，
> 頗有前王之遺典。天子鸞旗警蹕，清道而臨學館；儲后晃旒蟬冕，
> 北面而禮先師，後生所不嘗聞，黃髮未之前睹，亦一代之盛也。臧
> 燾、徐廣、傅隆、裴松之、何承天、雷次宗，並服膺聖哲，不爲雅
> 俗推移，立名於世，宜矣。穎川庾蔚之、雁門周野王、汝南周王子、
> 河內向琰、會稽賀道養，皆託志經書，見稱於後學。蔚之略解《禮
> 記》，并注賀循《喪服》行於世云。

爾後各朝君主雖也曾一再力圖振作，博延生徒，廣置學官，但已欲振乏力，
成業蓋寡。李延壽《南史卷七十一·儒林傳序》述說其間變革甚詳：

> 自兩漢登賢，咸資經術。洎魏正始以後，更尚玄虛，公卿士庶，罕
> 通經業。時荀顗、摯虞之徒，雖議創制，未有能易俗移風者也。自
> 是中原橫潰，衣冠道盡。逮江左草創，日不暇給，以迄宋、齊，國

學時或開置，而勸課未博，建之不能十年，蓋取文具而已。是時鄉
里莫或開館，公卿罕通經術，朝廷大儒，獨學而弗肯養眾；後生孤
陋，擁經而無所講習，大道之鬱也久矣乎！至梁武創業，深愍其弊，
天監四年，乃詔開五館，建立國學，總以五經教授，置五經博士各
一人。於是以平原明山賓、吳郡陸璉、吳興沈峻、建平嚴植之、會
稽賀瑒補博士，各主一館。館有數百生，給其餼稟，其射策通明經
者，即除爲吏，於是懷經負笈者雲會矣。又選學生遣就會稽雲門山，
受業於廬江何胤，分遣博士、祭酒，到州郡立學。七年，又詔皇太
子、宗室、王侯始就學受業，武帝親屈輿駕，釋奠於先師先聖，申
之以讌語，勞之以束帛，濟濟焉，洋洋焉，大道之行也如是。及陳
武創業，時經喪亂，衣冠殄瘁，寇賊未寧，敦獎之方，所未遑也。
天嘉以後，稍置學官，雖博延生徒，成業蓋寡。其所采綴，蓋亦梁
之遺儒，今並集之，以備儒林云。

實在因爲政治昏暗，人謀不臧，戰亂頻繁，寇賊不寧，使得經學沒有發展的
空間。故趙翼《二十二史箚記·北朝經學》直謂「北朝經學較南朝稍盛」，宜
使漢人汗顏。

（三）儒學衰微對美學生成的影響

1. 外在價值的失落

兩漢時期長久以來，儒家思想及其倫常是非等觀念深中人心，使得人們
一心仿效聖人，尊經宗聖。亦即，人的價值觀是外向認同的，一切以聖人之
言爲準則。如今這個價值標準隨著儒學的衰微、非儒言論與玄遠思想的盛行，
而一旦之間失落了，人心似乎是得到了解放，卻也充滿了迷惘，無所適從。
葛洪在《抱朴子·遐覽》中的描寫非常突出地表現了這個情況：

或曰：「鄙人面牆，拘繫儒教，獨知有五經三史百氏之言，及浮華之
詩賦、無益之短文，盡思守此，既有年矣。既生值多難之運，亂靡有
定，干戈戚揚，藝文不貴，徒消工夫，苦意極思，攻微索隱，竟不能
祿在其中，免此壟畝；又有損於精思，無益於年命。二毛告暮，素志
衰頹，正欲反迷，以尋生道，倉卒周極，無所趨向，若涉大川，不知
攸濟。先生既窮觀墳典，又兼綜奇秘，不審道書凡有幾卷，願告篇目。」
抱朴子曰：「余亦與子同斯疾者也……」

這位「拘繫儒教」「既有年矣」的人，「獨知有五經三史百氏之言」，並且「盡思守此」，是典型的崇拜外在價值標準之輩，如今卻因為「生值多難之運，亂靡有定，干戈戚揚，」等因素所造成的「藝文不貴」、儒學衰微，而疑惑叢生。「正欲反迷以尋生道，倉卒罔極，無所趨向，若涉大川，不知攸濟」數語，說盡了當時知識分子的迷惘與辛酸，因而必須轉向那位「窮觀墳典，又兼綜奇秘」的抱朴子先生求問道書，卻不料抱朴子劈頭即答以一句「余亦與子同斯疾者也。」同斯疾，亦同斯「迷」，「倉卒罔極，無所趨向」之迷惑，乃當時士人共通心理，人人都在企求能夠「反迷」，「以尋生道」。

葛洪在這裡所提出的人心迷惘的原因是戰亂頻仍，本書又為之補充了以上數項儒學內部墮落的因素。不論如何，這裡都表現了魏晉時期因為舊有的學術思想、道德觀念都已全盤動搖，非儒、排儒唯恐不及的人心陷於極端的懷疑和苦悶中，遂必須轉而另覓他途。

外在價值標準失落了，魏晉人士才能展開一切向內在個性主體的探索，與肯定。這一點影響魏晉美學的生成發展至鉅。下一章中有詳細說明。

2. 思維多向性發展

儒家獨尊的權威崩潰了，學術界再也沒有定於一尊的經說可以範限人心，一股懷疑精神破繭而出。《三國志卷四·高貴鄉公髦本紀》中有一段有趣的記載：

> 帝幸太學，問諸儒曰：「聖人幽贊神明，仰觀俯察，始作八卦，後聖重之為六十四，立爻以極數，凡斯大義，囤有不備，而夏有〈連山〉，殷有〈歸藏〉，周曰〈周易〉，《易》之書，其故何也？」《易》博士淳于俊對曰：「包羲因燧皇之圖而制八卦，神農演之為六十四，黃帝、堯、舜通其變，三代隨時，質文各繇其事。故《易》者，變易也，名曰〈連山〉，似山出內雲氣，連天地也；〈歸藏〉者，萬事莫不歸藏於其中也。」帝又曰：「若使包羲因燧皇而作《易》，孔子何以不云燧人氏沒包羲氏作乎？」俊不能答。
>
> 帝又問曰：「孔子作彖、象，鄭玄作注，雖聖人不同，其所釋經義一也。今彖、象不與經文相連，而注連之，何也？」庾俊對曰：「鄭玄合彖、象於經者，欲使學者尋省易了也。」帝曰：「若鄭玄合之，於學誠便，則孔子曷為不合，以了學者乎？」俊對曰：「孔子恐其與文王相亂，是以不合，此聖人以不合為謙。」帝曰：「若聖人以不合為

謙，則鄭玄何獨不謙耶？」俊對曰：「古義弘深，聖問奧遠，非臣所
能詳盡。」……

講《易》畢，復命講《尚書》，帝問曰：「鄭玄曰：『稽古同天，言堯
同於天也。』王肅云：『堯順考古道而行之』，二義不同，何者為是？」
博士庾俊對曰：「先儒所執各有乖異，臣不足以定之。然《洪範》稱
『三人占，從二人之言』，賈、馬及肅皆以為順考古道，以《洪範》
言之，肅義為長。」帝曰：「仲尼言：『唯天為大，唯堯則之。』堯
之大美，在乎則天。順考古道，非其至也。今發篇開義以明聖德，
而捨其大，更稱其細，豈作者之意邪？」俊對曰：「臣奉遵師說，未
喻大義，至于折中，裁之聖思。」

曹髦身處魏末，他在太學裡所發的這一連串問題，明白顯示其時的年輕學子
勇於質疑的懷疑精神，和追根究柢的學習態度，在在令那些「奉遵師說，未
喻大義」的儒者措手不及，節節敗退。於是正如劉大杰先生《魏晉思想論》
中所言：

平日儒家把三皇五帝的功德，說得天花亂墜，現在到了曹髦的腦裏，
一切的權威和偶像，都崩潰得粉碎了。不僅把孔子的聖人地位降了
級，就是堯帝那麼大的權威，也被他批評得一錢不值了。對於古代
的信仰，起了激烈的懷疑，崇拜偶像的宗教情緒也冷淡了。於是只
好在現實的世界，來建立自己的新生，創立自己的信仰，尋找生活
的趣味與歸宿了。在當日的學術界像曹髦這樣懷疑精神的青年，當
然是很普遍的。因懷疑而發出疑問，因疑問而發生辯論，因辯論而
有真理，這是學術思想界進步的現象。這現象是學術文化統制時代
所沒有的。〔註11〕

相對於兩漢時期的恪遵師教、獨奉儒術而言，魏晉學者的思想是開放的，他
們富於懷疑精神，思維呈多向性發展，這對於魏晉清談的論辯風氣，當然有
直接影響。對於人本精神的確立，也大有促進之功。

　　富懷疑精神的結果，如上文所引《抱朴子‧遐覽》中所言的儒者，於外
在價值失落後轉而詢問「道書」，問老莊的自然人生哲學、也問養生延年之術，
這是魏晉人思想的發展方向之一。正如眾所周知的，魏晉人士的思想主要還

〔註11〕見劉大杰先生《魏晉思想論》，頁 40。該文收於《魏晉思想》一書中，台北，
　　　　里仁書局，民國 73 年。

是轉向了玄學清談。前面所引敘述當時儒學不振之情形的諸段文字，都認為魏晉士人因為祖尚玄虛，而導致經學沒落。吳承仕《經典釋文序錄疏證》也說：「漢師拘虛迂闊之義，已為世人所厭，勢激而遷，則去滯著而上襄玄遠。」這當然也就意味著，魏晉美學的抽象趨勢，就要展開了。

另外，梁啟超《中國學術思想變遷之大勢》云：

> 兩漢帝王儒者，崇尚讖緯，迷信休咎，所謂陰陽五行之謬說，久入人心。而權勢道德，既兩無可憑，民志皇皇，以為殆有司命之者存，吾祈焉禳焉，煉養焉，服食焉，或庶可免，於是相率而歸之。

養生、服食，以及後來佛教興盛後的佛家超度思想等等，交織著、漫衍著，也浸潤入當日人們的心靈之中。魏晉人士的思維是多向性發展的，這也就是前文引宗白華先生所謂的魏晉南北朝時期「是精神史上極自由，極解放，最富於智慧，最濃於宗教熱情的一個時代」的原因。思想的自由解放、多向性開展，對於美學的生成發展，當然大有助益。

三、名士受害

（一）名士受害的情況

自漢代兩次黨錮之禍以來，終魏晉南北朝之世，主政者對於名士的迫害從未停止。

黨禍前後兩次，第一次收捕兩百餘人；第二次更株連六七百人。帶來的影響，除人才耗盡之外，更嚴重的是對人心的傷害。有德之士動輒血流成河，則品德究竟有無價值？弄得人們心中是非混淆，困惑叢生。《後漢書・范滂傳》載范滂被捕，廷對無效後慷慨仰天曰：「古之循善，自求多福；今之循善，身陷大戮！」道盡心寒。又載其臨刑顧謂其子曰：「吾欲使汝為惡，則惡不可為；使汝為善，則我不為惡。」世事矛盾，莫此為甚！梁啟超《中國學術思想變遷之大勢》說得好：

> 漢世外戚宦官之禍，連踵繼軌，兩漢后妃之家，著聞者四十餘氏，大者夷滅，小者放竄，其身家俱全者，不得四五，宦官弄權，殺人如草，一朝為董袁所襲，亦無孑遺。人人漸覺骨肉之間，皆有刀俎。若乃黨錮之禍，俊、顧、廚、及（按：《後漢書卷六十七・黨錮列傳》載，漢末名士共相標榜，為之稱號，上曰「三君」，次曰「八俊」，次曰「八顧」，次曰「八及」，次曰「八廚」等，梁氏所言「俊顧廚

及」即指此），一網以盡，其學節冠一世，位望至三公者，亦皆駢首闕下，若屠豬羊。天下之人，見權勢之不可恃也如彼，道德學問之更不可恃也如此，人心旁皇，罔知所適，故一遁而入於虛無荒誕之域，芻狗萬物，良非偶然。

黨錮之後，曹操又以嚴刑御下，建安十九年十二月頒〈愼刑令〉曰：「夫刑，百姓之命也。」又《三國志卷二十四・高柔傳》載其言曰：「播亂之政，以刑爲先。」故嚴刑峻法，其排除異己、殺害名士，較之漢末宦豎未遑多讓。其後司馬氏尤陰狠毒辣，變本加厲，誅夷更廣，屠戮名士成風。細數魏晉名士，遭屠戮的至少有：禰衡、孔融、路粹、崔琰、楊修、丁儀、丁廙、何晏、鄧颺、丁謐、畢軌、桓範、杜恕、李豐、夏侯玄、嵇康、呂安、鄧艾、鍾會、韋昭、楊駿、衛瓘、張華、潘岳、石崇、裴頠、歐陽建、陸機、陸雲、索靖、嵇紹、樂廣、嵇含、潘尼、王衍、王尼、苟晞、摯虞、袁粲、王澄、劉琨、張茂、郭璞、羊曼、盧諶、王凝之、謝邈、殷仲堪、王恭、謝混。南北朝還有徐羨之、謝靈運、檀道濟、范曄、王僧綽、王僧達、鮑照、王融、謝朓、陸厥、溫子昇等等，且多爲「夷三族」。自古名士運數之窮、遭遇之慘，未有甚於此時期者。《世說新語・尤悔》載東晉時：

> 王導、溫嶠俱見明帝，帝問溫前世所以得天下之由，溫未答。頃，王曰：「溫嶠年少未諳，臣爲陛下陳之。」王迺具敍宣王創業之始，誅夷名族，寵樹同己，及文王之末，高貴鄉公事。明帝聞之，覆面著床曰：「若如公言，祚安得長！」

確實，如此迫害名士，祚安得長！

（二）名士受害對美學生成的影響

如前引梁啓超先生所言，名士濫遭屠殺，天下之人見道德學問之不可恃也如此，人心旁皇，罔知所適，故一遁而入於虛無荒誕之域，魏晉人士祖尙玄虛，以及行爲任誕，都與此有莫大關係。《晉書卷四十九・阮籍傳》：

> 籍本有濟世志，屬魏晉之際，天下多故，名士少有全者，籍由是不與世事，遂酣飲爲常。……

《文選》李善注評阮籍亦云：

> 嗣宗身仕亂朝，常恐罹謗遇禍，因茲發詠，故每有憂生之嗟。

顏延之〈阮嗣宗詠懷詩〉注亦云：

阮籍在晉文代，常慮禍患，故發此詠耳。

「酣飲爲常」，與「憂生之嗟」，都是從阮籍以降，到整個魏晉南北朝士人的共通感懷，也成了社會美，及人物美的新標準——所謂「魏晉風度」的主要成份。魏晉人士的這份「常慮禍患」的生命特質，成了當時代的整體美學特質之一。

第二節　巨變的心理價值結構

一、聖王信念動搖

儒學衰微造成價值觀動搖，所影響於人心者，還有聖王信念上的顛倒。人們推翻了一切原本根深柢固，人人以爲天經地義的是非善惡的價值標準。此現象始自東漢王充。

（一）聖王信念動搖的原因

王充致力於廓清董仲舒的天人相應說，遂以其「氣化的宇宙觀」切斷一切人與天的關連。其論曰：

> 天用五行之氣生萬物。（《論衡・物勢》）

> 人稟元氣於天，各受壽夭之命，以立長短之形。（《論衡・無形》）

> 夫人所以生也者，陰陽氣也。陰氣主爲骨肉，陽氣主爲精神。人之生也，陰陽氣具，故骨肉堅，精氣盛。精氣爲知，骨肉爲強，故精神言談，形體固守。骨肉精神，合錯相持，故能常見而不滅亡也。（《論衡・訂鬼》）

> 天地合氣，人偶自生，猶夫婦合氣，子則自生也。夫婦合氣，非當時欲得生子，情欲動而合，合而子生矣。（《論衡・物勢》）

> 夫天覆於上，地偃於下，下氣蒸上，上氣降下，萬物自生其中間矣。當其生也，天不須復與也，猶子在母懷中，父不能知也。物自生，子自成，天地父母，何與知哉。（《論衡・自然》）

> 天之動行也，施氣也。體動氣乃出，物乃生矣！猶人動氣也，體動氣乃出，子亦生也。夫人之施氣也，非欲以生子，氣施而子自生矣！
> 天動不欲以生物，而物自生，此則自然也。（《論衡・自然》）

很明顯的，王充所謂的「自然」其實是偶然的意思，他旨在將生命的生成歸

之於純粹的偶然，以此切斷人與上天、與宇宙之本源的關係，從而自根本推翻董仲舒「天人相應」的理論。然而如此極端地脫離天道常軌，則所推翻的絕不只是「天人相應」一學說而已，更是一舉打倒所有賢聖美善的價值根源。善惡缺少了最高根源，聖王信念遂根基動搖。

　　在王充的思想裡，人生既是偶然、無知而來，則存在毫無更高意義，自也可以隨偶然之性、逞無知之欲以任意妄為了。故吳怡《中國哲學發展史》評王充之思想曰：

> 在王充手中，這個自然乃是偶然的意思，正如他說：「自然之道，適偶之數。」（偶會）。這個「自然之道」，和老子的「天法道，道法自然」的思想完全不同。……王充手中的自然，卻不是往上提升的作用，相反的卻是往下的墜落。他是把自然當作偶然，把這個天完全打破了，摔在地上，變成一個毫無意義、毫無價值的東西。王充思想的致命弱點，就是他對這個道毫無體認。他雖然讚美黃老，卻對真正道家的思想全不相應；他雖然批評漢代經學之不當，卻對真正儒家思想缺乏了解。他只是拾取一些粗俗的經驗來加以推論。所以他批評當時流行的天人感應之學，勇氣雖可嘉，才力卻不夠。結果是，正面的，他並沒有能深入的把握天人感應之學的漏洞，另外建立一套新的學說體系。可是負面的，卻破壞了人性和道德的必然性。所以他的學說，是空有論說，而無理境、理趣。〔註12〕

然而王充的這個「無理境、理趣」的思想，卻一如上文所言地，深深影響著魏晉時期的世道人心。

（二）聖王信念動搖對美學生成的影響

　　在漢代牢不可破的尊君宗聖、敬天法祖的觀念一旦動搖，一種前所未有的以人的自然需求為重心、以當下現實為目的的思想便開始滋長了。魏晉人士因此而展開人本、緣情諸觀念，魏晉美學也因此朝向自由化、多向化，及內向化的方向發展。而另一方面，魏晉美學之所以每入歧途，諸如從人本趨勢一岔而走向唯我是尚、任誕疏狂；從緣情趨勢一岔而走向任情縱慾、奢淫不止等等，並因此而飽受後人譏評，凡此亦皆植因於此聖王信念動搖，個人與社會整體的

〔註12〕見吳怡《中國哲學發展史》，頁 308，台北三民書局，民國 78 年 12 月三版。

價值結構都頓然解構重組的特殊社會現象。此點下文將再論及。

二、倫理規範解體

聖王信念動搖，人心的價值體系崩盤重組，這個轉變過程中所呈現於外的現象，最明顯的就是兩漢以來維繫社會至深的一切儒家的道德倫理的規範，竟也逐漸分崩離析，乃至——解體！

（一）倫理規範解體的原因

論及此倫理規範解體，天下不復清議潔行之成因，前賢莫不歸咎於曹操。據《三國志‧武帝紀》注引《魏書》所載，曹操先是於建安八年庚申下〈重功德令〉：

> 議者或以軍吏雖有功能，德行不足堪任郡國之選，所謂「可與適道，末可與權。」管仲曰：「使賢者食於能則上尊，鬥士食於功則卒輕於死，二者設於國則天下治。」未聞無能之人、不鬥之士，並受祿賞，而可以立功興國者也。故明君不官無功之臣；不賞不戰之士。治平尚德行，有事賞功能。論者之言，一似管窺虎歟！

在曹操的觀念裡，治平之世才能「尚德行」，如今遭逢多事之秋，只能「賞功能」，所謂「不官無功之臣；不賞不戰之士」，一切的賞罰陟黜，褒貶臧否，均實事求是，按實際功能為斷，如此「目標導向」的施政方針，使得他又接連於建安十五年春下〈求賢令〉、建安十九年十二月乙未下〈舉士令〉、建安二十二年下〈求逸才令〉，其辭曰：

> 自古受命及中興之君，曷嘗不得賢人君子與之共治天下者乎！及其得賢也，曾不出閭巷，豈幸相遇哉？上之人不求之耳。今天下尚未定，此特求賢之急時也。「孟公綽為趙、魏老則優，不可以為滕、薛大夫。」若必廉士而後可用，則齊桓其何以霸世！今天下得無有被褐懷玉而釣於渭濱者乎？又得無盜嫂受金而未遇無知者乎？二三子其佐我明揚仄陋，唯才是舉，吾得而用之。（〈求賢令〉）
> 夫有行之士未必能進取；進取之士未必能有行也。陳平豈篤行，蘇秦豈守信邪？而陳平定漢業，蘇秦濟弱燕。由此言之，士有偏短，庸可廢乎！有司明思此義，則士無遺滯，官無廢業矣。（〈舉士令〉）
> 昔伊摯、傅說出於賤人，管仲，桓公賊也，皆用之以興。蕭何、曹

參,縣吏也;韓信、陳平,負汙辱之名,有見笑之恥,卒能成就王業,聲著千載。吳起貪將,殺妻自信,散金求官,母死不歸,然在魏,秦人不敢東向;在楚,則三晉不敢南謀。今天下得無有至德之人放在民間,及果勇不顧,臨敵力戰,若文俗之吏,高才異質;或堪爲將守,負汙辱之名,見笑之行;或不仁不孝而有治國用兵之術。其各舉所知,勿有所遺。(〈求逸才令〉)

十餘年間連下諸令以舉士求才,只緣「今天下尚未定,此特求賢之急時也」,爲求治亂世,他以堂堂政府之尊,竟一再強調朝廷用人不拘流品,從此雖不仁不孝之徒,盜嫂受金之輩,亦得以平步青雲,躋身廊廟。此雖曹氏爲圖霸業,權宜一時之計,然其影響所及,則社會頓失道德歸依,世人對於舊禮教之信仰破壞無遺。此風一開,有若黃河決堤,沛然無復能禦。

及至曹丕基命,由於他崇奉黃老,不屑名教,再加上必須藉著籠絡近臣世族來鞏固權力中心,以便能順利篡奪漢鼎,遂採納尚書陳群所定的九品官人之法,以中正舉才,而所舉之才,一改兩漢行之四百餘年的察舉「賢良方正」、「茂才」,或「孝廉」,而以所謂的「門、德、才」並重。此舉看似平衡了曹操「唯才是用」的偏誤,然而眾所皆知的:九品中正制在實際執行時,卻從「唯才是用」,一躍而成了「唯門第是問」!門閥當道,官官相護,從此莫說品德節操不顧,甚且連智賢不肖亦不復講求,一以家世出身衡量之。於是變本加屬,兩漢四百餘年之倫理觀念與道德哲學,至此蕩焉以盡。故終六朝之世,政風敗壞,俗尚澆薄,曹氏父子之摧殘節義,鄙棄名教,實不能辭其咎也。

倫理規範解體,遂至孔融發其驚世駭俗的「無父論」,已見前引。此皆影響當代之人心價值結構甚巨者。

（二）倫理規範解體對美學生成的影響

倫理規範解體對美學生成的影響,首推士風敗壞。葛洪《抱朴子第五十三·漢過》評漢末風氣云:

於是傲兀不檢,丸轉萍流者,謂之弘偉大量。苛碎峭嶮,懷螫挾毒者,謂之公方正直。令色警慧,有貌無心者,謂之機神朗徹。利口小辯,希指巧言者,謂之標領清妍。狂突萍騖,驕矜輕佻者,謂之巍峨瑰傑。嗜酒好色,闇茸無疑者,謂之率任不矯。求取不廉,好奪無足者,謂之淹曠遠節。蓬髮褻服,遊集非類者,謂之通美汎愛。反經詭聖,順非而博者,謂之莊老之客。嘲弄嗤妍,凌尚侮慢者,

謂之蕭豁雅韻。毀方投圓，面從響應者，謂之絕倫之秀。憑倚權豪，
推貨履徑者，謂之知變炎奇。懶看文書，望空下名者，謂之業大志
高。仰賴強親，位過其才者，謂之四豪之匹。輸貨勢門，以市名爵
者，謂之輕財貴義。結黨合譽，行與口違者，謂之以文會友。左道
邪術，假託鬼怪者，謂之通靈神人。卜占小數，誑飾禍福者，謂之
知來之妙。鑿馬弄槊，一夫之勇者，謂之上將之元。合離道聽，偶
俗而言者，謂之英才碩儒。若夫體亮行高，神清量遠，不謟笑以取
悅；不曲言以負心，含霜履雪，義不苟合，據道推方，巍然不群，
風雖疾而枝不撓；身雖困而操不改，進則切辭正論，攻過箴闕；退
則端誠杜私，知無不為者，謂之闇騃徒苦。夙興夜寐，退食自公，
憂勞損益，畢力為政者，謂之小器俗吏。於是明哲色斯而幽遁，高
俊括囊而佯愚，疏賤者奮飛以擇木，縶制者曲從而朝隱。知者不肯
吐其秘算；勇者不為致其果毅，忠謇離退，姦凶得志，邪流溢而不
可遏也；僑途闢而不可杜也，以臻乎凌上替下，盜賊多有，宦者奪
人主之威，三九死庸豎之手……。

誠可謂是非不分，牛驥莫辨。於是，士子之出處行止，作風大不同於往昔。《抱
朴子第四十五・疾謬》又曰：

夫以勢位言之，則周公勤於吐握；以聞望校之，則仲尼循循善誘，
咸以勞謙為務，不以驕慢為高。漢之末世，則異於茲。蓬髮亂鬢，
橫挾不帶，或褻衣以接人；或裸袒而箕踞。朋友之集，類味之遊，
莫切切進德，闇闇修業，攻過弼違，講道精義。其相見也，不復敘
離闊，問安否，賓則入門而呼奴，主則望客而喚狗。其或不爾，不
成親至，而棄之不與為黨。及好會，則狐蹲牛飲，爭食競割，挈撥
淼摺，無復廉恥，以同此者為泰，以不爾者為劣。終日無及義之言；
徹夜無箴規之益，誣引老莊，貴於率任，大行不顧細禮，至人不拘
檢括，嘯傲縱逸，謂之體道。嗚呼，惜乎，豈不哀哉！

那個「以勞謙為務，不以驕慢為高」的士行風氣，在魏晉之間是一蹶不振，
也一去不返了。《晉書》卷五引干寶《晉論》又曰：

加以朝寡純德之人；鄉乏不貳之老，風俗淫僻，恥尚失所，學者以老
莊為宗而黜六經，談者以虛蕩為辨而賤名檢，行身者以放濁為通而狹
節信，進仕都以苟得為貴而鄙居正，當官者以望空為高而笑勤恪……

《晉書卷三十五‧裴秀傳附裴頠傳》載裴頠所著〈崇有論〉亦指晉世之士風為：

> 立言藉於虛無，謂之玄妙；處官不親所司，謂之雅遠；奉身散其廉
> 操，謂之曠達，故砥礪之風，彌以陵遲。放者因斯，或悖吉凶之禮；
> 或忽容止之表，瀆棄長幼之序，渾漫貴賤之級。其甚者至於裸裎，
> 言笑忘宜，以不惜為弘，士行又虧矣。

難怪其後清代顧炎武的《日知錄》，在「正始」一條下慨嘆一曰：

> 名士風流，盛於雒下，乃其棄經典而尚老莊，滅禮法而崇放達，視
> 其主之顛危若路人然，即此諸賢為之倡也，自此以後，競相祖述，
> 以致國亡於上，教淪於下，羌戎互譜，君臣屢易，非林下諸賢之咎
> 而誰咎哉？

而此「林下諸賢之咎」，實為倫理規範解體之咎。

三、建功理想破滅

（一）建功理想破滅的原因

立功，本為儒家提倡的三達德之一。自漢代以來，文人普遍有此心願。《古詩十九首》中即時時流露此志。「榮名以為寶」是亂世中人心企圖肯定自我的普遍途徑之一。

然漢末以後政治黑暗，「榮名」所帶來的往往是殺身之禍，則建功意義何在？千百年來士子文人的終極理想忽焉破滅，其痛苦徬徨可想而知。前引《晉書‧阮籍傳》，阮籍本有濟世志，屬天下多故，名士少有全者，理想破滅之餘，遂酣飲為常，即為此中典型。而此「天下多故，名士少有全者」的現實狀態，也正是阮籍建功理想破滅的原因。

而更著名的，是更早於阮籍的曹植。我們看他早年在〈與楊德祖書〉中高論：

> 辭賦小道，固未足以揄揚大義，彰示來世。予雖不才，猶庶幾乎戮
> 力上國，流惠下民，建永世之業，流金石之功！

口氣何其豪邁，立功之志又是何其壯闊！再觀其直至魏明帝時代，亦即他個人生命的晚年，仍一再上書求自試，便知其建功之理想，始終未曾褪色。

然而魏自曹丕嚴禁諸侯王妃后族等干政，其後崇法愈嚴，《三國志卷二十‧武文世王公列傳》裴松之注引《袁子》曰：

> 魏興，承大亂之後，人民損減，則不可以古始，於是封建諸侯王，

> 皆使寄地空名，而無其實，王國使有老兵百餘人，以衛其國，雖有
> 王侯之號，而乃儕於匹夫，懸隔千里之外，無朝聘之儀，鄰國無會
> 同之制，諸侯游獵，不得過三十里，又爲設防輔監國之官，以伺察
> 之。王侯皆思爲布衣而不能得。既違宗國屏藩之義，又虧親戚骨肉
> 之恩。

以至於當時諸侯之地位：

> 魏氏王公，既徒有國土之名，而無社稷之實；又禁防壅隔，同於囹
> 圄，號位靡定，大小歲易，骨肉之恩乖；常棣之義廢，爲法之弊，
> 一至於此乎？

在這樣備受掣肘的政經環境中，曹植的建功理想，是絕不可能達成的。以至
於曹植一生鬱鬱不得志，思想變遷不定，矛盾不堪。他的〈玄暢賦〉中曾對
此心理轉變做了深刻的爬梳與分辨，近世趙幼文論〈玄暢賦〉曰：

> 此賦內容是曹植自述思想變遷的歷程。當曹魏王朝締造之初，熱情洋
> 溢爭取作王朝政權中之重要助手，實現平素的政治抱負。但因過去爭
> 奪繼承魏王地位，與曹丕發生不可調解的嫌怨，成了曹丕最疑忌的對
> 象。這不僅平生願望缺乏實現的可能性，反而遭遇著嚴酷的打擊，遂
> 致在黃初前期徬徨於死亡的邊緣。在這樣的境遇裡，進取信念固然消
> 沉，當前要求只是如何保全自己的生命而已。所以全真保素之人生準
> 則，與乎樂天委命的消極情緒，便處於意識中主導地位。〔註13〕

又如〈釋愁文〉，趙幼文《曹植集校注》繫〈釋愁文〉於卷三太和年間之
作，並曰：

> 曹植政治上追求的「戮力上國，流惠下民」的宿願，處於絕望的邊
> 緣，精神上的負擔，是極爲沈重的。爲了擺脫名利的桎梏，在時代
> 社會意識下，傾向於道家與方士合流的長生觀，企圖藉以排除憂患，
> 消遣生涯。運用樸質的語言，宣洩內心積存的苦悶，是曹植思想感
> 情遷化的標誌，應予以必要的注意。

則此文之作於曹植晚年應當無疑。至於〈髑髏說〉的寫作年代，趙著雖列爲
「時期未定」一類，但觀其始筆：「曹子遊乎陂塘之濱，步乎蓁穢之藪，蕭條
潛虛，經幽踐阻，……」之語氣，及其內容所含之生苦死樂的人生觀，當可
與〈釋愁文〉並觀，「是曹植思想感情遷化的標誌」。故亦應歸之於晚期作品。

〔註13〕《曹植集校注》，頁245。台北，明文書局版，1985年。

　　曹植的這些文字作品中顯現其人痛苦徘徊於積極入世，與消極遁世之間，對於生命的安頓之方，一片迷惑，這對於後來的哲學和文學界，影響都極深遠。

（二）建功理想破滅對美學生成的影響

　　曹植的痛苦蔓延成為整個魏晉南北朝的時代傷痛；他的徘徊，也就點明了魏晉人士共同的生命情調。前引阮籍，建功理想破滅後，「遂酣飲為常」。此為魏晉人士最常用的因應方法。飲酒、服藥、隱逸、任誕，魏晉名士所有的生活態度、社會風氣，幾乎無一不與此失望感有關。而一切美感的生成、審美判斷的立基，也莫不植因於此。

第三節　堅實的玄學哲理基礎

　　美學不單是一個研究現象的學問。審美對象、審美活動等一個時代的美學現象，固然有助於了解該時代的美學特徵，但是關於審美意識、審美心理、美感生成、審美標準等內在層面，則有賴於對當時代哲理成就的考察。魏晉美學之所以特殊，而且發達，也植基於當時的哲學玄理思想為整個美學的生成環境提供了一片肥沃膏壤。其中犖犖大者，有「有無論」、「自然說」、「體情觀」等諸項：

一、有無論

　　有無論始於魏正始年間的何晏、王弼等人，他們首倡天地萬物以無為本，成為魏晉本體論哲學的開端。《晉書卷四十三・王衍傳》載：

> 魏正始中，何晏王弼等祖述老莊，立論以為：「天地萬物皆以無為本。無也者，開物成務，無往而不存者也。陰陽恃以化生，萬物恃以成形，賢者恃以成德，不肖恃以免身。故無之為用，無爵而貴矣。」衍甚重之。

王衍甚為推重何晏、王弼等人的有無之論，而他自己與當時的一票清談名流也都著意交辯於此領域，《文心雕龍・論說》曰：

> ……夷甫（按，王衍字夷甫）、裴頠交辯於有無之域，並獨步當時，流聲後代。

可見關於有無的辯論從魏至晉討論不衰。「有無論」是魏晉玄學的代表。

（一）有無論的基本意涵

王弼固然是貴「無」，但並不排斥「有」。他認為「無」與「有」是一種對立統一的關係。具體的事物雖然產生於「無」，但具體的事物本身卻是以「有」的形式存在。因而，「無」（道）與「有」存在著不可分割的內在聯繫。《周易·繫辭》韓康伯注引王弼曰：

> 夫「無」不可以「無」明，必因於「有」。故常於有物之極，而必明其所由之宗也。

在他看來，「無」雖是事物內在的精神本體，但又是與事物的外在現象相統一的。「無」是「有」的本質，但又須「有」才得以呈現。因而，王弼雖主張「崇本息末」，卻又一再申明，「本」不能脫離具體事物。《老子指略》說：

> 四象不形，則大象無以暢；五音不聲，則大音無以至。四象形而物無所主焉，則大象暢矣；五音聲而心無所適焉，則大音至焉。

「大象」、「大音」都是一種最高的境界。這種境界作為本體，是不依靠外象而存在的。但是，它呈現自身，卻又離不開外象——「四象」、「五音」。這樣，王弼不僅肯定了事物的精神本體，同時也肯定了外象對於精神本體的表現作用。這與老莊只講「道」的本體性，而否定它的形象性，以及漢儒將精神和形象對立起來，確實是有著本質的區別。再看其「崇本舉末」之論，此理更明：

> 王弼《老子·三十八章註》：
>
> 載之以道，統之以母，故顯之而無所尚，彰之而無所競。用夫無名，故名以篤焉；用夫無形，故形以成焉。守母以存其子，崇本以舉其末，則形名俱有而邪不生，大美配天而華不作。

《老子指略》又曰：

> 老子之書，其幾乎可一言而蔽之。噫！崇本息末而已矣。觀其所由，尋其所歸，言不遠宗，事不失主。文雖五千，貫之者一；義雖廣贍，眾則同類。……

崇本舉末，形名俱有，此魏晉有無論之精義所在。

（二）有無論與審美

由此而推及審美，王弼注重的自然還是事物內在的精神美。所以，他主張審美不應該拘執於外在的形象，為外在的表象所迷惑，而應該沿波討源，直探本體。但是，他並沒有因此而否定外在形象，而是認為，內在的美必須借外在的形象之美而得以表現，在肯定事物內在精神之美的同時，也給事物

外在形象之美以充分的肯定。王弼的這一既崇本又舉末、既重視內在又強調外在的思想，對於魏晉清談在品評人物時，既注重人物的內在神韻，又異常側重外觀容止；以及繪畫理論上注重「以形寫形，以色貌色」、文學創作上注重形式美等等，都發生了極重要的影響。

　　另外，再進一步說，王弼《周易·履卦注》曰：

　　　　處履之初，爲履之始，履道惡華，故素乃無咎，何往不從。履道尚
　　　　謙，不喜外盈，務在致誠，惡夫外飾者也。

又，《周易·賁卦》：「上九，白賁，無咎」句，王弼注曰：

　　　　處飾之終，飾終反素，故任其質素，不勞文飾，而無咎也。

王弼認爲所謂「白賁」，是「處飾之終」，是「反素」之後而能夠「任其質素，不勞文飾」的一種美，亦即對極度藻飾作了否定之後所得到的一種平淡素樸的美。以現在流行的話說，此說一出，顛覆了「美」的定義與內涵。宗白華〈中國美學史中重要問題的初步探索〉曰：

　　　　「賁」本來是斑紋華采，絢爛的美。白賁，則是絢爛又復歸於平淡。
　　　　所以荀爽說：『極飾反素也。』有色達到無色，……才是藝術的最高
　　　　境界。所以《易經》的〈雜卦〉說：『賁，無色也。』這裡包含了一
　　　　個重要的美學思想，就是認爲要質地本身放光，才是眞正的美。所
　　　　謂『剛健、篤實、輝光』，就是這個意思。這種思想在中國美學史上
　　　　影響很大。……劉熙載《藝概·文概》說：『白賁占於賁之上爻，乃
　　　　知品居極上之文，只是本色。』……這也是賁卦在後代確實起了美
　　　　學的指導作用的證明。」〔註14〕

　　王弼的美學思想，正是發揮此「本色美」觀念，對齊梁時代重自然的審美理論影響頗大。它造成了一種清省自然的美學觀，延續了整個魏晉南北朝。魏晉美學都強調素樸的美，其美感判斷著重於清、虛、神、韻、素樸無華，即肇因於此。

二、自然說

（一）自然說的基本意涵

　　王弼的「貴無」雖然崇本舉末，從本體論的角度給事物的外在形象以充

〔註14〕《美從何處尋》，頁 16～17。

分的肯定，但王弼的學說終究是繼承著老莊的衣缽。老莊主張「道法自然」，
王弼也將「自然」當做「道」的運行法則。然觀其於《老子・二十五章》中
註解「人法地，地法天，天法道，道法自然」曰：

> 法，謂法則也，人不違地，乃得全安，法地也。地不違天，乃得全載，
> 法天也。天不違道，乃得全覆，法道也。道不違自然，乃得其性，法
> 自然也。在方而法方，在圓而法圓，於自然無所違也。自然者，無稱
> 之言，窮極之辭也，用智不及無知，而形魄不及精象，精象不及無形，
> 有儀不及無儀，故轉相法也。道順自然，天故資焉；天法於道，地故
> 則焉；地法於天，人故象焉。王所以為主，其主之者一也。

王弼巧妙地以「自然者，無稱之言，窮極之辭也」一語，將「自然」和他
的「貴無論」聯繫起來，於是在他「以無為本」的思想體系中，「道法自然」成
了「道順自然」、「道不違自然，乃得其性」，而提出「在方而法方，在圓而法圓」
的順物之性的所謂「自然說」。他在《老子・二十九章註》中說得更明白：

> 萬物以自然為性，故可因而不可為也，可通而不可執也。

故知王弼所謂的「自然」，是萬物的最高法則，也是萬物之本性的最終根源，
和老子所謂的「造化之自然」已大不相同。而他既強調「貴無」，故其論及此一
為道所法之「自然」時，也把「自然」當作「無」的運行表現，於是老子的「道
法自然」，在王弼便等同於「道法無」，此即前引《晉書・王衍傳》所謂的何晏、
王弼等人祖述老莊，而「立論以為天地萬物皆以無為本」之由來。天地萬物皆
以無，即以自然為本，所以他們的自然說也就是要貴無賤有，將具體的萬物上
推至抽象的「無」之自然。因此他說「在方而法方，在圓而法圓」，一切方的圓
的物象都順著「方」與「圓」的那個最高的「自然」去運作，「於自然無所違也」，
便「乃得其性」了。因此他反對人為巧制，講求「順自然」，因自然即是萬物之
本性，「可因，而不可為也；可通，而不可執也」，萬物因（憑靠）自然、通自
然、順自然，而不為、不執，乃得物之性。

到了郭象註莊時，「自然」的意義又有所轉折。他所謂的「自然」，只是
事物本身的性質和存在方式，認為只要充分尊重其特性，因物而為，就是自
然；不像王弼那樣將眾多的事物歸之於一個抽象的精神實體「無」之中。在
郭象那兒，萬物並不是統一於「無」當中，反而是以自身的偶然性、特殊性
作為自己存在的法則，這些偶然性和自體的特殊性可以是一個獨立自足的存
在，無須受一個共同必然性和共性的制導。因此在對待天性的問題上，郭象

也不像老莊那樣，認為萬物一性。他將個別的事情個別對待，認為任何事物只要自足其性，便都是合理的存在。而萬物都是其性自足的，不須外借。因此論到天性，他在《莊子·天運註》中曰：

> 夫物事之近，或知其故，然尋其原以至乎極，則無故而自爾也。自爾則無所稍問其故也，但當順之。

> 聖人在上，非有為也，恣之使各自得而已耳。自得其為，則眾務自適，群生自足，天下安得不各自忘我哉！

萬物之生，皆「無故而自爾」，因而應當順物之性，也就是不強求其同，使之自得、自適、自足，此為其所謂的「聖人之道」。

故郭象註《莊子·德充符》中「自其異者視之，肝膽楚越也；自其同者視之，萬物皆一也」一句時，曰：

> 恬苦之性殊，則美惡之情背。雖所美不同，而同有所美。各美其所美，則萬物一美也。各是其所是，則天下一是也。夫因其所異而異之，則天下莫不異。而浩然大觀者，官天地，府萬物，知異之不足異，故因其所同而同之，則天下莫不皆同；又知同之不足有，故因其所無而無之，則是非美惡，莫不皆無矣。夫是我而非彼，美己而惡人，自中知以下，至於昆蟲，莫不皆然。然此明乎我而不明乎彼者爾。若夫玄通泯合之士，因天下以明天下。天下無曰我非也，即明天下之無非；無曰彼是也，即明天下之無是。無是無非，混而為一，故能乘變任化，迕物而不慴。

郭象認為萬物既然各有其恬（甜）苦不同的自性，因此美惡之情也就各不相同，只要「各美其所美」、「各是其所是」，便能「萬物一美」、「天下一是」了。於是天下無是無非，混而為一，再也沒有一個共通的絕對標準可循了。這樣的一種「是非美惡，莫不皆無矣」的相對認識論，再進一步發展下去，就成了他在《莊子·秋水註》中所說的：

> 人之生也，可不服牛乘馬乎？服牛乘馬，可不穿落之乎？牛馬不辭穿落者，天命之固當也。苟當乎天命，則雖寄之人事，而本在乎天也，穿落之可也。若乃走作過分，驅步失節，則天理滅矣。不因其自為而故為之者，命其安在乎？

此段《莊子·秋水》的原文是：

> 牛馬四足，是謂天；落（按，即「絡」字）馬首，穿牛鼻，是謂人。

故曰：無以人滅天，無以故滅命，無以得殉名。謹守而勿失，是謂
反其真。

莊子反對以人爲之穿落消滅天生之本性，明言「無以人滅天，無以故滅命」，郭
象注釋莊子，所發揮的卻不是莊子的反人爲、任自然的自然觀，而是他自己的
相對認識論。他所要強調的是，物不相同，其性也不一樣。馬的天性就要被人
服騎，被人羈絡的。因而，馬受人驅使，就並不存在傷害馬的眞性的問題。在
他的思想體系中，對於馬，「穿落之可也」！正如他在《莊子‧馬蹄註》中說：

馬之眞性，非辭鞍而惡乘，但無慕於榮華。

御其眞知，乘其自然，則萬里之路可致，而群馬之性不失。

既然馬的眞性不辭鞍惡乘，那麼，駕御之騎乘之，乃至於戴羈刻絡之，也都
是順任自然，並不存在「以人滅天，以故滅命」的問題。郭象從這樣的「自
然說」中發展他著名的「名教即自然」說。

（二）自然說與審美

如此說來，不但因爲馬與人不同，馬的眞性與人的眞性便不一樣；即使
同爲馬，其性也有差異。在《莊子‧馬蹄註》中，郭象說過：「馬性不同而齊
求其用，故有力竭而態作者。」同樣地，人雖都爲人，但人有不同，其性也
不相同。按照郭象的自然說，所謂「自然」是純粹相對的，完美要依據事物
的個別性質而定，不能絕對地、單一地去反對人爲造制。所以，在審美的問
題上，郭象又再次進一步顛覆了王弼的那些「白賁無咎」、「飾終反素」的審
美標準，他並不反對那些非常之觀、華麗之物。在審美風趣上，郭象認爲也
不能以絕對的本色素樸爲美，而是要看它是否順物自然，合乎對象的需要。
於是，審美標準便不再範限於素樸無華。若人性喜樸素清雅，便當以樸素清
雅自足；但若人性愛榮華豔麗，便當以榮華豔麗自足，如果是人性喜榮華而
不得榮華，喜樸素而不得樸素，那才是違反各自的天性，不得自然。於是，
他在註解《莊子‧刻意》：「素也者，謂其無所與雜也；純也者，謂其不虧其
神也。能體純素，謂之眞人」一句時，也將《莊子》書中所崇尚的純素之美
解成了：

苟以不虧爲純，則雖百行同舉，萬變參備，乃至純也；苟以不雜爲
素，則雖龍章鳳姿，倩乎有非常之觀，乃至素也。若不能保其自然
之質而雜乎外飾，則雖犬羊之鞹，庸得謂之純素哉？

他以爲所謂「不虧」、「不雜」，並非說要完全否棄雕飾，而是強調因憑事物的

自然質性；而所謂的「純」、「素」，也不能只看作是一種未假雕飾藻繪的本色美，而是就事物的自然質性而言，指的是某一具體審美對象的內在和諧美。在郭象看來，因憑自然事物的質性與否，才是判定「純」、「素」的關鍵。因而，若物之質性使然，即便是「百行同舉，萬變參備」，搞得面目全非，也還是至純；即便是龍章鳳姿，斑爛外飾，也仍是至素。相反，假若是不合物性，物「不能保其自然之質而雜乎外飾」，那麼就是像犬羊皮毛（鞟）的本色，也不能叫做「純」、「素」。

　　郭象的這一思想和王弼的「本末有無」理論相互補充，為六朝人們生活中的嗜美，提供了充足的哲學依據。由於內在的精神需要外象才得以呈現；由於人們天性喜愛打扮妝飾也是合乎自然，因而，人們妝飾容貌，打扮穿戴、將殿堂裝飾得華麗濃豔、注重詩文藝術的形式之美，也就全都被看作是合理的要求。儒家所謂的「繪事後素」的審美觀（《論語·八佾》），在郭象完全推翻。他認為只要出於自然之性，「繪」與「素」就沒有高下優劣前後輕重之分。同樣，有的人喜歡裝扮，有的人則性喜樸素，只要他們的這個「喜歡」都是出自於自然本性，也就不必去厚此薄彼。所以，郭象並不完全反對人為，這對六朝文藝力求形式美的共同趨向，有著絕對促進作用。

　　不僅於此，從另一面說，玄學提倡以自然為法度的審美思想，也蘊含著深刻的藝術辯證：

1. 就審美部份說，藝術創作既是一種審美情感的活動，它必然符合審美創作的規律，能夠在人的鑑賞中實現它的審美價值，亦即，它是合規律、合目的的。在王弼等玄學家來說，它符合的是「崇本舉末」、「貴無賤有」的審美規律。

2. 但就創作過程來說，它又是一個情感的活動，需要作家的創作天才，和霎那間情緒靈感的自由發揮和馳騁來完成。故其審美規律往往又是通過作家和藝術家的天放自然、不受拘羈的創作才情來實現的。這就和莊子反覆稱羨的庖丁解牛、輪扁斵輪一樣，是一完全自由的創作活動，超乎人世間的一切規矩法度，而寓法度於自然之中。於是藝術創作成了既合規律又超乎規律的活動。因此郭象所謂的順物自然說，便提倡順應自體規律，反對共同規律的美感論。

　　並且不論如何，自然說經過這一番玄學論證，已巍然成了一個非常重要的美學範疇。

三、體情觀

說到魏晉人士充份肯定作者的創作之情，此乃基於他們曾經在哲學領域中對於人的內在之「情」多方思辨，與論辯，有著深刻的體認之故。故而討論了魏晉的有無論、自然說之後，尚應論及他們的體情觀。

（一）體情觀的基本意涵

魏晉體情觀的建立，始於正始年間何晏、王弼等人等於聖人有情或無情的論證。今《三國志卷二十八・鍾會傳附王弼傳》，注引何劭〈王弼傳〉中，記有：

> 何晏以爲聖人無喜怒哀樂，其論甚精，鍾會等述之。弼與不同，以爲：聖人茂於人者，神明也；同於人者，五情也。神明茂，故能體沖和以通無；五情同，故不能無哀樂以應物。然則聖人之情，應物而無累於物也。今以其無累，便謂不復應物，失之多矣。

又云：

> 弼注《易》，潁川人荀融難弼《大衍論》，弼答其意，白書以戲之曰：夫明足以極幽微，而不能去自然之性。顏子之量，孔父之所預在，然遇之不能無樂；喪之不能無哀，又常狹斯人，以爲未能以情從理者也，而今乃知自然之不可革。是足下之量，雖已定乎胸臆之內，然而隔愈旬朔，何其相思之多乎？故知尼父之於顏子，可以無大過矣。

另外，《世說新語・文學 57》也記載了一則關於聖人有情無情的論辯：

> 僧意在瓦官寺中，王苟子來，與共語，便使其唱理，意謂王曰：「聖人有情不？」王曰：「無。」重問曰：「聖人如柱邪？」王曰：「如籌算，雖無情，運之者有情。」僧意云：「誰運聖人邪？」苟子不得答而去。
>
> 劉孝標註曰：王修善言理，如此論，特不近人情，猶疑斯文爲謬也。

「聖人有情說」替魏晉人重情、任情提供了理論支持。從魏初何晏、鍾會、王弼、荀融等都參加了這一問題的討論，可見當時人們對於這一問題的關注，和這場討論的浩大聲勢。而直至東晉王修與僧意的談座中，它仍列爲首唱，也可見其影響之長久。

何晏認爲聖人沒有喜怒哀樂之情，其具體的內容已不得而知。但從他素來「祖述老莊，立論以爲天地萬物皆以無爲本」（前引《晉書卷四十三・王衍

傳》）來推斷，何晏「聖人無情」的思想應該也是是來自於老莊。《老子・七十九章》曾說：「天道無親」；《莊子・田子方》中也提到「至人，……喜怒哀樂不入於胸次」，故何晏也以為，聖人固守天道，理當對於利害得失都無動於衷，不可能跟普通人一樣，輕易被外物所動搖，為得而欣喜；因失而悲哀。因而，聖人應該原本無情。

何晏在註解《論語・雍也》：「有顏回者好學，不遷怒，不貳過」時說：

　　凡人任情，喜怒違理；顏回任道，怒不過分。

他認為，普通的人不僅有情，而且往往會因任情而違理，被喜怒哀樂所役使。顏回卻能從任情進而至於任道，故能不遷怒不貳過，雖怒亦不過份。推而論之，則聖人固守天道，自然對於外物也就能完全無動於衷。值得注意的是，何晏只把「無情」的人限制在「聖人」之列，並沒有否定普通的人都是有情的。他也沒有以聖人自勵。他肯定聖人無情，讚賞顏回「任道，怒不過分」，反對任情違理，而自己立身行事，卻如他在〈景福殿賦〉中所說，要「遠襲陰陽之自然，近則本人物之至情」。

鍾會贊成何晏聖人無情的觀點，而王弼則不然。王弼認為聖人與普通人同具五情，所不同的，只是聖人較普通人更具「神明」，懂得若一旦為外物所累，必有損於性，故「能體沖和以通無」，動而適中，行而有度。但是，聖人同樣會為外物所感動，對於生老病死，乃至於得失窮通等人世現象，也同樣不能無動於衷。所謂「五情同，故不能無哀樂以應物」是也。

另外，從何劭〈王弼傳〉中王弼答荀融的話看來，王弼以為孔子這位聖人，雖然「明足以尋極幽微」，但遇到他的得意門生顏回卻「不能無樂」；顏回死了，他也「不能無哀」。可知不管是聖人還是常人，都有喜怒哀樂之情。「情」與「性」一樣，都是人之「自然」，而「自然不可革」，聖人有情。

聖人的人格是時人的理想人格。聖人都不能無喜怒哀樂之情，那麼，「情」當然也就不像荀子、董仲舒所說的那樣彷彿洪水猛獸。於是，「情」在魏晉人士的觀念中也就具有了存在的合理性了。儘管王弼一如何晏，都不主張任情，而要以性統情、以情從理，但他「聖人有情」的論述，卻打開了禁錮「情」的枷鎖，為「緣情說」提供了理論方面的依據。

王弼之時，雖然任情的主張並沒有馬上得到人們的普遍讚和，但承認情的存在的合理性的卻大有人在。除了王衍「甚重之」之外；連桓範《世要論・節欲》雖然反對肆情，主張節慾，但他也承認：

> 人生而有情，情發而爲慾。物見於外，情動於中；物之感人也無窮，
> 而人之所欲也無極，是物至而人化也。

　　人生下來就有情有慾。雖然人、物爲二，但感物而情動卻是自然存在，是任何人也免不了的。桓範雖然是當時少見的儒學者，受儒學的影響很深，但他的這一觀念，卻無疑是與王弼的「聖人有情」的思想一脈相通的。

　　從否定人的情感到承認情感存在的合理性，這確實是已經跨進了一大步。但是，六朝人並沒有因此而停滯不前，而是借助著玄學的自然學說，將情感學說融入生命的價值觀念之中，爲「緣情說」不斷架設更爲堅實的思想基礎。他們在肯定人的欲求的合理性的基礎上，爲人們的任情順性大張旗鼓。這一思潮的代表人物，是向秀的〈難嵇叔夜養生論〉：

> 若夫節哀樂，和喜怒，適飲食，調寒暑，亦古人之所修也。至於絕
> 五穀，去滋味，寡情慾，抑富貴，則未之敢許也。何以言之？夫人
> 受形於造化，與萬物並存，有生之最靈者也，異於草木，草木不能
> 避風雨辭斤斧；殊於鳥獸，鳥獸不能遠羅網而逃寒暑。有動以接物；
> 有智以自輔，此有心之益、有智之功也。若閉而默之，則與無智同，
> 何貴於有智哉？有生則有情，稱情則自然。若絕而外之，則與無生
> 同，何貴於有生哉！

本篇旨在駁難嵇康的修煉養生之論，卻多所觸及情與性的議題。依向秀之意，認爲人是萬物中最有靈氣的生物，人不同於草木和禽獸，就是因爲人「有動以接物；有智以自輔」，能夠「節哀樂，和喜怒」，面對自然界的一切不是無動於衷。若人面對萬物而沒有反應，那就與草木禽獸同類了，人也就不成爲「人」了。因而，人要「稱情」才合符於「自然」；壓抑人的情感和慾望，就違反了「自然」的法則，人也被貶低爲與「無生」的草木鳥獸同等了。

　　向秀不僅認爲人與草木禽獸的區別，就在於人有慾望，有與生俱來的喜怒哀樂諸情感，而且認爲，人生在世，原本就是爲著享受人生的歡樂、體味人生的悲哀。若人生失去了歡樂與悲哀，心如死灰，情同草木，人生也就變得毫無意義與價值。生命之所以值得眷戀，正在於生命能給人帶來喜怒哀樂。人在世上，若是既無歡樂，也無悲哀，那即使是活上一百歲，也是枉爲人一世。他說：

> 今若舍聖軌而特區種，離親棄歡，約己苦心，欲積塵露以望山海，
> 恐此功在身後，實不可冀也。縱令勤求，少有所獲，則顧影屍居，

> 與木石為鄰，所謂不病而自災，無憂而自默，無喪而疏食，無罪而
> 自幽，追虛徼倖，功不答勞。以此養生，未聞其宜。故相如曰：「必
> 欲長生而不死，雖濟萬世猶不足以喜。」言背情失性，而不本天理
> 也。長生且猶無歡，況以短生以守之邪！（〈難嵇叔夜養生論〉）

向秀所說的「天理」即「自然」。在魏晉玄學家們的觀念中，「自然」是自然界和人類社會的最高法則。向秀以為「背情失性」便違反了這一法則。這就不僅像王弼一般肯定了情性存在的合理性，進一步也充分肯定了任情縱性的合理性。正始以後的文人走上縱慾任誕之途，理論根據即在此。

張邈和向秀的關係如何不得而知，但是，在對待人情的態度上，他們是完全一致的。他也在有關養生的問題方面和嵇康幾度論難，並作有〈自然好學論〉，極力鼓吹任情的合理性。他說：

> 夫喜怒哀樂，愛惡慾懼，人之有也。得意則喜，見犯則怒，乖離則
> 哀，聽和則樂，生育則愛，違好則惡，饑則欲食，逼則欲懼。凡此
> 八者，不教而能。……苴竹菅蒯，所以表哀；溝池險阻，所以寬懼；
> 弦木剡金，所以解憤；豐財殖貨，所以施與。苟有肺腸，誰不忻然
> 貌悅心釋哉？尚何假於食膽蜰而嗜菖蒲葅也！且晝坐夜寢，明作暗
> 息，天道之常，人所服習。在於幽室之中，睹烝燭之光，雖不教告，
> 亦皎然喜於所見也，不以向有白日，與比朱門，旦則復曉，不揭此
> 明而減其歡也。況以長夜之冥，得照太陽，情變鬱陶，而發其蒙也，
> 故以為難。事以末來，而情以本應。即使六藝紛華，名利雜詭，計
> 而復學，亦無損於有，自然之好也。（〈自然好學論〉）

張邈是從人的基本需求立論，論證了人情存在的合理性。他認為，人離不開最基本的需求，而人一旦具有這最基本的需求，也就有了喜怒哀樂。因而，人只要有肺腸，便自然會因得而喜，因離而哀，因犯而怒，因親而樂。這是人的本能，就如人處黑暗之中，忽見燭光，無須別人教告，便會喜於所見一樣地自然而然。

當然，六朝人並不都是主張任情的。在向秀和張邈的反面，也聚集著一些任情之說的反對者。其中便有以嵇康、郭象為代表的老莊傳統派。嵇康也承認人生而有情，但在生命與情感的天平上，他將全部的法碼都投注在生命保養的那一端。他認為，人若喜怒哀樂過份，就違背養生之道，會有損於生命。所以他一再申明，人應該節情。他說：

夫服藥求汗，或有弗獲；而愧情一集，渙然流離。終朝未餐，則囂然思食；而曾子銜哀，七日不飢。夜分而坐，則低迷思寢；內懷殷憂，則達旦不瞑。勁刷理鬢，醇醴發顏，僅乃得之；壯士之怒，赫然殊觀，植髮衝冠。由此言之，精神之於形骸，猶國之有君也，神躁於中，而形喪於外……而世常謂一怒不足以侵性；一哀不足以傷身，輕而肆之，是猶不識一溉之益，而望嘉穀於旱苗者也。是以君子知形恃神以立；神須形以存。悟生理之易失，知一過之害生，故修性以保神，安心以全身，愛憎不栖於情，憂喜不留於意，泊然無感，而體氣和平，又呼吸吐納，服食養身，使形神相親，表裡俱濟也。(嵇康〈養生論〉)

「精神之於形骸，猶國之有君也，神躁於中，而形喪於外」，這裡所謂的精神，明顯包括人的情感，是以上文所舉四例，均圍繞愧、哀、憂、怒等情緒的外觀反應而言。嵇康認為養生即要保形，首先便在於「修性以保神」。而要保神，便應以性制情，使「愛憎不栖於情，憂喜不留於意，泊然無感，而體氣和平」，才能「形神相親，表裡俱濟」。

比嵇康稍後的郭象，在人情的問題上，基本上和嵇康持同一態度。他在《莊子・德充符註》中說：

人之生也，非情之所生也。生之所知，豈情之所知哉？故有情於為離、曠而弗能也，然離、曠以無情而聰明矣；有情於為賢聖而弗能也，然賢聖以無情而賢聖矣。

人之生，並非因情而生；人的智慧，也不是因情而得。有些人企慕能像膠離、師曠一樣聰明；希望成為賢聖，卻不知膠離、師曠是因為無情才成為聰明；賢聖也因為無情才成為賢聖。因而，人不能有情，因為有情便有害於聰明賢聖。

又郭象註《莊子・刻意》：「悲樂者，德之邪；喜怒者，道之過；好惡者，德之失，故心不憂樂，德之至也。」之文曰：「至德常適，故情無所概」，他認為至德之人，應是適性自足的，不受情感轄制。他也認為，有情不利於養生，無情虛無，方可免難。他說：

休乎恬惔寂寞，息乎虛無無為，則雖歷乎阻險之變，常平夷而無難。患難生於有為，有為亦生於患難，故平易恬惔交相成也。夫不平不惔者，豈唯傷其形哉？神德並喪於內也。(《莊子・刻意註》)

故在郭象看來，有情不如無情。

在六朝人的觀念中，情與慾是二位一體的。向秀、嵇康等所言之情，應該多半是指人的慾求，但我們不能否定，它也包含著「情感」這一概念的內涵。他們常引為例證的喜怒哀樂，都正是人的情感的外現。因而說，向秀、張邈所謂的任情，不僅是指順任人的慾求，而且也是指放縱人的情感；而嵇康、郭象所主張的節情，也同時包含著節制慾望和情感兩方面。

另一方面，嵇康、郭象強調「以理節情」，當然不同於儒家的「以禮節情」。他們是從玄學之自然學說的角度，去反對放縱情感與慾望。但是，這終究沒能阻擋住魏晉情感解放的潮流。隨著遍地而起的厚生之風，任情、緣情的觀念開始滲透到人們社會生活的每個層面裡去。這是本書第三章要專論「緣情趨勢」的原因。

（二）體情觀與審美

「情」一旦得著玄學理論支持，便澎湃不能自已了。魏晉人重情，有過於其他任何時代。悼亡，則一慟幾絕；喜得，則忘乎所以；相愛，則如膠似漆；悲離，則相對泣血。觀其動情之由，倒不僅在於個人得失，更在於宇宙人生的普遍無奈之上。如：

> 衛洗馬（衛玠）初欲渡江，形神慘悴，語左右云：「見此茫茫，不覺百端交集。苟未免有情，亦復誰能遣此！」（《世說新語‧言語32》）

> （桓）玄哀樂過人，每歡戚之發，未嘗不至嗚咽。（《世說新語‧任誕50》注引《晉安帝紀》）

原來不論聰慧如衛玠、凶悖如桓玄，都重情至此。當時甚而有所謂聞諱而哭者，只要聽聞亡父名諱，即悲從中來。《世說‧任誕50》載：

> 桓南郡（桓玄）被召做太子洗馬，船泊荻渚。王大服散後已小醉，往看桓。桓為設酒，不能冷飲，頻語左右：「令溫酒來！」桓乃流涕嗚咽，王便欲去。桓以手巾掩淚，因謂王曰：「犯我家諱，何預卿事？」王嘆曰：「靈寶（玄小字）故自達。」

> 余嘉錫箋疏引《顏氏家訓‧風操篇》：禮云：「見似目瞿，聞名心瞿。」有所感觸，惻愴心眼。若在從容平常之地，幸須申其情耳。必不可避，亦當忍之，不必期於顛沛而走也。梁世謝舉甚有聲譽，聞諱必哭，為世所譏。又有臧逢世，臧嚴之子，篤學修行，不墜門風。孝元經牧江州，遣往建昌督事，郡縣民庶，競修牋書。有稱嚴寒者，

必劃之流涕。不省取記，多廢公事。由顏氏之言觀之，知聞諱而哭，

乃六朝之舊俗。故雖凶悖如桓玄，不敢不謹守此禮也。

聞諱而哭，在六朝蔚為風俗，雖凶狠豪暴如桓玄，也竟然只要一提到「溫酒」，觸及其亡父桓溫的名諱，便流涕嗚咽不能止。深情款款至此，情之作用，不得不令人慨嘆。此自由於魏晉人士深刻體會「人」之價值（本書所謂「人本趨勢」者也），對逝去的生命哀痛逾恆的表現。此情，尚可謂"情"有可原。而再擴而充之，則甚至無關乎故往人情，但凡耳聞樂音、目睹佳景，一切的外物感染都可令魏晉士人為之悲慟不已，如：

桓子野（桓伊，見《晉書卷八十一·桓宣傳》）每聞清歌，輒喚「奈何！」謝公聞之曰：「子野可謂一往有深情。」（《世說·任誕42》）

王長史登茅山，大慟哭曰：琅琊王伯輿，終當為情死。（《世說·任誕54》）

也都是魏晉人士深情無限之例。重情，不但成為社會、人物美中「魏晉風度」的重要成份，也影響到魏晉美學理論，自從陸機〈文賦〉提出「詩緣情而綺靡」的「緣情說」以來，魏晉以情出發的文藝理論不斷。如：

佇中區以玄覽，頤情志於典墳。遵四時以歎逝，瞻萬物而思紛。悲落葉於勁秋，喜柔條於芳春。心懍懍以懷霜，志眇眇而臨雲。詠世德之駿烈，誦先人之清芬。游文章之林府，嘉麗藻之彬彬。慨投篇而援筆，聊宣之乎斯文。其始也，皆收視反聽，耽思傍訊，精騖八極，心遊萬仞。其致也，情朦朧而彌鮮；物昭晰而互進……（陸機〈文賦〉）

陸機論創作之動機與創作過程的構思階段，一以情為出發。此觀點至南北朝以後，多所發揮。最著名的當推鍾嶸〈詩品序〉，其所論之創作動機為：

若乃春風春鳥，秋月秋蟬，夏雲暑雨，冬月祁寒，斯四候之感諸詩者也。嘉會寄詩以親，離群託詩以怨。至於楚臣去境，漢妾辭宮；或骨橫朔野，魂逐飛蓬；或負戈外戍，殺氣雄邊；塞客衣單，孀閨淚盡；或士有解佩出朝，一去忘返；女有揚蛾入寵，再盼傾國。凡斯種種，感盪心靈，非陳詩何以展其義？非長歌何以騁斯情？

不論「陳詩」或「長歌」，一切的藝術創作都是作者為了要「騁斯情」、「展其義」。義也是指情。情是一切創作發生的源頭。故後來蕭子顯《南齊書》，及蕭繹《金樓子》，為文學創作所下之定義為：

> 文章者，蓋情性之風標，神明之律呂也。（《南齊書・文學傳論》）
>
> 至如文者，惟須綺縠紛披，宮徵靡曼，唇吻遒會，情靈搖蕩。（《金樓子・立言》）

蕭綱在〈答張纘謝示集書〉對創作動機也有類似的明確看法：

> 至如春庭落景，轉蕙承風；秋雨且晴，檐梧初下；浮雲生野，明月入樓；時命親賓，乍動嚴駕；車渠屢酌，鸚鵡驟傾；伊昔三邊，久留四戰；胡霧連天，征旗拂日；時聞塢笛，遙聽塞笳；或鄉思淒然，或雄心憤薄。是以沈吟短翰，補綴庸音，寓目寫心，因事而作。

《宋書卷六十二・王微傳》載微〈與從弟僧綽書〉，也從自身經驗談及文學創作的特色曰：

> 吾少學作文，又晚節如小進，使君公欲民不偷，每加存飾，酬對尊貴，不厭敬恭。且文詞不怨思抑揚，則流澹無味。文好古，貴能連類可悲，一往視之，如似多意。

《梁書卷三十五・蕭子顯傳》亦載子顯〈自序〉之語曰：

> 若乃登高目極，臨水送歸，風動春朝，月明秋夜，早雁初鶯，開花落葉，有來斯應，每不能已也。

《陳書・卷三十四文學傳》所載陳後主叔寶為太子時〈與詹事江總書〉，敘述往日與諸文學之士來往賦詩之情形，亦云：

> 吾監撫之暇，事隙之辰，頗用談笑娛情，琴樽閒作，雅篇艷什，迭互鋒起。每清風朗月、美景良辰，對群山之參差；望巨波之混漾，或斟新花；時觀落葉，既悅春鳥；又聆秋雁，未嘗不促膝舉觴，連情發藻，且代琢磨，間以嘲謔，俱怡耳目，並留情致……

他們都認為人因景物而生情，當情感「有來斯應」之時，每每令人「不能已也」，故而「連情發藻」、緣情而騁辭。王微所說的「怨思抑揚」、「連類可悲」，正是「多意」、多情的表現。六朝文學理論中所反映的審美觀，皆為體情的審美觀。

　　附帶一提，六朝文學理論中的體情觀除表現在上述的文學發生論中，更貫穿整個創作論。劉勰《文心雕龍・情采》所強調的一切文質並重的理論，均以情、采；質、文；理、辭對舉，以說明形式與內容相稱之理，故曰「五情發而為辭章」，「故情者，文之經；辭者，理之緯。經正而後緯成，理定而後辭暢，此立文之本源也。」此外，《文心雕龍・情采》更提出「為情造文」說：

　　昔詩人什篇，爲情而造文；辭人賦頌，爲文而造情。何以明其然？

　　蓋風雅之興，志思蓄憤，而吟詠情性，以諷其上，此爲情而造文也；

　　諸子之徒，心非鬱陶，苟馳誇飾，鬻聲釣世，此爲文而造情也。

劉勰所總結的魏晉文學理論，情辭並重，爲情造文，魏晉人士的體情觀和審美已緊密結合，融爲一體了。

結　語

　　以上從三方面來看魏晉美學的生成環境，「險惡的政治社會現實」是外在的生成背景，它使得魏晉時期的個人理性與社會理性之間，原來的和諧平衡破壞無餘；「巨變的心理價值結構」便是這樣的破壞所帶來的內在的衝擊和變化；而「堅實的玄學哲理基礎」則是在這些衝擊變化中，魏晉人士嘗試爲個人生命掌握住的更爲深層的內在實質根源。如此從外而內不斷影響作用，層層促使著魏晉人士對於自身的存在、內在的主體價值、群我的互動關係等方面不斷省思、不斷地嘗試解說。就是這樣的推動、這樣空前地豐富的各種作用力，替魏晉美學提供了一塊沃土，能夠在其間生成，並進而大幅成熟發展。

　　魏晉美學的生成環境如上述，而要談到發展，還有賴於一些新趨勢的引發。以下本書就分論魏晉美學的三大趨勢。

第二章　魏晉美學的人本趨勢

前　言

　　李澤厚先生在〈人的主題〉一文中說：「從東漢末年到魏晉，這種意識形態領域內的新思潮，即所謂新的世界觀人生觀，和反映在文藝——美學上的同一思潮的基本特徵，是什麼呢？簡單說來，這就是人的覺醒。它恰好成為從兩漢時代逐漸脫身出來的一種歷史前進的音響。……是人，和人格本身，而不是外在事物，日益成為這一歷史時期哲學和文藝的中心。……不是人的外在的行為節操，而是人的內在的精神性，（亦即被看作是潛在的無限可能性）成了最高的標準和原則。」〔註1〕

　　這樣一種人的覺醒，開端於漢末及魏晉之際，形成了一種龐大的人本趨勢，將魏晉時代不論是哲學、文學、社會、心理、生活都帶入了一種前所未有的新思潮新氣氛新態度之中，奠定了以後整個魏晉南北朝美學生根立基、蓬勃發展的基礎。

　　我們當然不能說魏晉之前就沒有人本的趨勢。早在春秋時代，孔子的學說就整個呈現為一個「人文之學」，〔註2〕從他對「仁」、「義」、「禮」等中心學說的討論來看，「一切歷史事實，社會事實，心理及生理方面之事實，本身

〔註1〕《美的歷程・五、魏晉風度》，頁99～103。
〔註2〕勞思光先生語，詳參其所著《新編中國哲學史》第一冊第三章。台北三民書局民國73年增訂版頁101～158。尤以其中論孔子對文化問題、對自我問題之態度二節，於此方面有詳細論述。

皆不提供價值標準；自覺之意識為價值標準之唯一根源。人之自覺之地位，陡然顯出，儒學之初基於此亦開始建立。」〔註3〕此處先不論其哲學上的人文主義特色，單就孔子與作為個性主體的自我的關係來看，首先，孔子雖然「溫、良、恭、儉、讓」（《論語‧學而》），極具謙遜品德，卻絕不是個沒有自我的人，他非常認識自我的存在價值及生命特色。《論語‧憲問》記載：

> 子曰：莫我知也夫！子貢曰：何為其莫知子也？子曰：不怨天，不尤人，下學而上達，知我者其天乎！

世人或莫知孔子，而孔子卻十分清楚自己「不怨天，不尤人，下學而上達」的特性。綜觀其生平言行，即充滿了這類出於自知自明的自信，而成為其人格成熟圓融之寫照：

> 子曰：十室之邑，必有忠信如丘者焉，不如丘之好學也。（《論語‧公冶長》）

> 子曰：默而識之，學而不厭，誨人不倦，何有於我哉？（《論語‧述而》）

> 子曰：夏禮，吾能言之，杞不足徵也；殷禮，無能言之，宋不足徵也。文獻不足故也，足，則無能徵之矣。（《論語‧八佾》）

這是孔子對自身的好學精神、以及基於此好學精神所產生的學問品質的充分自信，證之《論語‧為政》中著名的：「吾十有五而志於學，三十而立，四十而不惑，五十而知天命，六十而耳順，七十而從心所欲，不踰矩。」他對自己一生學習的各個階段所達之境界及其特色，也都瞭若指掌，充滿肯定。

不僅於學問，孔子對於自身的道德修養，更是信心十足：

> 子曰：出則事公卿，入則事父兄，喪事不敢不勉，不為酒困，何有於我哉？（《論語‧子罕》）

> 子曰：天生德於予，桓魋其如予何？（《論語‧述而》）

> 子畏於匡。曰：文王既沒，文不在茲乎？天之將喪斯文也，後死者不得與於斯文也，天之未喪斯文也，匡人其如予何？（《論語‧子罕》）

此可見孔子對於自身德性主體的確信，並能就此天賦之德行本體而進一步肯定自己的能力：

> 子曰：苟有用我者，期月而已可也，三年有成。（《論語‧子路》）

〔註3〕同上書，頁116。

> 冉子退朝，子曰：何晏也？對曰：有政。子曰：其事也。如有政，
> 雖不吾以，吾其與聞之。(《論語·子路》)

因爲是以德性主體爲出發，這樣的學問、德行、能力的肯定並無慮於走上自負自大之途，反而因此而自覺「文在於茲」，身負重大使命，責無旁貸。並由此責任自覺，進而對人的存在價值有了更深的肯定和期許：

> 顏淵問仁，子曰：克己復禮爲仁，一日克己復禮，天下歸仁焉。爲
> 仁由己，而由人乎哉？(《論語·顏淵》)

> 子曰：人能弘道，非道弘人。(《論語·衛靈公》)

> 子曰：仁遠乎哉？我欲仁，斯仁至矣！(《論語·述而》)

於是孔子所謂的「我」，是一個充滿活潑的能動性的德性自覺主體，具備一切爲仁、弘道的潛能，成爲個體存在的一切價值之根源。

這一條以德性主體爲出發的自我肯定路線，至孟子而又獲得更高昂的發揮。孟子曰：「我善養吾浩然之氣。」又曰人有四端（公孫丑上），是對人的德性價值再做最高肯定。秉此最高之價值根源，孟子放眼天下，「欲正人心，息邪說，距詖行，放淫辭，以承三聖者。」（滕文公下）將繼往開來的重任一肩擔起，當仁不讓地慷慨直陳：「夫天未欲平治天下也。如欲平治天下，當今之世，舍我其誰也？」（公孫丑下）那個德性本體的「我」，何其理直氣壯、鏗鏘有力地在實現著價值意識的內在自覺！

然而經過兩漢「天人感應」、「陰陽五行」說的長期刷洗後，「天」的規律及意志成了統一的、最高的價值根源，〔註4〕孔孟的主體價值自覺之原意遂至湮沒不見，思想界一片混亂偏差。〔註5〕因爲自董仲舒以下，漢儒的「天」之於人類萬物只有生成義、主宰義，而無德性價值可言，德性便只能落在人世層面來談，缺少形上的根源；而人的價值又只在於「應天」，只有受動性，並非一個自覺的德性主體，便只能緊緊追隨在普遍的、外在的社會德行標準後頭，「待教而爲善」。此所以兩漢社會極尚德，而主體的自我價值卻極低落。蓋因人的自覺主體的意義一旦被其神祕的宇宙觀、宿命論所籠罩，存在的價值也就被淹沒於外在一致的社會群體價值之中了。

〔註4〕說詳下文「有無之論與個性」節。
〔註5〕詳參勞思光《新編中國哲學史》第二冊第一章「漢代哲學」，及吳怡《中國哲學發展史》第十三章「漢代思想的一波四折」、第十四章「董仲舒的使命與天人感應之學」等處。

終兩漢之世，都在這樣的蒙蔽之中，渾渾如長夜。至魏初何晏註解《論語》時，已將孔子的素樸而有光輝的心性學說曲解滅裂至不忍卒睹的地步。如解〈子罕〉篇：「子絕四：勿意、勿必、勿固、勿我」曰：

> 以道爲度，故不任意。用之則行，捨之則藏，故無專必。無可無不可，故無固行。述古而不自作，處群萃而不自異，唯道是從，故不有其身。

可說完全違迕原意，道非道，儒非儒矣。其中尤以「述古而不自作，處群萃而不自異，唯道是從」解釋「勿我」之意，除不合原旨之外，也令吾人得以窺知漢末魏初時期，學界一般對「我」之地位的評價，是要處於群眾之中，依違兩可，不自見異，而「唯道是從」。個性是完全淹沒在群體（郡萃）之中的。個體對於外在價值只能順從（以道爲度、唯道是從）、模擬（不自作、不自異）。這是魏晉人士所處的時代思想背景。而人本趨勢即在這樣的荒煙蔓草中，以反抗、以悲愴、以思辨的精神，藉著量才任用的政治措施、藉著感時憂生的悲愴意識、藉著往返論辯的哲學思維，而逐漸崛起。今分論人本趨勢從形成，到奠定基礎成爲時代標誌的演變過程，及其對社會人心各方面的影響如下：

第一節　人本趨勢的形成

一、重才輕德的社會風氣

（一）東漢唯德是尚的社會價值標準

東漢是個古今少有的唯德是尚的朝代。自光武中興以來，即大興名教，一時風行草偃，朝野上下如沐春風，一片儒家德化氣象。正如趙翼《二十二史箚記卷四・東漢功臣多近儒》所論：

> 西漢開國，功臣多出於亡命無賴，至東漢中興，則諸將帥皆有儒者氣象，亦一時風會不同也。光武少時，往長安，受尚書，通大義。及爲帝，每朝罷，數引公卿郎將講論經理。故樊準謂：「帝雖東征西戰，猶投戈講藝，息馬論道。」是帝本好學問，非同漢高之儒冠置溺也。而諸將之應運而興者，亦皆多近於儒，如……是光武諸功臣，大半多習儒術，與光武意氣相孚合。蓋一時之興，其君與臣本皆一氣所鍾，

故性情嗜好之相近，有不期然而然者，所謂有是君即有是臣也。

處廟堂之尊者重德如此，於是士大夫崇尚名節，砥礪德操，遂成風氣。另外還有一批無心仕宦，卻熱心鄉里教化的地方仕紳，遍佈民間，以德化人。風俗之淳，曠古未有，雖盜匪亦知服德，事蹟屢見史冊，如：

> 寔在鄉閭，平心率物。其有爭訟，輒求判正，曉譬曲直，退無怨者。至乃歎曰：「寧爲刑罰所加，不爲陳君所短。」時歲荒民儉，有盜夜入其室，止於梁上。寔陰見，乃起自整拂，呼命子孫，正色訓之曰：「夫人不可不自勉。不善之人未必本惡，習以性成，遂至於此。梁上君子者是矣。」盜大驚，自投於地，稽顙歸罪。寔徐譬之曰：「視君狀貌，不似惡人，宜深剋己反善。然此當由貧困。」令遺絹二匹。自是一縣無復盜竊。（《後漢書卷六十二‧陳寔傳》）

> 王烈字彥方，太原人也。少師事陳寔，以義行稱。鄉里有盜牛者，主得之，盜請罪曰：「刑戮是甘，乞不使王彥方知也。」烈聞而使人謝之，遺布一端。或問其故，烈曰：「盜懼吾聞其過，是有恥惡之心。既懷恥惡，必能改善，故以此激之。」後有老父遺劍於路，行道一人見而守之，至暮，老父還，尋得劍，怪而問其姓名，以事告烈。烈使推求，乃先盜牛者也。諸有爭訟曲直，將質之於烈，或至塗而反，或望廬而還。其以德感人若此。（《後漢書卷八十一‧獨行列傳‧王烈傳》）

> 建安元年，自徐州還高密，道遇黃巾賊數萬人，見玄皆拜，相約不敢入縣境。（《後漢書卷三十五‧鄭玄傳》）

當時士人之德望，與民間普遍重德尚行之社會風氣，可以概見。

本來尚德重禮，民風向化，理應爲盛事一樁。但是另一方面也造成了個體、情感統一於倫理、社會的外向認同的心理依附形態，對美學架構來說，是形成美統一於善的審美關係結構；而就自我人格來說，「德」與「群」交織成天羅地網，密密嚴嚴遮盡天下蒼生，賦予全體一致的價值標準，而個體的價值與特性便隨之銷融於子曰經云，以及人云亦云之中矣。

（二）曹操「唯才是舉」的反道德意識

漢末天綱失振，禮壞樂崩，更兼黨禍四起，碩德賢能之士亦紛紛縛之階下，直若屠牛宰羊。子曰經云既已啞然失聲，人云亦云自也隨之封口不云。

正道之聲既息，故有王充、孔融等人特立獨行的言論產生，上章中已具述矣。如此世衰道微之際，亟待有大「能」者出而扭轉之，「賢能」既不可靠，則期待「才能」、「功能」之濟世，不亦宜乎！於是一股帶著強烈叛逆色彩的反德行、重功能價值的風潮，開始揚起。最具代表性的就是曹操在建安八年下的〈庚申令〉，其文已見上章，今再引如下：

> 議者或以軍吏雖有功能，德行不足堪任郡國之選，所謂「可與適道，未可與權。」管仲曰：「使賢者食於能則上尊，鬥士食於功則卒輕於死，二者設於國則天下治。」未聞無能之人、不鬥之士，並受祿賞，而可以立功興國者也。故明君不官無功之臣；不賞不戰之士。治平尚德行，有事賞功能。論者之言，一似管窺虎歟！

這是明明白白地昭告天下，要在以「德行」任郡國的制度之外，標出「功能」一境，他的任官賞罰的標準，完全要「使賢者食於能，鬥士食於功」，完全地賞功任能。此境一出，風行數百年的尚德之風遂丕然翻轉，社會人心的價值取向完全改觀。此顧炎武《日知錄‧兩漢風俗》所謂的「夫以經術之治，節義之防，光武、明、章數世為之而未足；毀方敗常之俗，孟德一人變之而有餘。」之意也。曹操所為是否毀方敗常，是另一個問題，然而一代風俗，因他而「一人變之而有餘。」則是不爭之事實。

「功能論」調轉了世人的價值取向，學識與戰功；德行與才能，成了壁壘對立的兩極，而德行的一端雖然具有雄厚的傳統優勢，卻似乎空洞無力，搖搖欲墜；反之功能的一端，卻因掌握著人心求治，或者求仕、求祿的法碼，而行情一路飆漲。世愈亂，此兩極的比重愈不成比例，漸行漸遠，似再無平衡的可能。遂有曹操再於建安十五年、十九年、二十二年連頒〈求賢〉、〈舉士〉、〈求逸才〉三令之舉，文見上章（第 30～31 頁），不再贅引。如果〈庚申令〉是曹操在兩漢四百餘年重德尚行的堅實社會架構的重重帷幕之中所放出的一個風向球，那麼這七年之間連下三令，明言捨「有行」取「有術」，從此要「唯才是舉」，如此明確的政策佈達便是摧枯拉朽的三台龐大的拖曳機，三令聯手一批再拉，連搖帶推，那個被抽空了的搖搖欲墜的德行架構，便結結實實地嘩然解體，一蹶不成片段了！從此，在功能價值論的大纛之下，「才」與「術」，取代了「德」與「行」，一躍而成為當朝授官之標準、社會評量之準繩，一股吾人今日所謂「目標導向」，所謂「只問目的，不擇手段」的價值觀快速瀰漫開來，從而整個時代的思潮風氣、人心深處的價值歸向，一以翻

轉。顛倒眾生，莫此為甚。

　　細觀曹操的求才，其實是求術，求「治國用兵」的「霸世」之術。和後來才氣說、才性論所謂之內在於主體的風格才調，意義絕無相涉。曹操先是將之與「賢人君子」並舉，已是不倫不類；繼又以之與「有行之士」為對立，除自相矛盾外，更顯思路不清。蓋德行與才能，雖無必然的對立之勢，然尚俱屬人的內在品質，而治國用兵的霸術則為外在的手段謀略，二者屬不同範疇。有治術者未必即無行，此理甚明。曹操霸世心切，而思號召天下，求術求能，本亦無須驟發驚世駭俗的「盜嫂受金」等語；更不應急切至於欲用「負汙辱之名，見笑之行」的「不仁不孝」之輩。觀其殺楊脩、誅孔融，所加諸他們的罪名不也正是「交構諸侯」、「違天反道，敗倫亂理」等項，〔註6〕彼豈真可用不仁不孝者乎！可見曹操之所謂「唯才是舉」，目的主要在於推翻兩漢長期以來籠罩人心，卻在當時那個「天下未定」的亂世中不但空洞無用，並且顯得縛手縛腳、無濟於事的德行取向的價值觀而已。其反叛意識大過實用功能。

　　此叛逆意識可由曹操整個行事作風得證。據史傳所記，曹操自少年生活即不同於東漢盛行的世家禮教，《三國志》本傳說他「少機警，有權術，而任俠放蕩，不治行業。」注引《曹瞞傳》亦曰：「少好飛鷹走狗，游蕩無度。」這是典型的遊俠少年的風習。這種生活態度自然不見容於東漢那個重德尚行的社會價值觀，《曹瞞傳》中有段有趣的記載：

　　　　太祖少好飛鷹走狗，游蕩無度，其叔父數言之於嵩，太祖患之。後
　　　　逢叔父於路，乃陽敗面喎口，叔父怪而問其故，太祖曰：「卒中惡風。」
　　　　叔父以告嵩。嵩驚愕，呼太祖，太祖口貌如故。嵩問曰：「叔父言汝
　　　　中風，已差乎？」太祖曰：「初不中風，但失愛於叔父，故見罔耳。」
　　　　嵩乃疑焉。自後叔父有所告，嵩終不復信。太祖於是益得肆意矣。

此段軼事固可明曹操自幼多詐，「機警有權術」，更要緊的是這裡顯出了兩種人生態度，叔父責言曹操，秉的正是傳統德行標準；曹操若能服於此標準下則罷，若仍欲肆意遊蕩，則勢必對此普遍之德行價值做出因應。少年曹操用的是陰下的誆詐之術；一旦長成執政，自可堂皇發表其對抗傳統禮教的正式

〔註6〕楊修事見《三國志·陳思王傳》，孔融事見《後漢書·孔融傳》，曹操〈列孔
　　　　融罪狀令〉則見《三國志·崔琰傳》注引《魏氏春秋》，及《漢魏六朝百三名
　　　　家集·魏武帝集》。

宣言了。從建安八年重功德，到二十二年求逸才；從探測風向、輕揭帷幕，到明目張膽地整個拆解、翻轉過帷幕來抖落一地風塵，短短十餘年間，曹操這四道舉世震撼的令文，在在顯示了他顛覆性的反傳統、抗禮教的決心和手段。他的用人唯才在美學觀念上所反映的意義，還談不上是重才性輕德行，而端在乎此反抗意識。

（三）曹操的個性化人格美特徵

曹操對於傳統德治禮教的反抗意識，形成了他迥異於當時那些言為世則行為世範的彬彬君子們的為人風格，對人格美的觀念頗有影響。史載他：

> 太祖為人佻易無威重，好音樂，倡優在側，常以日達夕。被服輕綃，
> 身自佩小鞶囊，以盛手巾細物，時或冠帢帽以見賓客。每與人談論，
> 戲弄言誦，盡無所隱，及歡悅大笑，至以頭沒杯案中，肴膳皆沾汙
> 巾幘，其輕易如此。（《三國志卷一·武帝紀》注引《曹瞞傳》）

這樣的性格為人給當時的社會風氣，或美學風潮上所帶來的影響，不只是倫理觀上的棄舊揚新，也是人格美觀念上的重新評估、價值重整。魯迅說曹操：

> 力倡通脫，通脫即隨便之意。此種提倡影響到文壇，便產生多量想
> 說什麼便說什麼的文章。（《而已集·魏晉風度及文章與藥及酒之關
> 係》）

所說雖是針對文章而發，其實曹操的這種「提倡」應當絕不止於「影響到文壇」，也造成了審美上對這種和剛毅木訥的傳統君子們截然不同的「想說什麼便說什麼」的生命形態的欣賞敬慕，個性美的呈現更加流暢生動。魯迅接著又說：

> 更因思想通脫以後，廢除固執，遂能充分容納異端和外來的思想，
> 故孔教以外的思想源源引入。（同上）

曹操是否容納異端有待商榷，但是他廢除兩漢「固執」的唯德是尚的價值取向，使得美學思想也因之而得以日益趨向人本方向發展，這也是拜他那通脫豪邁的性格特徵所賜吧。另外如明代徐禎卿的《談藝錄》說：「曹公〈短歌行〉、子建〈來日大難〉，工堪為則矣。〈白狼〉、〈槃木詩〉三章亦佳，緣不受《雅》《頌》困耳。」所謂不受《雅》《頌》困，實際也就是不為漢代提倡的名教、"詩教"所束縛，敢於直抒胸臆。這是曹操的文學風格，同樣也是為人性格。

再回頭來進一步看曹操的性格為人對當時審美意識發展的影響。《三國志卷十·荀彧傳》載荀彧論曹操與袁紹之異曰：

> 今與公爭天下者，唯袁紹爾。紹貌外寬而內忌，任人而疑其心；公

　　明達不拘，唯才所宜，此度勝也。紹遲重少決，失在後機；公能斷
　　大事，應變無方，此謀勝也。紹御軍寬緩，法令不立，士卒雖眾，
　　其實難用；公法令既明，賞罰必行，士卒雖寡，皆爭致死，此武勝
　　也。紹憑世資，從容飾智，以收名譽，故士之寡能好問者多歸之；
　　公以至仁待人，推誠心不為虛美，行己謹儉，而與有功者無所吝惜，
　　故天下忠正效實之士咸願為用，此德勝也。夫以四勝輔天子，扶義
　　征伐，誰敢不從？紹之強其何能為！」太祖悅。

袁紹出身汝南名門，史載其「有資貌威容，愛士養名。」賓客歸服以致填接
街陌（《後漢書卷七十四》本傳），算是漢末名士。而相對的，曹操出身寒微，
其父曹嵩為中常侍曹騰之養子，「莫能審其生出本末」（《三國志卷一‧武帝
紀》），荀彧這裡所說的四敗四勝，固然確實是他們二人治軍與為人之異，也
未嘗不可看作是代表了漢末士族階級，和新興之英雄人物之間，各自的一種
普遍面貌。袁紹「憑世資，從容飾智，以收名譽」，然而「貌外寬而內忌」，
很點明了沒落貴族階層力圖藉威自飾，卻苦於欲振乏力，因而多憂多疑，舉
棋不定的一種矜持態度；而曹操「明達不拘，唯才所宜」、「推誠心不為虛美」，
明快雄恣，頗有一種顧盼自得的咄咄逼人之勢。所謂曹操的「度勝」和「德
勝」，勝在能以其豪邁不羈、佻易無威的性格和作風，凌厲風發地橫掃當時那
個因長期究禮崇德而師法森嚴、階級分明的社會，創造另一種風味爽颯，截
然不同於以往的審美典型。

　　如此，曹操在漢末那個唯德是尚，只有「德」的統一而模糊的面貌；欠
缺個性風格的社會風氣中矯然抗俗，標舉「唯才是舉」的旗幟，一人而使風
氣變。揆其所變，除其中最為人所詬病的墮墮倫理價值、泯滅道德觀念（此
部份見前第一章第二節）之外，在用人任官的實質政治意義上，功效並不大；
也未能產生如今天許多學者所說的引發「才性之辨」等等影響，蓋因其所謂
「才」，純屬「治國用兵之術」，與後來鍾會、傅嘏等人的才性論全然無涉之
故。然則曹操「唯才是舉」之措施對美學觀念的演進的影響在哪裡呢？在於
其中所蘊含的強烈反抗意識。反抗傳襲數百年之久的德行價值標準，轉而為
以現實功能為導向；反抗對外在價值標準採取依順、委身、追逐的兩漢傳統
態度，一變而為勇於抒發、並實行己見，敢於特立獨行，離經叛道。正是這
種不畏時俗，力持，並力行己議的反抗精神，使得後來的魏晉人士終於脫下
了兩漢重德價值觀所賦予人的整齊劃一的制式表情，開始或歌或嘯；亦莊亦

諧，展現各具特色、多采多姿的音容笑貌。所謂以個性主體為本位的魏晉美學的人本趨勢，於焉肇端。

再加上曹操本人，以他獨特的沈雄俊爽，凌厲風發的性格和作風在漢末建安時期獨霸一方，石破天驚般地樹起一個鮮明無比的人格形象。他的生命形態的本身，就是魏晉美學開始個性化、人本化之趨勢的先聲。

二、死生新故的人生感慨

（一）人生感慨與人的存在自覺

在一個強調德行、群體生命觀的文化和價值傳統中，個體生命的永恆乃體現在群體生命的生生不息中，故而不遺餘力地去高揚人的道德屬性，壓抑個人的生命欲求。此兩漢唯德是尚的傳統所給予個人、給予美學觀念的深層影響也。而漢末以後，此傳統群體生命觀的統制力量失落了，個體人格一旦之間發現自己再也不能隱埋在群體生命的生生不息中去追尋永垂不朽，而必須實際面對一個個獨立生命的出生和殞滅。這些陡然間從一種和群體的依附關係中清醒過來的人們，第一次嚴肅面對了人生必然的生、老、病、死。

《古詩十九首》的作家們首先替這樣的醒覺開啓了宣洩之路。〔註7〕他們的那些「文溫以麗，意悲而遠，驚心動魄，可謂幾乎一字千金。」〔註8〕的作品，述盡「逐臣棄妻、朋友闊絕、遊子他鄉、死生新故之感」，〔註9〕亂世人命如草芥，輾轉流離，更增變化無常之感慨，這樣的憂生之嗟，成了《古詩十九首》的構成基調。〔註10〕

> 青青陵上柏，磊磊澗中石。人生天地間，忽如遠行客。斗酒相娛樂，
> 聊厚不為薄。驅車策駑馬，游戲宛與洛。洛中何鬱鬱，冠帶自相索。
> 長衢羅夾巷，王侯多第宅。兩宮遙相望，雙闕百餘尺。極宴娛心意，
> 戚戚何所迫。
>
> 迴車駕言邁，悠悠涉長道。四顧何茫茫，東風搖百草。所遇無故物，

〔註7〕古詩十九首的產生年代，《文心雕龍·明詩》明言為兩漢：「古詩佳麗，或稱枚叔，其〈孤竹〉一篇，則傅毅之辭，比采而推，兩漢之作乎！」近世文學史學者如劉大杰等，則主張為東漢建安五言詩成熟期的作品。我細推其詩歌內容，贊成後者。

〔註8〕鍾嶸《詩品》卷上。

〔註9〕沈德潛《說詩晬語》卷上。

〔註10〕參看王瑤《中古文人生活·文人與藥》、李澤厚《美的歷程·人的主題》等。

焉得不速老。盛衰各有時，立身苦不早。人生非金石，豈能長壽考。
奄忽隨物化，榮名以爲寶。

驅車上東門，遙望郭北墓。白楊何蕭蕭，松柏夾廣路。下有陳死人，
杳杳即長暮。潛寐黃泉下，千載永不悟。浩浩陰陽移，年命如朝露。
人生忽如寄，壽無金石固。萬歲更相送，賢聖莫能度。服食求神仙，
多爲藥所誤。不如飲美酒，被服紈與素。

去者日以疏，來者日以親。出郭門直視，但見丘與墳。古墓犁爲田，
松柏摧爲薪。白楊多悲風，蕭蕭愁殺人。思還故里閭，欲歸道無因。

生年不滿百，常懷千歲憂。晝短苦夜長，何不秉燭游。爲樂當及時，
何能待來茲。愚者愛惜費，但爲後世嗤。仙人王子喬，難可與等期。

這些作品以清澈的文字，娓娓訴盡生命最深沈的喟嘆和疑惑。喟嘆人生的短
促和脆弱；疑惑這短促脆弱的人生究當何所依歸。從「服食求神仙」的逃避
現實，到「榮名以爲寶」的自我麻醉，再到「極宴娛心意」、「被服紈與素」
的及時行樂，詩人們一再地嘗試追尋人生的意義、生活的目標，也一再地迷
失和迷惑。然而就在這樣的深沈的失望與苦悶中，人們開始了對自身存在價
值的深究和探索。個體的價值再也不是外向地認同、屈服於一個被習俗薰陶，
或被當道宣傳而成的道德夢境；再也不是盲目地淹沒、銷蝕於一個不關痛癢
的群體不朽的理想之中了，他們寧可嘗試而失敗、失望；甘冒墮落腐敗等一
切嘲諷譏評，也必要追究到底。這樣的人生態度標誌著美學精神發展到了一
個新境界，人們在對舊有的傳統標準和信仰價值的懷疑和否定中，展開了向
生命內在本質的回歸，也就是說，審美意識從外向追逐，開始了對主體存在
意義的內向性的肯定和追尋。

　　《古詩十九首》的這些生之疑惑，和試圖藉著現實（或現世）逃避、功
名麻醉、或行樂忘憂等方式來解決這些生之疑惑的種種嘗試過程，這些主題
到了建安文人的筆下，都做了更深入的發揮。文人的敏感多情和文字技巧，
自然較諸《十九首》那些無名詩人們要踵事增華得多。而且更進一步地，他
們又在其中融入了自己的身世之感，或寫耳聞目見的亂世流離現況（如曹丕、
王粲等）；或抒自身的切膚之痛（如曹植、蔡琰等）。後者的抒憤之作替詩歌
添入了作者的獨特遭遇、情感，和風格，在美學上的意義，爲主體的個性風
貌更加明顯、個性主義的人本趨勢更加清晰，前述那種審美意識的內向回歸

路線也更加明確了。

（二）寫實詩作與人的責任自覺

　　而更重要的是建安時期那些「以樂府題敘漢末事。」〔註11〕的寫實作品。詩人們身在漢末那個戰亂頻仍的亂世，親歷了「白骨露於野，千里無雞鳴」（曹操〈蒿里行〉）的種種社會慘象，他們跨出了書齋，貼近群眾去描寫亂象，如：

> 西京亂無象，豺虎方遘患。復棄中國去，委身適荊蠻。親戚對我悲，朋友相追攀。出門無所見，白骨蔽平原。路有饑婦人，抱子棄草間。顧聞號泣聲，揮涕獨不還。「未知身死處，何能兩相完！」驅馬棄之去，不忍聽此言。南登灞陵岸，回首望長安。悟彼下泉人，喟然傷心肝。（王粲〈七哀〉）

> 駕出北郭門，馬樊不肯馳。下車步踟躕，仰折枯楊枝。顧聞丘林中，嗷嗷有悲啼。借問啼者誰，「何爲乃如斯？」「親母舍我沒，後母憎孤兒。饑寒無衣食，舉動鞭捶施。骨消肌肉盡，體若枯樹皮。藏我空室中，父還不能知。上冢察故處，存亡永別離。親母何可見？淚下聲正嘶。棄我於此間，窮厄豈有貲。」傳告後代人，以此爲明規。

> （阮瑀〈駕出北郭門行〉）

　　或寫戰爭的猙獰面目；或寫社會的離亂怪狀，這些詩千載以下讀來仍然驚心動魄。所謂「良由世積亂離，風衰俗怨，並志深而筆長，故梗概而多氣」〔註12〕指的正是這一類的寫實之作。就美學的意義說，這些詩標誌著主體不但從生之疑惑中自覺了自身的存在價值，並且進一步體悟了存在的責任。面對社會亂象，他們耳聞目睹，感同身受，不但「悟彼下泉人，喟然傷心肝」，並且還誓志「傳告後代人，以此爲明規」！這一條向主體內在精神世界回歸的審美路線並沒有讓他們跳進純粹心理化的超世絕塵中去，他們乃是立足於現實的大地上，清醒地咀嚼著、承擔著自己，以及普世眾生的憂患痛苦。親身參與之外，還要傳諸後代，肩負起歷史教育的傳承職任。對人生、對生死的憂傷沒有令他們心灰意冷，生機斷絕，反而促使他們更展現出一種深度的、悲憫的，並且同時是積極的審美意識來。這無疑是更寶貴的一種價值自

〔註11〕清·王士禎《古詩選·五言詩凡例》論建安文人。
〔註12〕《文心雕龍·時序》論建安文學。

覺。魏晉美學的人本趨勢發展至此，也就因此有了更深刻更成熟的內容了。

三、有無之論的哲理建構

經過曹操所代表的對兩漢德行群體的正式反抗意識的洗禮，及個性化人格美典型的樹立；經過從〈古詩十九首〉到建安文士對個體生命所作的深刻的內在省思，和承擔性的悲憫關懷後，魏晉時期的「人之自覺」已經圓融成熟。然而不能忽略的是，漢代禁錮人性最為堅固的營壘是董仲舒的宇宙論和人性學說，因而如欲破除畛界，釋放人心，使人本趨勢的形成和發展真正完滿確立，光是一些社會風氣、文學反映是不夠的，還有賴於哲學思想來為之廓清迷思，掃除壁壘。值得慶幸地，魏晉玄學關於有無問題的論辯適時地在正始時期崛起，完成了這個時代使命。

有無之論對於人本趨勢之形成的助益，可從其理論本身對人之個性的肯定；及其所標舉的人格美理想兩方面言之。

（一）有無之論與個性

要說明魏晉玄學的有無之論對人之個性的肯定，甚至釋放的作用，必須先解明漢代的思想界中人之個性受壓制的情況：

1. 漢代「天人相應」之說與人之個性

在董仲舒「天人相應」的學說理論中，「天」生成萬物、覆育萬物，也藉著壽夭禍福陰陽災異來主宰萬物：

> 天者，萬物之祖。萬物非天不生。(《春秋繁露・順命》)

> 臣聞：天者，群物之祖也，故徧覆包函而無所殊，建日月風雨以和之，經陰陽寒暑以成之。……(《漢書卷五十六・董仲舒傳》)

> ……刑罰不中則生邪氣，邪氣積於下，怨惡畜於上，上下不和，則陰陽繆盭而妖孽生矣，此災異所緣而起也。臣聞命者天之令也，性者生之質也，情者人之欲也。或夭或壽，或仁或鄙，陶冶而成之……（同上）

可見其所謂之「天」，有生成義，也有權威之主宰義。這也就是說，事物的存在都是以「天」為條件的。既然每一事物的存在都以他物（這裡的他物就是他所說的「天」）的存在為條件，每一事物的物性當然也就不是先天自足的，所以，事物在其發展過程中也就不能自主，其性也就不能「自任」，而必須有所束縛和

改造。同樣的，人受命於天，固然較萬物為貴，然亦事事處於被動地位，對於「天」之意只有接受義，而無自主義。

> 人受命於天，固超然異於群生，入有父子兄弟之親；出有君臣上下之誼；會聚相遇，則有耆老長幼之施，粲然有文以相接；驩然有恩以相愛，此人之所以貴也。生五穀以食之，桑麻以衣之，六畜以養之，服牛乘馬，圈豹檻虎，是其得天之靈，貴於物也。（同上）

人之福樂既皆受自於天，則其禍窮亦莫不如此，皆由於「天」的支配。於是人的地位只有從屬性而無能動性，人在生命的過程中也不應自主，只有「應天」、「配天」，人的價值才得彰顯。這樣「以人應天」所導出的結果是：

> 身之名取諸天，天兩有陰陽之施；身亦兩有貪仁之性。（《春秋繁露·深察名號》）

這是明將人性一分為二，善惡並存，〔註13〕則孟子苦心論證的心性之說便被全然推翻了。不僅於此，董仲舒並且明言人本身沒有為善的能力：

> 卵待覆二十日而後能為雛；繭待繰以綰湯而後能絲；性待漸於教訓而後能為善。善，教訓之所然也，非質樸之所能至也。（《春秋繁露·實性》）

於是人性便必須加以後天的約束，「待教而為善」，而孔孟的自覺心之本性，即完全湮滅不彰。董仲舒名為儒者，其實莫說陰陽災異、讖緯符命那一套不合儒家本色，單就此天人觀而論，亦距離孔孟甚遠！

以上即為董仲舒的天人觀之梗概，這一理論成了兩漢時代，人的個性飽受束縛的理論依據。

然而經過前述漢末以來對人的價值認同取向上的一再省思後，人開始內向性地自覺到了主體存在的意義，從而再次肯定了人在天地間的地位。因此當一個新的思想學說（魏晉玄學）要繼漢代儒學而起時，他們第一個面對的問題，就是這個天人關係。從何晏到王弼，對此都表示了意見。

2. 有無之論與人之個性

首先，魏晉的玄學論者都不承認這個有意志的「天」為世界的本體。關

〔註13〕這中間的推論很有問題，詳參勞思光《中國哲學史》第二冊第一章，和拙作〈中華文化思想中「天」的混同與「人」的失落——董仲舒天人合一說析評〉載於《中原華語文學報》第四期，2009年10月·台北。大抵董仲舒的學說在關係的對應和定義上，都不夠周延完滿，然卻籠罩整個有漢一代。

於萬物之生，他們回歸老莊之說，認爲世界存在著一個本體的「道」，或「無」。

〔註14〕此由何晏首發其端。《列子・天瑞》注引何晏《道論》曰：

> 有之爲有，恃無以生；事而爲事，由無以成。夫道之而無語，名之
> 而無名，視之而無形，聽之而無聲，則道之全焉。故能昭音響而出
> 氣物，包形神而彰光影。玄以之黑，素以之白，矩以之方，規以之
> 圓。圓方得形而此無形，白黑得名而此無名也。

這是現存的少數何晏的言論記載之一。觀其語旨，是在強調「無」，或「道」
的本身雖無經驗事物的性質，但卻是一切經驗事物生成之依據。此本是老子
之說，無甚新意。然而他離開了漢儒那些「意志天」及「感應說」，單從形上
觀念出發，還給天人關係以素樸的面貌，令人彷彿撥雲見日，可以在一片混
濁中重新呼吸新鮮空氣。而魏晉之際的玄學有無論，也就從此展開與兩漢諸
儒截然不同的論述路線了。

王弼對於此「道」與「無」的生成萬物，更是多有發揮：

> 道以無形無名始成萬物。（《老子》第一章注）

> 萬物皆由道而生。（《老子》第三十四章注）

> 有之所始，以無爲本，將欲全有，必反於無也。（《老子》第四十章
> 注）

> 夫物之所以生，功之所以成，必生乎無形，由乎無名。無形無名者，
> 萬物之宗也。（《老子指略》）

凡此均極力指出「道」或「無」爲萬物存在的依據、一切現象界的根源。此
理於《老子》中早已闡明，王弼之所以不憚其煩一再申述者，當即因爲其時
董仲舒的天人學說仍甚囂塵上，〔註15〕欲矯正之也。

〔註14〕何、王均以「道」與「無」爲同一件事，《列子・天瑞》注引何晏《無名論》：
「夫道者，惟無所有者也。」王弼《論語釋疑》：「道者，無之稱也。」等可
證。若要詳細區分，則道爲體而無爲用，從王弼《老子》第三十八章注：「何
以得德？由乎道也；何以盡德？以無爲用」等語可知。故莊耀郎在其《王弼
玄學》中說：「道在王弼玄學體系中，形式之意義大，責其内容之意義則在
於無。」（民國80年師大國研所博士論文，頁107）本節著重在從道的形式
層面論道的生成性，故多採用「道」來說「無」；下節重在論美的精神實質，
是「責其内容之意義」，故多用「無」來說「道」。實則取其共通義，並無意
強行區分。

〔註15〕其時之思想界，還有王充的「氣化宇宙觀」等與《老子》學說極不相同的天
道觀念，茲不贅言。

　　而關於此生成萬物的「道」或「無」與所生成的萬物之間的關係，王弼也多有闡發：

> 凡有皆始於無，故未形、無名之時，則爲萬物之始；及其有形、有名之時，則長之育之，亭之毒之，爲其母也。言道以無形無名始成萬物，以始以成，而不知其所以然，玄之又玄也。（《老子第一章注》）
>
> ……其爲無窮亦已極矣。形雖大，不能累其體；事雖殷，不能充其量，萬物捨此而求主，主其安在乎？不亦淵兮似萬物之宗乎？（《老子第四章注》）

「無」爲萬物之始，超越萬物，但又「爲其母」，爲萬物之「主」，「萬物之宗」。

　　從「長之育之，亭之毒之」等語看來，「道」與「無」對於萬物不但有發生義，並且因養成之而有決定義、支配義。然則此「道」與「無」與董仲舒之「天」的主宰萬物又復相類乎？重要的是王弼的「道」，其生成、決定萬物的方式，和董仲舒所言大不相同，這也是王弼反覆說明的：

> 萬物皆由道而生，既生而不知其所由，故天下常無欲之時，萬物各得其所，若道無施於物，故名於小矣。萬物皆歸之以生，而力使不知其所由，此不爲小，故復可名於大矣。（《老子第三十四章注》）
>
> 物生而後畜，畜而後形，形而後成。何由而生？道也；何得而畜？德也；何因而形？物也；何使而成？勢也。唯因也，故能無物而不形；唯勢也，故能無物而不成。凡物之所以生，功之所以成，皆有所由。有所由焉，則莫不由乎道也。故推而極之，亦至道也；隨其所因，故各有稱焉。（《老子第五十一章注》）

　　從第三十四章注看來，道生萬物，而又「力使不知其所由」，則此「生」不是形下的生出義，而是形上的生成、生發義，故能「既生而不知其所由」，亦即，皆生於「無」。特別的是，他由此又進一步說：「故天下常無欲之時，萬物各得其所」，在「無」之妙用下（例如當天下常"無欲"之時），萬物可以如其自己而存在，各得其所。並且此一各得其所的自在現象，乃是「若道無施於物」，是物的本始原相。道既生物，卻又彷彿無施於物，完全保留物之原相，使物各得其所。也就是說，道雖然對物有生成之施用，但是道之施用無執無爲，以無施爲施，以不用爲用，故而「若道無施於物」，似乎無施於物。是施而無施相。萬物也就因此而在道的無限妙用下，成就如其自己之存在，是一自在物。物而無物相。於是物便不再是一個主客認知上的對象物，不是

一個次級的被宰制的受動之存在，而可以如其本性，各得其所！

　　故於第五十一章注中再言物之生畜由乎道德；（「德」之意義暫不論）而物之形成，則因順乎物勢，亦即物之內在的性分之理。其實任何一具體之物，當生之時便生、畜、形、成一時並具，無所謂先後次序，王弼在這裡所要強調的，是「唯因也，故能無物而不形；唯勢也，故能無物而不成。」道對於物，只有因順其勢的作用，絕無宰制造作；物之存在乃「隨其所因」的結果，而能「故各有稱焉」，而「各得其所」，更不可能被壓抑範限。

　　如此，王弼之「道」與「物」的關係已明明確立，相較於漢儒的「天」對於「人」的施予、主宰義；與「人」對於「天」的相應、相配義，差別何巨！

　　再進一步，王弼注《老子》第十章「生之」云：「不塞其源也。」注「畜之」云：「不禁其性也。」不塞不禁，是實現萬物，而不以己意執持之、扭曲之。此正為道之生物的方式。故接云：

> 不塞其源，則物自生，何功之有；不禁其性，則物自濟，何為之恃！
> 物自長足，不吾宰成。有德無主，非玄而何？凡言玄德，皆有德而
> 不知其主，出乎幽冥。（《老子第十章注》）

此處又進一步說明了物的自生、自濟、自長足之義，明言「不吾宰成」、「有德無主」，道為萬物之「主」，卻不是「宰」，是以不主為主，故又「無主」。反覆申言，只為說明道雖對萬物之生成起作用，但並非是萬物存在的條件，事物於其存在和成長過程中，不須他律，自長自足。道不禁其性，故其性自然：

> 萬物以自然為性，故可因而不可為也；可通而不可執也。物有常性，
> 而造為之，故必敗也；物有往來，而執之，故必失矣。（《老子第二
> 十九章注》）

於是，物的「個性」明白浮出。性本自然，只可因順而暢通之，不可造為而執持之。故於《老子》第四十七章注「不為而成」時亦云：「明物之性，因之而已。故雖不為，而使之成矣。」王弼因順物性，不為不執的觀念，是前後一貫的。

　　因物之性，順物自然，王弼對「道」與「物」之關係的論述至此臻於完滿之境。故當時王弼所注之《老子》，令何晏一見而神伏。〔註16〕何晏對於「道」與「物」、「有」與「無」的看法，必然與王弼相當，可惜其人因附曹爽而被誅，著作散逸。但觀諸《晉書卷四十三·王衍傳》所記載：

〔註16〕《世說新語·文學7》：何平叔注《老子》始成，詣王輔嗣，見《王注》精奇，
　　　乃神伏曰：「若斯人，可與論天人之際矣。」因以所著為《道》、《德》二論。

> 魏正始中，何晏王弼等祖述老莊，立論以爲天地萬物皆以無爲本。
> 無也者，開物成務，無往而不存者也。陰陽恃以化生，萬物恃以成
> 形，賢者恃以成德，不肖恃以免身。故無之爲用，無爵而貴矣。

「陰陽恃以化生，萬物恃以成形」，正說明「無」之「道」對萬物的生成作用；而之所以能「賢者恃以成德，不肖恃以免身」，也正因爲此「無」之「道」在生物時不執不爲，不宰不制，純任物性，使萬物各因其性，各得其所，才能有此免身成德之用。故曰「無之爲用，無爵而貴矣」。道爲本，無爲用，貴無，即是貴道，而所以貴道，乃因道爲而不有，長而不宰，因順物性而不爲之主。從此，適性自足成了魏晉人士的共識，漢末以來醞釀已久待機而作的擺脫外在束縛，純任內在個性的思潮與風氣，正式得著理論的根據。

因此對何王而言，其「貴無理論」乃藉此「以無爲本」之「道」與「物」的關係而內容圓熟；而對魏晉時期的個性化的思潮趨勢而言，王弼這套因物而不宰成的有無之論，實有廓清漢儒壁壘，奠定人本根基之功！

（二）有無之論與審美

王弼從哲學思辨的層面替個性化的人本趨勢提供了堅實的理論基礎，已如上述。然而王弼的哲學對魏晉美學還有更深一層的意義，是他在充分地肯定物體的內在本性之餘，又進一步提倡了一種以個性主體爲本位的審美態度，將審美取向從以外向和諧爲主，轉化爲以內向和諧爲尚，因而產生了全新的審美標準——以素樸無華爲美。另外，他所標舉的「崇本舉末」、「統無御有」的哲學本體論，也因爲落實在人生目的上立論，而同時展現出一種嶄新的人格美形態——應物而無累於物的理想人格。分述如下：

1. 審美標準的轉移

（1）漢代的外向和諧審美標準

董仲舒的「天人相應」說不但因爲強調「以人應天」，而如上文所述的形成了人對於天、對於一切外在世界的從屬性與受動性的地位，以致於整個兩漢時期人的個性價值湮沒不彰；就美學上來說，他也建構了一個以神學目的論爲基礎的外向性的審美體系。

首先，從他一貫的極度尊天的宇宙論出發，董仲舒認爲美的屬性也端在於「天」。正如同人的價值在於應天一樣，美的價值也在於體現了「天之意」，他說：

> 仁之美者在於天。天，仁也。天覆育萬物，既化而生之，又養而成
> 之，事功無已，終而復始，凡舉歸之以奉人。察於天之意，無窮極
> 之仁也。（《春秋繁露・王道通三》）

於是，美的本源就是天，而不是事物自身的屬性了。天是一切美的集合與化
身，故曰：「天地之行，美也。」（《春秋繁露・天地之行》）因為：

> 天高其位而下其施，藏其形而見其光，序列星而近至精，考陰陽而
> 降霜露。高其位所以為尊也，下其施所以為仁也，藏其形所以為神
> 也，見其光所以為明也。序列星所以相承也，近至精所以為剛也，
> 考陰陽所以成歲也，降霜露所以生殺也。（《春秋繁露・天地之行》）

天不但為尊、為仁、為神、為明，並且相承以成歲；剛正而有生殺之能，於
是一切事物的美就在於能「當得天地之美」，即便僅得其中一個順四時之氣而
更替出現的「代美」，也都是其最「和」、最「宜」之所在。其言曰：

> 四時不同氣，氣各有所宜，宜之所在，其物代美。視代美而代養之，
> 同時美者雜食之，是皆其所宜也。故薺以冬美，而荼以夏成，此可
> 以見冬夏之所宜服矣。……春秋雜食其和，而冬夏代服其宜，則當
> 得天地之美，四時和矣。凡擇味之大體，各因其時之所美，而違天
> 不遠矣。（同上）

由此可見，董仲舒的尊天思想不但如前節所述，湮沒了人的自覺心，同時也
湮沒了美的自覺可能，人間的美至多也只是一個在四時運行之中更替出現的
「代美」而已。其後東漢班固編纂的《白虎通義》更進一步將此一觀念，從
自然美擴大到人類的藝術美、文化美中來，而曰：

> 始起之天，始於先有太初，後有太始，形兆既成，名曰太素。混沌
> 相連，視之不見，聽之不聞，然後剖判清濁。既分，精出曜布，度
> 物施生。精者為三光，號者為五行。五行生情性，情性生汁中，汁
> 中生神明，神明生道德，道德生文章。故《乾鑿度》云：太初者，
> 氣之始也；太始者，形兆之始也；太素者，質之始也。陽唱陰和，
> 男行婦隨也。（《白虎通義・天地》）

不論道德文章，男行婦隨，總之人世間一切的文學藝術美、社會文化美，統
括全都根源於此「始起之天」，這是自董仲舒以降，漢儒對於美的生成論的
見解。

　　落到審美和藝術創作的實踐來說，因為個體價值銷融於天道觀念中，審

美理想就依歸於外在和諧美，特別是東漢的德行中心的社會美標準上去，這一點在上節中已經解明。於是在具體美的呈現上，也著重於對外在世界的模擬、鋪陳，和渲染，比較少對事物本體做觀審和把握。漢代的辭賦文學，最能體現這一審美特徵。〔註17〕它們以最誇張的手法、濃麗的文字，長篇大論，亦步亦趨地模擬著自然山川、宮室園囿、車馬儀仗等的具體形狀。「鋪采摛文」的結果，「體物」的成份多；而「寫志」的層面極少，充分顯示一種熱烈追求、具體呈現外在世界和價值的審美觀，而對於人的內在的情志本體即無暇顧及。此所以揚雄發「壯夫不為」的論調也。然而純就美學角度而言，則辭賦文學正為大漢帝國之濃烈雄壯、具象質實、以模仿再現為價值之審美觀的最佳代表。司馬相如〈答盛覽問作賦〉說：

> 合綦組以成文，列錦繡而為質，一經一緯，一宮一商，此做賦之跡也。賦家之心，包括宇宙，總攬人物，斯乃得之於內，不可得而傳也。（《全漢文》卷二十二）

「作賦之跡」說的是賦的藝術形式美，錦繡交織，窮極綺麗，高度肯定此一文體不論外觀或結構上的那種感官性的震撼力；「賦家之心」則就創作者的角度論審美構成。值得注意的是，此「賦家之心」雖然說的是「得之於內，不可得而傳」的創作靈感、作家才性等問題，〔註18〕（此正是魏晉南北朝美學家們的關注焦點）然而卻也是「包括宇宙，總攬人物」的一種純粹外向性的審美特徵。不但外向至於客觀世界的「人物」層面，並且上及「宇宙」天道。這正顯示董仲舒的尊天觀念和宇宙構成論對當時的審美心理、觀賞及創作態度，以及實際的藝術美形態上，多方面的深刻影響。其後揚雄在《法言・吾子》中更說：

> 或問：「景差、唐勒、宋玉、枚乘之賦也益乎？」曰：「必也淫」。「淫則奈何？」曰：「詩人之賦麗以則，辭人之賦麗以淫。如孔氏之門用賦也，則賈誼升堂，相如入室矣。如其不用何？」

「麗以淫」即相當於司馬相如所謂「作賦之跡」，要合綦組、列錦繡，極力追求外在具象、壯觀的華美；「麗以則」更說到除形式之美外，還要符合道德、

〔註17〕 漢代的畫磚、陶俑等藝術也同樣呈現這種模擬的、具象的、雄壯的藝術特色，參李澤厚《美的歷程・氣勢與古拙》。

〔註18〕 關於司馬相如「賦心」說的文藝心理學意義，可參李建中《心哉美矣——漢魏六朝文心流變史》中〈「賦心」、「賦神」與賦之「麗」〉一節，文史哲出版社，民國82年9月版，頁73～77。

社會等外在價值的規範和法則，追求外在和諧，才算有「用」。在揚雄看來，「麗以則」比「麗以淫」還更重要，所以感嘆司馬相如之賦作即「不用」。據《漢書》揚雄本傳言，雄少時「顧嘗好辭賦。先是時，蜀有司馬相如，作賦甚弘麗溫雅，雄心壯之，每作賦，常擬之以爲式。」司馬相如本爲揚雄最心儀的對象，現在卻因爲歸屬於「用」之審美標準的大纛下，而對他發出批評，就可見揚雄對於文須致用的標準之堅持了。他在《法言·君子》中也曾評相如之賦曰：「文麗用寡，長卿也。」與此處「如其不用何？」之語如出一轍。「淫」、「則」、「用」三個審美範疇一定，辭賦文學，乃至整個漢代文藝的外向和諧的審美標準，就更明明可鑒了。

（2）王弼的內向和諧審美標準

從王弼論「道」與「物」之關係中，清楚顯明王弼之所謂「道」與「物」、「無」與「有」之間，是一個既對立而又相統一的關係。他說：

> 天下之物，皆以有爲生。有之所始，以無爲本，將欲全有，必反於無也。（《老子第四十章注》）

> 夫無不可以無明，必因於有，故常於有物之極，而必明其所由之宗也。（韓康伯《周易繫辭傳注》引王弼《大衍論》）

一方面「有」以「無」爲本，「道」爲「萬物」宗主；一方面這個「無」又不可以無明，必因於「有」。於是這「無」與「有」的關係，就和漢儒的「天」與「人」絕不相同。「無」不是一個完全超然絕象，與「有」相對立的存在，而是這所有事物、一切現象的內在精神本體，它將這所有的「有」內在地包含、融合、統一在自身的本體世界中，而成一個「大」的有。故曰：

> 夫物之所以生，功之所以成，必生乎無形，由乎無名。無形無名者，萬物之宗也。不溫不涼，不宮不商，聽之不可得而聞，視之不可得而彰，體之不可得而知，味之不可得而嘗。故其爲物也則混成，爲象也則無形，爲音也則希聲，爲味也則無呈。故能爲品物之宗主，苞通天地，靡使不經也。若溫也則不能涼矣，宮也則不能商矣。形必有所分，聲必有所屬。故象而形者，非大象也；音而聲者，非大音也。（《老子指略》）

這個爲「萬物之宗」的「無」，是一切有形的物象、有聲的音樂、有覺的滋味等具體事物和官感的本體。它混成無形，不同於一切形象和感覺的客觀性質，而是這些性質內在的精神性、概念性的實體。是形象內部的無形的「大象」；

音樂內部的希聲的「大音」。在王弼看來，所有的形象感覺都是片面的、有限的，是溫則不能是涼；是宮則不能是商，只有這個內在的精神本體才能兼有溫、涼、宮、商等一切美的特質，而達到一種絕對和諧與統一之境，因此才能作為「品物之宗主」，亦即，作為美的本源。

《老子指略》一開頭的這段話，從「無」為「萬物之宗」，一路而下說到「無」亦為「品物之宗主」，看來字義相近，然前者在哲學層面，談的是萬物的本源問題；後者則是美學層面，說的是美感和美的具體表現的問題。王弼的美學觀念一如其哲學思想，都是「以無為本」的。

再看，王弼說：「象而形者，非大象也；音而聲者，非大音也。」形象聲音一旦表現出來，就必定有分有屬，有偏至有限制，就不成為真正的美，那麼所謂「以無為本」，是不是就否定了一切美的可能性了呢？《老子指略》中王弼接著說：

> 然則，四象不形，則大象無以暢；五音不聲，則大音無以至。四象
> 形而物無所主焉，則大象暢矣；五音聲而心無所適焉，則大音至矣。
> 故執大象則天下往，用大音則風俗移也。（同上）

如果大象、大音這些真正的美不表現出來，形成具體的「四象」、「五音」，它就無從實現自身（無以暢，無以至）。王弼認為美的本源雖是屬於理念的一個精神實體，卻又必須表現為具體的藝術形象。他的「以無為本」的美學觀完全肯定美的表現，亦即各種具體藝術形態的價值，但是他的重點不在這裡，而是更進一步，強調人們在審美過程中必須善於把握內在的精神美，不執著外相，否則便只停留在或溫、或涼、或宮、或商的美的一部份而已，不能掌握真正的美的全面，因此也就不是最高的審美境界。如果把握到了美的內在精神——大象、大音——那麼，「執大象則天下往，用大音則風俗移」，效果何其宏著！

因此，王弼的玄學美學一點也沒有因為強調「無」，而至超脫玄遠不及人間具體之美，相反的，他極大地推崇著形象、聲音這些藝術美，因為沒有這些藝術，則「大象無以暢」「大音無以至」，美的精神、美的真諦都不能實現。從「執大象則天下往，用大音則風俗移」等語看來，王弼也認為美的果效在於移風易俗，這種對美的肯定方式幾乎和先秦儒家的文藝政教觀相通了。王弼的特色在於，他說的是審美角度和審美方式的問題，而不是功用結果論。他強調「四象形而物無所主焉」、「五音聲而心無所適焉」，無主無適，不滯不

黏，超越外相掌握精神本體，才能使「大象暢矣」、「大音至矣」，眞正的美才得以全然彰顯（暢）；因此才可能臻於最高的審美境界（至）。王弼的這一觀念不僅在《老子指略》中明白申述，在他註解《老子》時也反覆表明，是他一貫的美學理念。如：

> 有聲則有分，有分則不宮而商矣。分則不能統眾，故有聲音者非大音也。有形則有分，有分者，不溫則炎，不涼則寒，故象而有形者，非大象。凡此諸「大」，皆是道之所成也。在象則爲大象，而大象無形；在音則爲大音，而大音希聲。物以之成，而不見其成形，故隱而無名也。（《老子第四十一章注》）

> 夫載之以大道，鎮之以無名，則物無所尚，志無所營，各任其眞……名則有所分，形則有所止，雖極其大，必有不周；雖盛其美，必有患憂。（《老子第三十八章注》）

所有的音聲和形象都「有分」，所以若直接去形塑（“形”則有所止）、去指稱品評（“名”則有所分）這些音聲形象，即便能夠「極其大」、「盛其美」，也「必有不周」、「必有患憂」，於是，在王弼這裡，美的欣賞和體現就絕不是外向地認同、模擬、再現一個美的標準，如漢代的美學理論和藝術創作那樣；而是要「統眾」、要「反無」，亦即要內向地回歸、把握、實現美的精神本體。套用他論有無之時所說的「將欲全『有』，必反於『無』也」（老子第四十章注）他論美，也認爲「將欲全『美』，必反於美的本體也」。如此他便重新建構了主體的人，與客體的外部對象之間的關係；重新界定了古典和諧美的理想內涵。整個審美的角度、方向和方式，從向外地再現一個外物，調轉頭來向內地實現美的本體。也正是這個從追逐外部世界，到回歸內在和諧之精神本體的審美方向上的大轉移，使得王弼巍然成爲從先秦兩漢到魏晉南北朝哲學和美學大轉折的關鍵人物。

王弼這個回歸內在和諧精神本體的審美方向，落在具體的美的範疇來時，就產生了全新的審美標準。他說：

> 載之以道，統之以母，故顯之而無所尚，彰之而無所競。用夫無名，故名以篤焉；用夫無形，故形以成焉。守母以存其子，崇本以舉其末，則形名俱有而邪不生，大美配天而華不作。（《老子第三十八章注》）

> 《老子》之書，其幾乎可一言而蔽之。噫！崇本息末而已矣！觀其

> 所由，尋其所歸，言不遠宗，事不失主。文雖五千，貫之者一；義
> 雖廣贍，眾則同類。解其一言而蔽之，則無幽而不識；每事各爲意，
> 則雖辯而愈惑。嘗試論之曰：夫邪之興也，豈邪者之所爲乎？淫之
> 所起也，豈淫者之所造乎？故閑邪在乎存誠，不在善察；息淫在乎
> 去華，不在滋章；絕盜在乎去欲，不在嚴刑；止訟存乎不尚，不在
> 善聽。故不攻其爲也，使其無心於爲也；不害其欲也，使其無心於
> 欲也。謀之於未兆，爲之於未始，如斯而已矣。故竭聖智以治巧僞，
> 未若見質素以靜民欲；興仁義以敦薄俗，未若抱素樸以全篤實；多
> 巧利以興事用，未若寡私欲以息華競。故絕司察，潛聰明，去勸進，
> 剪華譽，棄巧用，賤寶貨，唯在使民愛欲不生，不在攻其爲邪也。
> 故見素抱樸以絕聖智，少私寡欲以棄巧利，皆崇本以息末之謂也。
> 　（《老子指略》）

很明顯地，王弼在標舉他有無論上的「崇本息末」的理念時，也明白地揭示
了一種質樸去華的審美標準來。只有「抱素樸以全篤實」、「寡私欲以息華競」
以此質樸去華的素樸之心會合大道，把握美的本體，才能守母存子，形名具
有，超越外在有限的華美，直探美的本源──「大美」。素樸便正是那個可以
「配天」的美的本質。如果失落了這個美的本體，追求外在的華美、好欲，
其美必定有偏有限，非但不能得到美，反而僞變叢生，機詐盛行。茲再引其
說以明其旨：

> 夫素樸之道不著，而好欲之美不隱，雖極聖明以察之，竭智慮以攻
> 之，巧愈思精，僞愈多變，攻之彌甚，避之彌勤。則乃愚智相欺，
> 六親相疑，樸散眞離，事有其姦。蓋捨本而攻末，雖極聖智，愈致
> 斯災，況術之下此者乎！夫鎮之以素樸，則無爲而自正；攻之以聖
> 智，則民窮而巧殷，故素樸可抱而聖智可棄。（《老子指略》）

總之，王弼既如上文所論地將美的本源歸結爲精神本體，於是美的標準就不再
是外相的具體華美，故要息淫去華；而審美活動也就成了一種精神上的賞心樂
事，不同於形下的感官快感的追求（「好欲之美」）。故其注《老子》第八十一章
「信言不美」曰：

> 實在質也。

注「美言不信」曰：

> 本在樸也。

要崇本息末，守母存子，便必須把握此做爲內在實本的質樸，見素抱樸，全篇去華。這樣的素樸之美，在兩漢長期極端崇尙外在華美的時代風潮中冉冉升起，成了王弼獨樹一幟的審美標準，而影響後世美學理論至鉅。

2. 理想人格的重塑

　　研究王弼的美學有一點須特別留意的，是他雖然明白揭示了美的本源和實質，也提出了明確的審美標準，但這些美的原則的提出，並不是在做美學理論上的規劃和探索，甚至也不是純粹哲學上的思辨程序。王弼以他短短二十四年的生命所致力要解決的，只是當時存在於政治社會中的「名教」（社會、德行）與「自然」（個性）的矛盾衝突而已。因此他所關懷的，非但不是形上的問題，而且是最具實踐性的個人外在德行標準與內在自覺價值，或說社會性與個性價值孰輕孰重的問題。因此他的學說，整體仍是中國哲學固有的一種政治和人生的目的論。

　　因此王弼的有無之論，雖然「貴無」；然而必定「因有」。「崇本」的同時要「舉末」；「守母」的目的也在「存子」。具體來說，更將一切理想歸之於「聖人」，提出「聖人體無」的新觀點，則其一切學說便都扣緊了人世人生而論了。

　　王弼「聖人體無」的主張，典出《三國志卷二十八‧鍾會傳》注引何劭《王弼傳》，其文云：

> 裴徽爲吏部郎，弼未弱冠往造焉，徽一見而異之，問弼曰：「夫無者，誠萬物之所資也，然聖人莫肯致言，而老子申之無已者何？」弼曰：「聖人體無，無又不可以訓，故不說也。老子是有者也，故恆言無所不足。」〔註19〕

王弼此論旨在推尊孔子，將之品列在老子之上，固有其義理上的邏輯規律可循，此處不就此討論。純以美學觀點而言，王弼所推崇的聖人，或說他理想中的完美的人格形象，在於完全體現了「無」的理念、達到了「無」的境界。

　　至於「無」的理念，前文已說明它不是一個超言絕象的抽象化存在，它在「崇本舉末」、「守母存子」、「體無御有」、「執一統眾」等命題的論證過程中已經清楚顯明了它的本體特性。它是萬物的內在精神本體，統萬化於一體，集眾有於一身，具有內在的無限可能性和伸展性，是溫與涼、宮與商、鹹與淡、美與醜等各種各樣的素質、功能、材性、狀態、形色……在消弭了原本

〔註19〕《世說新語‧文學》亦記此事，而文字稍異。

的對立、差異和有限、執著之後所達到的一種絕對的和諧與統一。故曰:「不寒、不溫,不炎、不涼,故能包統萬物。」(《老子第三十八章注》)

而今言「聖人體無」,則是將這個具有完整、和諧、無限等特質的「無」的本質,提到了理想人格本體的地位。這個理想人格便是一個在無為的形式中「應物而不累於物」(何劭《王弼傳》)的精神自由體。他既可以充分地觀賞、統有著現實世界;又可以脫離有限的世界帶給他的束縛與戕害,這樣的人格才真正始終處於獨立、超脫、和穆、自由的人生美境中。再具體一點說,在動亂多變的年代裡,王弼也是嚮往著一個可以應付裕如、全身免禍的生存方式吧。

然而更重要的是,在個性價值的意義上說,這個新的人格本體理想的塑造再次表明了內在主體對於外在世界,不再如前此在兩漢時期中時,一味地認同崇拜、模擬再現,而是可以既內在地包容、統攝、享有著;又自由地超越、駕馭、觀照著外在世界。亦即,所有社會政治的道德倫常、必然價值,都和諧而自由地統一到個體、人性、精神思想上來。人,成了價值的主體。

於是,漢末以重才輕德的反道德情緒對東漢唯德是尚的社會風氣所做的極力反抗;及在死生新故的人生感嘆中所體驗到的個體存在的價值,都在以王弼為主的有無之辨的思索中,得到了理論上的確據,與融和。藉著「不吾宰成」的對事物個性的尊重肯定、藉著內向和諧之審美標準的重新界定、也藉著以無為本的理想人格美的重新塑造,有無之辨從各個角度深入,廓清了人的價值迷思,標舉了人的主體地位,從而使得魏晉美學的人本趨勢從暗潮洶湧,風起雲動的局面,一躍而真正成為浩浩蕩蕩,沛乎莫之能禦的時代主流。整個魏晉南北朝,乃至唐代以後的美學、思想、社會各層面,無一不受此人本思潮的衣被。

第二節　人本趨勢的奠定

如上節所言,在社會風氣從漢代的唯德是尚,普遍地成為重才輕德;文學風貌從整體一致追求外在價值,進而開始感慨人生、描寫亂象,人的自覺已經在漢末魏初蔚為風潮,其後經過正始文士的有無論辨,正式帶出人的個性價值的全面肯定、內向和諧的審美標準的重新建樹、及以無為本的理想人格的重新塑造,一個以個性主體為本位的「人本趨勢」,已經在魏晉之際明確形成了。本節接著看這個人本趨勢在當時的政治、社會、思想、藝術各方面

充分呈現、確實奠定的情形。

一、文氣之說 —— 審美意識的覺醒

　　首先爲出現在此時的人本現象做全面思考、和具體總結的，是曹丕。

　　他在那篇著名的《典論・論文》中暢論文學的價值、當代文壇的面貌，以及他個人對文學的種種觀感。《三國志卷二・文帝紀》注引《魏書》記曹丕在東宮，疫癘大起，時人彫傷，丕深爲感嘆，故論撰所著《典論》、詩賦，蓋百餘篇，集諸儒於肅城門內，講論大義，侃侃無倦。又據卞蘭〈贊述太子表〉〔註20〕知是書成於爲太子時，乃曹氏所精心結撰，故嘗以素書所著《典論》及詩賦餉孫權，又以一紙寫一通與張昭，其自喜可知。今《典論》一書僅存〈論文〉一篇。雖僅六百餘言，而涵蓋至廣，首先指出古今文人相輕之通病，次言論文應持之態度，再評建安七子詩文之長短，繼論文體各有所宜，續論才性各有所偏，末贊文章之不朽，而以成一家言之可貴終焉。其文首開文學批評的先聲，《四庫提要・集部・詩文評類敘》云：「文章莫盛於兩漢，渾渾灝灝，文成法立，無格律之可拘。建安黃初，體裁漸備，故論文之說出焉，《典論》其首也。」《典論・論文》在文學史，及文學批評史上的地位，早已成爲定論，不待贅言。〔註21〕

　　在美學發展史上，《典論・論文》也是第一篇專就文學的本體、作品的風格、作家的特性、批評的方法等等美學範疇做探討的美學論著，顯示美學思想至漢末，已由穿插在政治、哲學等著作中的零星、片段的呈現，進步到須以專論著述來條析闡揚了。這一方面標誌著文藝美學從倫理哲學的整全架構中分離出來，獲得了獨立學科的地位和價值，意義自屬非凡；而另一方面，更要緊的是，它也刻畫著審美意識從作爲倫理教化的宣揚手段，開始具有自身的存在目的了，這才是審美意識的眞正覺醒。

　　因爲，曹丕本是個典型的政治人物，從早年「御之以術，矯情自飾」（《三國志卷十九・陳思王傳》）處心積慮爭取王位繼承權，〔註22〕到後來三表陳情，禪代漢鼎，都顯示他雄心勃勃的政治企圖，和規模禮教的行事作風。〔註23〕

〔註20〕見《藝文類聚・卷十六》。

〔註21〕參張仁青《魏晉南北朝文學思想史》，頁 424～442，文史哲出版社，民國 67 年版。

〔註22〕關於曹丕奪權的經過，歷來傳說中或有過激之處，然終有可徵之跡，可參拙著《對酒當歌 —— 六朝文學與曹氏父子》台北幼獅文化公司，民國 83 年版。

〔註23〕《三國志卷二・文帝本紀》注引《魏氏春秋》載曹丕受禪時，升壇禮畢，顧

即位後推行「九品中正」制以確立士族門閥的統治制度，更是對倫常秩序的進一步強化。但他作爲一名美學家，著述中卻全無王道禮教之語，這固然因爲曹丕本人性格多樣化，同時也正意味著審美意識的開始覺醒和獨立。

不過當然還是要從理論本身來看，其審美意識的獨立才有實質內容。曹丕在美學上最主要的貢獻，在他創先提出了「文以氣爲主」之說。細味「文以氣爲主」其中的美學旨趣，乃從作家的個性氣質入手，探討審美創作與作品風格的問題，正是漢末魏初人本趨勢發展近於成熟時期的最佳寫照。以下即嘗試論之，先說明「氣」的觀念在曹丕以前的原始含意；再說明曹丕「文氣說」內含的創作主體之個性氣質的意義，及其對傳統「言志說」的再思性質；然後分別觀察「文氣說」在創作方面的以個性爲本位、和在作品方面的以風格爲本位的審美意識。分說如下：

（一）「文氣」觀念的淵源

「氣」的觀念本來乃泛指宇宙間最細微的流動物質成份，爲萬物存在的根本元素。論此問題的如《周易·繫辭上》：「精氣爲物，游魄爲變。」孔穎達《疏》曰：

> 謂陰陽精靈之氣，氤氳積聚，而爲萬物化。

此說在《管子》中大加發揮，認爲從天地萬物到人類，都以「精氣」爲生命之根源、內在之動力，而成其「精氣說」。如言：

> 凡物之精，比則爲生，下生五穀，上爲列星；流於天地之間，謂之鬼神；藏於胸中，謂之聖氣，是故名『氣』（《管子·內業》）

> 有氣則生，無氣則死。生者以其氣。（《管子·樞言》）

到了東漢王充，其著名的「元氣說」則不但爲其宇宙、人生構成論，強調人的精神、意志，皆稟元氣而生；更進一步著重在人稟氣而生時，所受之氣對其一生情性和命運的影響。關於前者，《論衡》中資料頗多，例如他說：

> 天之動行，施氣也。體動氣乃出，物乃生矣。（《論衡·自然》）

> 然則人生於天地也，猶魚生於淵、蟣蝨生於人也，因氣而生，種類相產。萬物生於天地之間，皆一實也。（《論衡·物勢》）

> 天道無爲，故春不爲生，夏不爲長、秋不爲成、冬不爲藏。陽氣自

謂群臣曰：「舜、禹之事，吾知之矣！」涉及政治現實之事，曹丕非常善於引儒教以掩其慚德。

出，物自生、長；陰氣自起，物自成、藏。(《論衡‧自然》)

人之所以生者，精氣也。(《論衡‧論死》)

人生於天，含天之氣，以天爲主，猶耳、目、手、足繫於心矣。

(《論衡‧變動》)

這是王充著名的機械化宇宙構成論，落到人生上，他並進一步由此推引出他的宿命觀：

人之善惡，共一元氣。氣有少多，故性有賢愚。稟氣有厚薄，故性有善惡也。(《論衡‧率性》)

人稟氣而生，含氣而長，得貴則貴，得賤則賤。……天有王梁、造父，人亦有之，稟受其氣，故巧於御。(《論衡‧命義》)

俱稟元氣，或獨爲人，或爲禽獸。併爲人，或貴或賤，或貧或富。

(《論衡‧幸偶》) 〔註24〕

如此，從先秦到兩漢，「氣」的觀念從作爲純自然物質的範疇、萬物化生的元素，落到人的身上，又漸次從做爲人的生理、心理的自然基礎，人存在和生活的根據及動力；發展成爲主宰人的貧富貴賤、善惡賢愚等一生成就和命運的超然因素。都是一種和人的獨立價值相對立的化生、甚至宰制的力量。

（二）文氣說的內含

曹丕生當漢末建安之際，又兼「少誦詩、論，及長而備歷五經、四部，史、漢諸子百家之言，靡不畢覽。」〔註25〕他當然深受王充等人「元氣」觀念的薰陶，所謂人的稟氣，生而有巧拙賢愚之異等思想，當時都深中人心。曹丕的特色在於，他將所承襲而來的稟氣說作一大轉彎，專落在文學本體上說，討論「文」之氣，使得「氣」從宇宙萬物的構成元素、人生命運的決定元素，進而成爲文學藝術中的核心元素，這是他獨特的創見。這在一方面說是將文學提高到一個和天地萬物、和人生命運等概念同等的一個本體論的地位上來，在當時那個「文」與「儒」、「文學」與「經學」間的區分觀念模糊

〔註24〕 王充的宇宙觀和宿命論，請參考陳拱《王充思想評論》台灣商務印書館，1996年6月版、李道顯《王充文學批評及其影響》文史哲出版社，民國73年6月版、黃國安《王充思想之形成及其〈論衡〉》，台灣商務印書館人人文庫，民國72年11月版等，我亦別有〈王充天道觀析評〉一篇論述之，此處不擬作細論。

〔註25〕 見《三國志卷二‧文帝紀》注引《典論‧自序》。

不清，文學附屬於政治倫理學的時代環境中，〔註 26〕殊屬難得。這也就是爲什麼魯迅說：「曹丕的一個時代可說是『文學的自覺時代』，或如近代所說，是爲藝術而藝術的時代。」〔註27〕

　　而另一方面，正如李澤厚在《美的歷程·魏晉風度》中所說：「所謂『文的自覺』，是一個美學概念，非單指文學而已。」〔註28〕曹丕的「文以氣爲主」也不單指文學，而是一個美學概念。它標誌著是作家，和其所造成的作品的個性“氣”質，〔註29〕在做爲審美意識的中介，而不再是社會的倫理功能。

1.「氣」的個性意義

　　觀《典論·論文》全篇結構，「文以氣爲主」是一個單獨的命題，曹丕在論完了「文人相輕」、評盡了「建安七子」、也說完了「四科不同」，「唯通『才』能備其體」之後，突然筆鋒一轉，清楚地標出「文以氣爲主」一個新命題，他是有意地將「文」與「才」並聯而觀。然而「才」意廣緲，而且如上節所述，曹操明令天下的所謂「唯才是舉」，其實是唯「治國用兵之術」是舉，當時「才」的意思還不一定專指內在於人的天賦才性而言。〔註 30〕因此曹丕採用一個當時流行的、既是與才性一樣與生俱來；又可以決定人的巧拙賢愚的「氣」的觀念，〔註31〕來說明自己的「文」以「才」，即以作家內在的才能、

〔註26〕關於這一點，我在《對酒當歌——六朝文學與曹氏父子》中，論「六朝」與「文學」時，已經說明。見該書頁4～6頁，幼獅文化公司，民國83年。

〔註27〕《而已集·魏晉風度及文章與藥及酒之關係》《魯迅作品全集 10》，頁 127。台北風雲時代出版公司，民國78年版。

〔註28〕《美的歷程》，頁 111。

〔註29〕郭紹虞《中國文學批評史第四篇第一章》論曹丕《典論·論文》「文以氣爲主」一段曰：「此數節中所言之氣，兼有兩種意義。所謂『氣之清濁有體，不可力強而致』者，是指才氣而言。曰『齊氣』曰『逸氣』云者，又兼指語氣而言。蓄於內者爲才性，宣諸文者爲語勢，蓋本是一件事的兩方面，故亦不妨混而言之。」台灣明倫書局版，頁 77。歷年來對於「文氣論」之含意的說法很多，本書採取郭氏此說。郭氏所謂的「才氣」，是作家論；「語氣」，則是作品論。本節先討論其中作家論部份，下節再論曹丕的作品論在美學上的意義。

〔註30〕據本節前文所述《三國志卷二·文帝紀》注引《魏書》，及卞蘭〈贊述太子表〉，知《典論》一書成於曹丕爲太子時，曹丕於建安二十二年立爲太子，而曹操頒〈求賢令〉明言「唯才是舉」，是在建安十五年春，其間相距已有七八年之久，這段時間也正是曹操一口氣連下〈求賢〉〈舉士〉〈求逸才〉三令的時期，若再推至建安八年的〈重功德令〉，爲時更爲久遠，因此曹丕撰《典論》之時，曹操之以「術」爲「才」的觀念，應該甚爲普遍。

〔註31〕王充認爲「氣」是與生俱來並且決定人的一切命運，此其「元氣說」的宿命觀點，前文已略微述及；而根據前引《論衡·命義》「天有王梁、造父，人亦

個性、氣質爲主的看法。這是中國美學史上第一次明確地強調了主體的個性與文學創作之間的絕對關聯。而之所以採用「氣」之一詞，是有著當時代的思想背景和限制的。再加上「氣」字還含有「氣勢」、「語氣」等諸多意思，對說明「文」的多層面意義（作家、作品、創作、風格、讀者、批評……）更容易靈活運用。因此曹丕也說孔融「體氣高妙」、徐幹「時有齊氣」，將「氣」的觀念用到作品的語氣上去。此下文再說。

總之，當曹丕提出「文以氣爲主」的嶄新命題，他是自覺地在將主體的內在精神世界，包括才力、個性、氣質等整個生命情調，與文學藝術〔註32〕等美的創作緊緊聯繫起來，不允許二者間有其他的外在價值相參雜。

2. 文氣說對「詩言志」的澄清

曹丕這樣地以「文氣說」肯定內在的個性價值，在文學／美學理論上的意義，是力圖澄清在他以前的「詩人之賦麗以則」，或「詩言志」的說法。前者是至漢代揚雄才提出的理論，在上文已曾述及，下文也還要討論，故此處不再做聯繫。只討論「文氣說」對「言志說」的澄清，並揚棄否定。

「詩言志」之說，出自《尚書・堯典》，是舜命夔典樂以教胄子時說的：

> 詩言志，歌詠言，聲依永，律和聲；八音克諧，無相奪倫，神人以
> 和。

鄭玄注云：

> 詩所以言人之志意也。永，長也，歌又所以長言詩之意。聲之曲折，
> 又長言而爲之。聲中律乃爲和。

另外，《左傳・襄公二十七年》文子告叔向亦云：「詩以言志」；《莊子・天下》亦謂：「詩以道志」；《荀子・儒效》也說：「詩言是其志也」，可見此說淵源已久，一直是先秦兩漢時期佔主導地位的美學範疇和藝術中介，是所有傳統儒者約定俗成的文學／美學觀。

從《尚書》的話看來，鄭注所云「詩所以言人之志意」，似乎是說詩可抒發詩人內心的主觀世界，然而當時的觀念，詩與樂是合爲一體，用來「教胄子」的；八音和諧的目的，也在於「神人以和」。所以詩樂是用來教育、祭祀

有之，稟受其氣，故巧於御。」等語看來，王充的「氣」不只決定人的貴賤，也決定巧拙，正是曹丕所謂的「巧拙有素，雖在父兄，不足以移子弟。」
〔註32〕李澤厚認爲「文以氣爲主」非單指文學，也包括其他藝術，特別是書法和繪畫。出處同註28。

的。《左傳・襄公二十七年》中所說「詩」，則是「賦詩」，也是合樂的，用在諸侯聘問之時。〔註33〕因此他們所說的「志」，據朱自清先生的辨析，是指一種「懷抱」，而「這種志，這種懷抱是與『禮』分不開的，也就是與政治、教化分不開的。」〔註34〕羅根澤先生解析荀子的「詩言志」說時，則說：「其所謂志則是『聖道之志』，這不惟是文以載道，簡直是詩以載道了。」〔註35〕

所以，「詩言志」看來是說詩應能抒發詩人的內心世界的「志」，其實卻是，或說卻被發展成了要藉詩人的口，去傳達某種聖人之志，某種外在定規的政教義理；去完成某項宗教、教育、或者政治外交的任務。〔註36〕於是，從表現一種政治、禮教懷抱，到傳達詩以載道的「聖道之志」，「言志說」愈來愈功用化，或說外向化地尊聖宗經，明道致用，儼然成了一個牢不可破、道貌岸然的文藝價值標準，而個體的思想、個性、才智等特性，也就愈來愈在其中淹沒滅頂了。

曹丕於此時獨標「文以氣為主」，等於是一舉揚棄了千百年「詩言志」傳統中的一切純然屬於外在的價值因素，而把文學的重心轉移到個體內在的才性氣質的表現論上來。這不但是個性化的審美意識的確立，也是整體審美方向上的大轉移。

（三）「文氣說」與個性本位的創作審美意識

1. 個性的「不可力強而致」

曹丕在提出「文以氣為主」這個全新的審美觀念之後，接著明言：

> 氣之清濁有體，不可力強而致。譬諸音樂，曲度雖均，節奏同檢，
> 至於引氣不齊，巧拙有素，雖在父兄，不能以移子弟。

氣有清濁，此乃先天質性，它是內在於人的個人特性，無所謂優劣，〔註37〕

〔註33〕詳細考證見朱自清先生著《詩言志辨》，台灣開明書店，民國71年6月版。

〔註34〕《詩言志辨》，頁2～3，台灣開明書店，民國71年6月版。

〔註35〕羅根澤《中國文學批評史》，頁44，學海出版社，民國69年9月版。

〔註36〕「詩言志」的含意眾多，可參李澤厚《華夏美學・第一章・「詩言志：政治與藝術》李先生也贊成「詩言志的志是集體的事功、政教、歷史要求，它也就是載道」的說法，見該書頁三六。時報文化出版公司，民國78年4月版。

〔註37〕我認為曹丕這裡的清濁只是稟賦特性不同，沒有褒貶意，和後來袁準〈才性論〉：「凡萬物生於天地之間，有美有惡，物何故美？清氣之所生也。物何故惡？濁氣之所施也……」（全晉文卷五四）所說有異。袁準將清濁與美惡相聯繫，是晉朝以後「清」的審美標準確立以後的事。至於「清」如何從此處的本體義，發展而為具有美惡高下的審美義，當個別另論之。

不必爲了模仿別人與己不同的特色而勉強、扭曲自我。故曰「不可力強而致」。
下文以音樂做譬喻，「引氣不齊，巧拙有素」兩句，似乎言巧拙，即有高下優
劣之分，但是仍然強調「雖在父兄，不能以移子弟」，仍是充分尊重個體先天
稟賦的特殊性，毫不勉強。《典論·論文》一貫的看法，就是對一般人以自我
爲中心互相批評、要求別人放棄他的自我特性而與己相同的那種「文人相輕」
的態度，深表不滿，他說：

> 夫人善於自見，……是以各以所長相輕所短。俚語曰：「家有敝帚，
> 享之千金」，斯不自見之患也。

又說：

> 常人貴遠賤近，向聲背實，又患闇於自見，謂己爲賢。

於是可知，曹丕認爲應該放下「自見」，對於每一個主體人格的「所長」都給
予充分的尊重。「文以氣爲主」之說的眞諦在於，人的個性是「不可力強而致」
的，因此人不但不再需要去認同一個德性倫理的價值標準，同時也無須爲了
學習他人之特色而放棄自我。我自爲我，「我」的特色就是一切價值所在。這
不但是揚棄了「詩言志」的道德認同的審美意識，而且是徹底推翻了一切外
在的價值追求，完全肯定自我內在的生命情性的地位和價值。所謂「人本」
的精神，至此做了最佳詮釋。

2. 主體的「不朽」

由對個性的全然尊重，不加任何勉強，曹丕便發出了他著名的文學肯定論：

> 蓋文章經國之大業；不朽之盛事，年壽有時而盡；榮樂止乎其身，
> 二者必至之常期，未若文章之無窮。是以古之作者，寄身於翰墨，
> 見意於篇籍，不假良史之辭，不託飛馳之勢，而聲名自傳於後。

文學藝術等一切美的創作，由於都是作者內在個性生命的表現，所以擁有最
高的審美價值：「經國之大業；不朽之盛事」！許多人斤斤於「經國之大業」
一句，認爲曹丕不脫傳統的文學功用論色彩。曹丕的認識中，或許文學仍與
傳統儒學時相混淆，觀《典論·論文》中仍將西伯演易、周旦制禮視作文學
之事可知，蓋一新觀念的明確界定原非一朝一夕可成，曹丕對於文學觀念的
獨立，功在創發；不在完成。然而這還是餘事，細味此段文字即知所謂「經
國之大業；不朽之盛事」，重點在「不朽」，不在「經國」，故與年壽、榮樂相
對應，而曰二者皆屬有限，「未若文章之無窮」。「無窮」亦即「不朽」。他強
調的是，一個作爲審美主體的文藝創作者，應當「不假良史之辭，不託飛馳

之勢」，斷絕對一切虛名、權勢的依賴心理，單單到「翰墨」中去「寄身」；到「篇籍」中去「見意」。這都是壓低了外在的榮華富貴、利害得失的吸引力，反對任何外在審美價值的介入，極力高揚個性生命的無上價值。只有當文學藝術充分表現了自我內在獨特的生命（「『見意』於篇籍」），這個「有時而盡」的年壽軀殼才可能無限延伸，永恆彰顯；也只有文學藝術的創作，才值得一個作者託付個人內在的生命意義（「『寄身』於翰墨」），世俗的社會政教倫常，永不能實現自我的本質。自我，與創作之間，不但絕對關連，而且必須密切結合，不容許任何外在價值誘惑介入。「文氣說」並沒有因為「經國之大業」一句而自相矛盾，而是經過這一番文學不朽論的發揮，而完成了曹丕對傳統文藝美學的再思過程，真正確立了以主體個性為本位的，表現論的審美意識。

　　曹丕注重文學作品與作者的不朽價值，還可從他的實際批評中見出，〈與吳質書〉中評徐幹曰：

> 觀古今文人，類不護細行，鮮能以名節自立，而偉長獨懷文抱質，
> 恬淡寡欲，有箕山之志，可謂彬彬君子者矣。著《中論》二十篇，
> 成一家之言，辭義典雅，足傳於後。此子為不朽矣！

對於徐幹「恬淡寡欲」的個性，及其作品「辭義典雅」的風格，曹丕推揚備至，也稱其「不朽」。

　　附帶一提的是，曹丕本人的為人作風，及其文學創作，也都很能體現此審美意識。他身為一代霸主、傑出詩人曹操的繼承人，卻一點也沒有因為父親的萬丈光芒而銷蝕了自我個性。政治上，他克紹箕裘，完成乃父竊鼎之志，但又一改其純任名法家的施政方針，改採黃老之道，連下〈薄稅令〉、〈息兵詔〉、〈輕刑詔〉、〈禁復仇詔〉等輕緩詔命，與民休息。《晉書卷四十七·傅玄傳》所說的「魏武好法術，而天下貴刑名；魏文慕通達，而天下賤守節」，可謂信而有徵。〔註38〕而更明顯的是其在文學上，也是「慷慨以任氣，磊落以使才」（《文心·明詩》）獨抒個性，另標風格。後人評曹氏父子主「氣」之異，有謂：

> 此老（按，指曹操）詩歌中有霸氣，而不必其王；有菩薩氣，而不
> 必其佛。（鍾惺、譚元春《古詩歸》卷七）
> 孟德詩……沈雄俊爽，時露霸氣。（沈德潛《古詩源》卷五）
> 子桓詩有名士氣，一變乃父悲壯之習矣。要其便娟婉約，能移人情。

〔註38〕說詳下第四章第一節。

（同上）

曹丕的文學創作，實踐了他自己所謂的「雖在父兄，不能以移子弟。」

（四）「文氣說」與風格本位的作品審美意識

　　曹丕強調作者個性與文藝創作之間的絕對關連，而作品又是作者個性的淋漓體現，因此很自然地，曹丕的「文氣論」便認為作品也隨著作家的不同，而展現不同的風格特色。作品的風格，來自作家的個性，而作家的個性來自於那「不可力強而致」的「氣」，因此同一個「氣」，既可從作家內在的個性、氣質、才能去觀察，也可從他的作品的語氣風格去體會。「文氣說」本即含有才氣及語氣、作家與作品兩方面，且正如郭紹虞先生《中國文學批評史》所說：「蓄於內者為才性，宣諸文者為語勢，蓋本是一件事的兩方面，故亦不妨混而言之。」（見註29）

1.「文氣說」的作品論

　　曹丕既已明白標出「文氣說」的審美意識新理論，也據之以為美學批評的新標準。觀其評論時人，首倡七子之名，且當其評論建安七子的文學成就及其特色，一以「氣」出之。如曰：

> 王粲長於辭賦，徐幹時有齊氣，然粲之匹也。

> 孔融體氣高妙，有過人者，然不能持論，理不勝詞。以至乎雜以嘲戲，及其所善，揚、班儔也。（《典論・論文》）

> 公幹有逸氣，但未遒耳。其五言詩之善者妙絕時人。（〈與吳質書〉）

這樣的文學／美學批評標準，即明顯地同時帶有作家之個性、氣質，及作品之語氣、風格的雙重審美特徵。

2.「氣」的作品特質

　　再進一步說，這中間還有一個有趣的現象，是作為一個文學／美學的批評者，曹丕在這些文氣觀的作品論中，表現出他所理想的「氣」的一些特質，從而反映了他的審美理想，和美學標準。

　　從前引數例來看，「體氣高妙」是孔融「有過人者」之處，而「齊氣」卻是徐幹美中不足之處。《昭明文選》李善注「齊氣」云：「言齊俗文體舒緩。」另外又言「公幹有逸氣，但未遒耳」，曹丕重視「高」、「逸」、「遒」；反對「舒緩」之意非常明顯。再證諸：

> 應瑒和而不壯；劉楨壯而不密。（《典論・論文》）

　　孔璋章表殊健，微為繁富。（〈與吳質書〉）

　　元瑜書記翩翩，致足樂也。仲宣獨自善於辭賦，惜其體弱，不足起
　　其文，至於所善，古人無以遠過。（同上）

於是，「壯」、「密」、「健」、「翩翩」也都和「高」、「逸」、「遒」一樣，是曹丕的
具體審美標準；而「和」、「弱」、「繁富」也跟「舒緩」一起，為他所不取。因
而「文氣說」所要求的作品特質，明顯地是一種壯美形態的審美理想，難怪魯
迅說：「曹丕……更因他以『氣』為主，故於華麗以外，加上壯大。」〔註 39〕
陳鍾凡《中國文學批評史》也認為曹丕的文氣說「為後世陽剛、陰柔說之所本」
〔註 40〕總而言之，就是文章要有一種氣勢，造成健壯遒勁，飛動飄逸奔放不羈
（翩翩）的風格，千萬不能繁富舒緩，柔弱不濟，「理不勝詞」。

　　曹丕對作品所提出的壯美的審美理想，在美學發展史上的意義，在於它還
是和作者的個性連在一起的，是作者本身健朗奔放的個性情意的體現。強調壯
美的審美理想，是強調要表現個體性情的內在力度，顯示個性生命壯大的感染
力、與無限的影響力。而不單是形式上的雄奇廣大。反觀先秦兩漢時期的文學
審美觀，常常是在描摹外在現實，或超現實世界景物的浩渺壯觀、刻畫社會活
動（如祭祀、狩獵、會同……）的盛大莊嚴，或者記錄倫理實踐功業的輝煌偉
大之中，造成了作品的壯美風貌，也體現出一種共同的壯美的審美理想。曹丕
的「文氣說」把先秦兩漢這種壯美理想做了一個由外而內的重大轉換——從描
述外在景物與事件的「大美」，轉為反映主體個性生命的感染力量；從對外在事
功性人格的仰戴，轉為對作者內在智慧性個性人格的欣賞。

　　也就是說，曹丕的壯美理想，是就作品要能鮮活地體現作者的個性分明、
活潑有力的生命情調而說的，並不是只以外在形式的壯美為唯一的作品取
向。因為作家本身都「清濁有體」、「不可力強而致」，各有各的生命情態，作
品當然也是具有多種風格的。從曹丕強調對作者的各種性格要全然尊重，我
們可以推論，曹丕對於作品的各種風格，應該也是認為「不可力強而致」的，
否則他自己那些不如曹操悲壯的，「便娟婉約，能移人情」的「有名士氣」的
詩作，就交代不過去了。或者又可辯之曰彼為詩作，此論章表書記等「文」

〔註39〕同注 27。

〔註40〕見該書頁 23，台北龍泉書屋，民國 68 年 5 月版。然該書亦說曹丕文氣論「實
　　　　指『才性』言之，與唐宋人之以『語勢』為『文氣』者不同。」不談語勢，
　　　　則難道所謂「陽剛陰柔」只是論人的才性，而不是作品論嗎？此與一般語言
　　　　習慣都不相同，何況論文學理論乎！

氣，文氣要壯，詩可婉約。那麼就又接觸到下一個問題了：

3.「文」的不同個性

　　曹丕對個性的肯定尊重，除了從作家、作品而言，還表現在他對各種文體的獨特性的完全了解，和充分掌握上。上文所引他對人們喜愛以自我為中心妄下評斷的態度深表不滿，他對這些弊病的批評，都是和對各種文體各具特性的說明連在一起的，他說：

> 夫人善於自見，而文非一體，鮮能備善，是以各以所長相輕所短。俚語曰：「家有敝帚，享之千金」，斯不自見之患也。

> 常人貴遠賤近，向聲背實，又患闇於自見，謂己爲賢。夫文本同而末異。蓋奏議宜雅，書論宜理，銘誄尚實，詩賦欲麗。此四科不同，故能之者偏也。唯通才能備其體。

所謂「文本同而末異」，是說所有文學作品都具有相同的本質，在曹丕來說，這個相同的本質就是「以氣爲主」。然而在不同的體裁、不同的形式中，這個共同本質有著個別的展現，此之謂「末異」。〔註41〕也就是說，正如同人有自己的個性氣質一樣，一個文體也有它自己的個性特色，作家在創作時，必須尊重、順應此一文體的特徵，不可強以一致的面貌扭曲之。而作家的才性有偏，適合寫作這一文體的，不見得也就適合另一文體，所以說「鮮能備善」、「唯通才能備其體」。《典論・論文》中對作家的評論，都是扣緊了這個觀點而發的。故曰「王粲長於『辭賦』」、「琳、瑀之『章表』、『書記』，今之雋也。」

　　曹丕強調各種文體都獨具特質，除了顯示他獨具匠心，對各種文體觀察入微、體會甚深之外，就美學的意義說，一方面是他賦予了各文體獨特的個性生命，使得每一文體彷彿都成了一個生命有機體，有著自己的崇尚喜好，具備自己的審美特質和內在規律，在呼喚著作家的肯定與尊重。這才是眞正具體的「文的自覺」。

　　另一方面，曹丕也以自己的學養和觀察，針對各文體的審美特質，各下以「一言以蔽之」的涵蓋總括：「蓋奏議宜雅，書論宜理，銘誄尚實，詩賦欲

〔註41〕李澤厚、劉綱紀主編的《中國美學史》第二卷第二章「"文"的"本"與"末"」一節，將此處的本末與徐幹《中論・藝紀》中的藝與德的關係相比附，而曰：「被曹丕視爲"文"之"本"的東西在基本上也仍然是儒家所說的仁義道德。」「總起來看，在曹丕《典論・論文》中，"文"之"本"主要還是從"經國之大業"這一意義上來加以觀察的，沒有完全脫離儒家的政治倫理觀念。」我認爲這是沒有通觀全文，望文生義的講法。本文不採此說。

麗」。前二類中的奏、議、書、論四體屬散文，後二類銘、誄、詩、賦四體爲韻文，將八種文體分爲四科，而各以一字把握其共同的審美特徵，曹丕確爲獨具隻眼的美學家。而更要緊的是其中提出的「詩賦欲麗」的觀念。比照前文談及的西漢揚雄在《法言・吾子》中所說：

> 或問：「景差、唐勒、宋玉、枚乘之賦也，益乎？」曰：「必也淫」。
>
> 「淫則奈何？」曰：「詩人之賦麗以則，辭人之賦麗以淫。如孔氏之
>
> 門用賦也，則賈誼升堂，相如入室矣。如其不用何？」

揚雄從要求賦作符合「益」、「用」之標準的功用美學觀點出發，故認爲賦這種文體的審美標準在「麗」以外還要「則」，否則就陷於「淫」了。「麗以則」的審美特質，一方面不否定作爲個體美感判斷之表現形式的「麗」，另一方面又要求這個美感判斷的表現要符合社會道德理性的法「則」，也就是前文所說的外在價值的追逐認同，沒有觀照到創作主體的內心世界。同時，揚雄又用「孔氏之門」的標準來評量辭賦作家，明顯地沒有將賦當作一個獨立的文類看待，而仍然視文學爲政治教化的再現工具。當然在揚雄的時代，文藝思潮本即如此，揚雄能看出賦的「麗」之審美特徵，已屬獨具隻眼了。(只是他仍然回歸於政教、致用的文學觀，因此又發出了「童子雕蟲篆刻」、「壯夫不爲也」的論調)

　　曹丕的「詩賦欲麗」說，則將外在客觀的規範法「則」去掉了，而將偏於文體本身純粹的審美特徵、偏於作者內心才性之表現的「麗」，即「美」，作爲詩賦的最高價值和基本特徵。這也是一個重要的變化。表示審美的理想和標準開始有了一個比較純粹的尺度，從此文體本身的審美規律，和文藝審美心理，都可以因爲擁有獨立的生命，而得著長足發展的空間了。觀其後晉代皇甫謐〈三都賦序〉曰：「然則賦也者，所以因物造端，敷弘體理，欲人不能加也。引而申之，故文必極美；觸類而長之，故辭必盡麗。然則美麗之文，賦之作也。」(《昭明文選》卷四五) 賦的審美空間，和兩漢時期比較起來，確實寬廣、自由得多了。此亦「文氣說」對文體個性清楚闡揚所建之一大功也。

　　總之，曹丕「文氣說」一出，標誌著審美意識的眞正覺醒，從此不但「氣」的觀念成了審美批評的重要命題，如劉永濟說劉勰的批評：「彥和論建安文士，亦多舉『氣』爲言，如論詩有『慷慨以任氣』之語；論樂府有『魏之三祖，氣爽才麗』之言；論體性有『公幹氣褊』之說。然則主氣之論，實建安文學之殊尚矣。」又如南朝謝赫的「氣韻生動」說之提出等等，都是「氣」的美學命題

的延伸。撇開這些後世影響不談，單就其美學理論的內容價值而言，它標誌著以個性為本位之審美意識的提出和確立，於是將審美的標準從對外在倫理價值的追求，轉向內在個性價值的實現；也將創作的原則從具體模擬物象的再現論，轉向自由呈現內心個性情感的表現論。作為創作主體的人，第一次得到了當有的主體地位。其對作品的壯美特質、文體的個別審美特徵的掌握，一皆由對此主體內在個性的肯定尊重，和自由發揮而來。曹丕的時代不只是個「文的自覺」的時代，更是一個人本趨勢確乎奠定、完全開展的時代。

二、英雄之論──人物審美的新標準

「文的自覺」植基於「人的自覺」，文藝美學對於藝術以人之個性為中心的審美本質上的思考和界定，只是整個人本趨勢浩蕩前進的路途中的一站。整個社會思潮對於「人」之價值的重新思索、發現和鑄造，也就是說，「人本趨勢」的奠定基礎，最直接地，還是要落實在人的自身上。此所以人物品鑑在魏晉時期異常興盛的原因之一。而「英雄」的觀念，亦因此而產生。

（一）「英雄」觀念的產生及演變

魏晉人物品鑑始於漢代清議之風。〔註42〕漢代選用人才，採取上察下徵的方式，早自漢高祖劉邦就曾頒過〈求賢詔〉，明令天下察訪賢良，其後終兩漢之世，詔令不斷。這就使得人物的品評鑑識變得重要起來。然而也正因為如此，當時的品鑑標準是以倫常名教所要求的德性品行為第一。如西漢文帝於前元十五年（西元前 165 年）下〈策賢良文學士詔〉曰：

> 詔有司、諸侯王、三公、九卿及主郡吏，各帥其志，以選賢良明於國家之大體，通於人事之終始，及能直言極諫者，各有人數，將以匡朕之不逮。二三大夫之行當此三道，朕甚嘉之，故登大夫於朝，親諭朕志。大夫其上三道之要，及永惟朕之不德、吏之不平、政之不宣、民之不寧，四者之闕，悉陳其志，毋有所隱。（《漢書卷四十九·鼂錯傳》）

明言所舉用的人才必須明於國體、通於人事、又能直言等所謂「三道」；就任後的首要職責也是在「上三道之要」。此「國體」、「人事」、「直言」三道，即為其用人、品評人之標準。至東漢光武帝，則曾下〈四科取士詔〉曰：

〔註42〕詳見第四章。

> 方今選舉，賢佞諸子錯用。丞相故事，四科取士：一曰德行高妙，
> 志節清白；二曰學通行修，經中博士；三曰明達法令，足以決疑，
> 能案章覆問，文中御史；四曰剛毅多略，遭事不惑，明足以決，才
> 任三輔令，皆有孝悌廉公之行。自今以後，審四科辟召，及刺史二
> 千石，察茂才尤異孝廉之吏，務盡實覈，選舉英俊，賢行廉潔。（《全
> 後漢文》卷二）

從「三道」到「四科」，這些詔令中雖也屢言選舉茂才，然其所謂「才」，偏
重在「明於國家之大體」，「有孝悌廉公之行」的「道」與「行」層面。這和
前文一再述及的兩漢重德輕才之風，都是息息相關的。

至漢末天下大亂，選舉制度績效不彰，人物品鑑的方式和標準就改變了。
隨著主體意識的弘揚，人們不再盲目地崇拜、模仿，和追逐外在的倫常規範，
恪守名教禮法以干祿要譽，而將目光轉向了人的內在情性特質。於是人物品
鑑的標準不再是王道政治、綱常倫理所著重的德行操守，而是人本身所具有
的智慧、精神、胸懷、性情、氣質、才能等個性價值。而時難世艱，乾坤逆
轉，當下最切實的需要在於撥亂反正，安邦定國。這樣的時代需求和前述的
個性價值覺醒配合起來，「英雄」，就成為一種新的理想人格形象，在人物品
鑑、社會思潮中間流行開來了。

「英雄」一詞不見於先秦典籍，它是兩漢時期的產物。〔註43〕至東漢時
已十分通行，班彪〈王命論〉中數用之：

> 英雄陳力，群策畢舉，此高祖之大略，所以成帝業也。

> 歷古今之得失，驗行事之成敗，稽帝王之世運，考五者之所謂，……
> 英雄誠知覺悟，畏若禍戒，超然遠覽，淵然深識，……則福祚流於
> 子孫，天祿其永終矣。（《漢書卷一百‧敘傳》，亦見《昭明文選卷五
> 十二》）

細味其所謂英雄之意，固可「陳力」，亦能獻策，是文武兼備的人才；同時歷
觀古今得失，稽考世運興衰，並且深識遠覽，通達人情世故，又知覺悟前非，
順天應人。總之，英雄是一個才識超邁、圓融宏達，又能兼擅武略的通才形
象，理想人格的典型。這個理想人格形象的興起，應該是用來和傳統儒者的
彬彬有禮、動為世則言為世範的形象相對應的。是一種健壯有力，術德兼備，

〔註43〕牟宗三先生認為「英雄」一格，由劉邦開出。見《才性與玄理‧人物志之系
統的解析》，頁61。學生書局，民國67年10月四版。

豪邁不羈的活潑生動的內在壯美形象。比較接近將軍、游俠，而格局更大，境界更高。然絕不類似鴻儒。兩漢承平之世，謙謙儒者為社會普遍禮敬；至天下擾攘，則有待英雄出而整頓。英雄與儒者，為兩個不同概念。

「英雄」觀念的轉移，始自曹操。《後漢書卷六十八‧許劭傳》載：

> 曹操微時，常卑辭厚禮，求為己目。劭鄙其人而不肯對，操乃伺隙
> 脅劭，劭不得已，曰：「君清平之姦賊，亂世之英雄。」操大悅而去。

許劭為當時清議的重要人物，其「汝南月旦」之人物評價，在當時社會擁有極大的影響力，故曹操卑辭厚禮請求品題，許劭本不屑為之品目，迫不得已才加之以所謂「亂世之英雄」的評語，而此語一出能令曹操大悅而去，此正可見「英雄」一詞於其時，形象明朗健康，為世所公論之理想人格美之典型也。

許劭不甘以英雄之名予曹操，蓋即因其為一稱美之詞，理想人格之代表。然曹操從此以英雄自比。英雄本多用以稱人，以英雄自稱亦始於曹操。《三國志卷三十二‧蜀書二‧先主傳》載：

> 是時曹公從容謂先主曰：「今天下英雄，唯使君與操耳。本初之徒，
> 不足數也。」先主方食，失匕箸。

另同書《卷一‧武帝紀》又載：

> 程昱說公曰：「觀劉備有雄才而甚得眾心，終不為人下，不如早圖
> 之」。公曰：「方今收英雄時也，殺一人而失天下之心，吾不為也。」

可見曹操愛慕英雄形象，不但因當年許劭以「英雄」一名加之而喜，亦喜以之自比，更以之贈劉備。「英雄」，成了曹操的標誌。像他那樣統帥萬軍，叱吒風雲，揮戈天下，鞭撻宇內，而又橫槊賦詩，倚馬可待的雄豪多才之人，方可當「英雄」之名而無愧。另外，曹操以英雄自比，然也慨嘆自己「烈士暮年，壯心不已」（〈龜雖壽〉）英雄遂也刷上了一些暮年烈士的悲壯色彩，含意更廣。再加上曹操本身性格狐疑多變，〔註44〕又兼野心勃勃，於是英雄一詞，便隨著曹操的創業之霸主的形象，而有著更複雜的含意了。劉備聞曹操之言而大驚失匕箸，蓋即揣知曹操的霸世之心，及寡恩多變的行事風格，惟恐自己一旦與曹操並列為英雄，曹操定將加害於己也。

《三國志卷六‧袁紹傳》載董卓篡位之志已明，呼袁紹共議，紹持刃奪門而出，卓欲殺紹，周毖等說之曰：

> 袁氏樹恩四世，門生故吏遍天下，若收豪傑以聚徒眾，英雄因之而

〔註44〕詳見下文第四章。

起，則山來非公文有也。

「收豪傑聚徒眾」所收聚的對象即名之曰「英雄」，然則英雄一詞的內在壯美意義，似有擴大至於外在豪壯之勢。「英雄」與「豪傑」並稱，漢末已然。

然英雄絕非粗豪的鄙夫，在魏晉之時，它都是一個內在壯美的理想人格形象。《晉書卷四十九·阮籍傳》：

> 籍本有濟世志，屬魏晉之際，天下多故，名士少有全者，籍由是不與世事，遂酣飲為常。……嘗登廣武，觀楚漢戰處，嘆曰：「時無英雄，使豎子成名！」

阮籍和所有處「天下多故」之時代的人一樣，都在等待一個英雄，或者期待自己成為一個英雄，莫使豎子成名、莫使天下淪喪！「英雄」與「豎子」對立，說明其做為一個人格美的典型，理想色彩並未消退。

其後群豪並起，各自擁兵自重，至王粲撰文以記錄描述這些起兵的群雄之時，便以《漢末英雄記》稱之。則英雄一詞確實已含有指稱割據一方之霸主的意味，「豪傑」之意更明顯了。其後世亂彌甚，英雄豪傑竄起更多，品倫愈雜，故至劉宋時范曄的《後漢書卷十二·王劉張李彭盧傳論》曰：

> 觀更始之際，劉氏之遺恩餘烈，英雄豈能抗之哉！……若數子者，豈有國之遠圖哉？因時擾攘，苟恣縱而已耳。然猶以附假宗室，能偃強歲月之間。觀其智略，固無足以憚漢祖，發其英靈者也。

英雄一詞，至南朝時已被用來單指恣縱作亂，有勇無謀的草莽人物了。

所以，從東漢到曹魏之世，英雄一詞日益普遍，成為人物品鑑的名目之一。它的意含在初期是代表一種健壯朗暢、文武兼修、鑑識明達的理想人格，即被用來與兩漢傳統的碩德鴻儒對舉：鴻儒穩重自持；英雄飛揚流暢，鴻儒治天下；英雄定天下，鴻儒尊德行；英雄主才能。曹操是當時「英雄」一詞的集中代表，他以英雄自許，也以英雄期盼於人，他認為「方今收英雄時也」，故高舉「唯才是舉」之旗幟，要廣攬天下人才為己所用，而不在乎其品德操守。「英雄」與「才能」連結為一，而與德行則或是互不相關；或甚至相互對立。其後隨著曹操的亂世英雄形象，而使英雄一詞漸染創業霸主的勃勃意志。從此其外在豪壯之意愈來愈重，甚至成為擾攘作亂之輩的代稱。

（二）英雄論的內含──「智」與「力」的統一

湯用彤先生曰：「漢魏之際，在社會中據有位勢者有二，一為名士，蔡邕、

王粲、夏侯玄、何晏等是也。一爲英雄，劉備、曹操等是矣。」〔註45〕「英雄」
從與鴻儒相對，成爲與名士並舉，此爲整個時代重才輕德風氣之表現，無庸再
敘。而漢魏之際英雄輩出，士人欽慕益盛，討論日多，然而「英雄」一詞還是
只停留在觀念形態，作爲一個審美意識，及標準，它的義界是寬泛而朦朧的。
因此亟需析理其意含，使一切朦朧的美感具體成爲品評，甚至任用人才的標準。
劉邵在其《人物志》中獨闢「英雄第八」一章專論之，即爲此故。

　　劉邵字孔才，邯鄲人，約生於漢靈帝熹平五年（182），卒於魏正始六年
（245），爲當時著名的刑名學家，於魏初受詔掌理都官考課之事，定考課之
法，故撰有《人物志》一書，專論品定人物的方法。

　　《人物志》之作，說明人物品鑒從漢代清議、清談的形式，進一步做成
了規格化的統一標準，再也不是率爾而對的一些審美概念而已了。牟宗三先
生說：「《人物志》是關於人的才性或體別、性格或風格的論述。……是直接
就個體的生命人格，整全地、如其爲人地而品鑑之。這猶之乎品鑑一個藝術
品一樣。人是天地創生的一個生命結晶的藝術品。」〔註46〕人的觀念獨立了、
地位突出了、價值明顯了，才有這樣的「人的品鑑」產生。單就此一點來說，
已足說明「人本趨勢」在漢魏之際的具體呈現。

　　而劉邵《人物志》在分論人物的體別、流業、材理、材能、利害、接識
之後，專論「英雄」，也可見英雄觀念在當時社會民間早已蔚然成俗，故劉邵
在「論辨人才，分別流品，研析疑似」〔註47〕之時，亦須專章析理之。在該
章中，首先他釋「英雄」之意含：

　　夫草之精秀者爲英，獸之特群者爲雄，故人之文武茂異，取名於此。
　　是故聰明秀出謂之英，膽力過人謂之雄，此其大體之別名也……
　　夫聰明者，英之分也，不得雄之膽，則說不行；膽力者，雄之分也，
　　不得英之智，則事不立。是故英以其聰謀始，以其明見機，待雄之
　　膽行之；雄以其力服眾，以其勇排難，待英之智成之。然後乃能各
　　濟其所長也。（《人物志・英雄第八》)。

這是第一次以系統論證的方法解析「英雄」概念。將「英」與「雄」分立而

〔註45〕《魏晉玄學論稿・讀人物志》，頁 7。該書收於《魏晉思想甲編五種》，里仁書
　　　　局，民國 73 年 1 月出版
〔註46〕《才性與玄理・人物志之系統的解析》，頁 44。
〔註47〕《四庫全書總目提要》語，見下引。

論，「英」偏重「聰明秀出」，「雄」偏重「膽力過人」。故明、膽對舉，文、武並立，二者各有偏至，唯少數菁英能兼而有之。故劉卲又說：

> 體分不同，以多爲目，故英雄異名。然皆偏至之材，人臣之任使也。故英可以爲相；雄可以爲將，若一人之身兼有英雄，則能長世，高祖、項羽是也。……故一人之身兼有英雄，乃能役英與雄。能役英與雄，故能成大業也。（同上）

《人物志》本爲建立一套考察、分析人物之才能的方法和標準，以因應曹魏時代的「九品中正」制而作。故其「英雄論」也是扣緊了「人臣之任使」的實用觀點而論。此魏初學尚質實，正始以後方轉爲抽象玄遠之另一例證〔註48〕。《人物志》的「英雄說」的特點，在於從英雄開出「聰明秀出」與「膽力過人」兩境，強調「英待雄之膽行之」、「雄待英之智成之」，「然後乃能各濟其所長」。英之「智」，與雄之「力」（膽）是劉卲爲英雄觀念析理出的審美意識與標準。同時期的詩人嵇康亦有〈明膽論〉之撰作，殆即因此。「英雄」之論作爲一個時代流行的整體審美風尚，並經劉卲之系統化研究而成爲九品中正制的選人之方，明顯和兩漢時期的重德尚行、以明禮孝廉爲目標的察舉人才截然不同。這是一種以人內在的才「智」、膽「力」的統一，而非以外在德操爲美的一個人格美的審美新標準。「智」與「力」即是英雄論所標出的美感特徵。

再進一步說，劉卲強調「英」待「雄」、「雄」待「英」，「英」與「雄」不可偏廢，一人隻身兼有英雄，乃能成大業。但細觀〈英雄第八〉全文，仍認爲「英」爲主，其分多於「雄」，不可以少。其言曰：

> 然英之分以多於雄，而英不可以少也。分少則智者去之，故項羽氣力蓋世，明能合變，而不能聽采奇異，有一范增不用，是以陳平之徒皆亡歸高祖。英分多，故群雄服之、英才歸之，兩得其用，故能吞秦破楚，宅有天下。然則英雄多少，能自勝之數也。

「英」與「雄」並重，身兼英雄二者而能長世者，前引之文中舉漢高祖與項羽二人。然而此處進一步分析高祖成功而項羽敗亡之因，則顯示「英」分仍須多於「雄」，亦即，「智」仍高於「力」。於是，英雄論的審美觀，不但將審美標準從社會的德行價值內向化，歸在人的智力才能上；又於人的智與力二者中，將焦點從外在的體力，再集中在內在的智慧上。這是一層一層地，朝向人的內在價值來發展其肯定與看重的強度；同時也就是一層一層地，確立了人物品鑑的

〔註48〕說詳下第四章「抽象趨勢」。

活動與理論中的人本精神了。《四庫全書總目提要》論《人物志》一書有所謂：

> 其書主於論辨人才，以外見之符，驗內藏之器，分別流品，研析疑似。

以外見之符驗內藏之器，《人物志》確實層層剝繭般地，直「驗」入最深層的內在審美價值中去。

此所以前文曰英雄的觀念強調的是內在壯美，一如曹丕的文論。只是在劉劭這裡，內在壯美又再次向內，深入了一層。《人物志》的英雄之論，所確立的人物美之審美標準，其美學意義在此。

（三）英雄論的審美價值——以智為美

劉劭尚智，並非只在論英雄時顯出，此乃其一貫理念。事實上，誠如前引牟宗三先生之說，《人物志》本是才性之學的論述，於是人的「才」與「智」，當然正是它的主題所在。故劉劭於〈自序〉首句即曰：

> 夫聖賢之所美，莫美乎聰明。

在〈八觀第九〉中又將「觀其聰明，以知通塞。」列為觀人八術之一。並釋其理曰：

> 夫仁者德之基也，義者德之節也，禮者德之文也，信者德之固也，智者德之帥也。夫智出於明，明之於人，猶晝之待白日，夜之待燭火。其明益盛者，所見及遠；及遠之明難，故守業勤學未必及材，材藝精巧未必及理，理義辯給未必及智，智能經事未必及道。道思玄遠，然後乃周。是謂學不及材，材不及理，理不及智，智不及道。道也者，回覆變通，是故別而論之。各自獨行則仁為勝，合而俱用則明為將。故以明將仁則無不懷，以明將義則無不勝，以明將理則無不通。然則苟無聰明，無以能遂。故好聲而實不充則恢，好辯而理不至則煩，好法而思不深則刻，好術而計不足則偽。是以鈞材而好學，明者為師；比力而爭，智者為雄；等德而齊，達者稱聖。聖之為稱，明智之極名也。是以觀其聰明而所達之材可知也。

此文的後半，言「比力而爭，智者為雄」，與〈英雄第八〉中的論點如出一轍。而更有趣的是，全文的重點還不止於此，劉劭在這裡極力擴大了「智」的價值，且將之從純粹思維的聰慧中抽離出來，使與仁、義、禮、信等德目並列，也成為人的心性道德層面的屬性。因此劉劭雖然尚智，其學說卻與西方希臘

哲學之愛智不同，它仍是一門心性之學，或說，才性之學，〔註49〕而不是邏輯思辨之學。

　　傳統儒家向來仁義禮智，仁義居首，僅聞「居仁由義」；僅聞「知者不惑，仁者不憂」，未聞智可以帥仁義。而劉邵的「智」，不僅與仁義禮信並列，甚且是超越之而爲帥爲將。觀其曰「智者德之帥也」、「以明將仁則無不懷，以明將義則無不勝，以明將理則無不通。然則苟無聰明，無以能遂。」「明」與「智」要高於仁義、統將仁義。「智」對於仁義道德的實現起著最後的決定作用。一切的「德」之實現都只是個體發揮了其內在智慧才能的結果，於是智慧才能就擁有了最高的價值地位。因此劉邵又再進一步，明言「比力而爭，智者爲雄；等德而齊，達者稱聖。聖之爲稱，明智之極名也。」把「智」推尊到最高的「聖」的地步。此誠可謂發人之所未發、顛倒眾生眾理之論！

　　很明顯的，劉邵的目的在於要將儒家傳統的「以德爲美」的審美觀扭轉成爲「以智爲美」。如果說這個大扭轉作得有些言過其實，僵硬不自然，也是爲了要改變先秦以來長期居於美學主導地位的德行觀，矯枉，必須過正之故吧。在整個魏晉南北朝的從強調外在倫理道德，轉變成發揮人自身的存在價值的「人本趨勢」中，劉邵用純粹內在的智慧價值來爲此一趨勢做了更深一層的論證，因而也使得「人本趨勢」得到了更穩固的理論確據、更全面的風貌呈現。

　　牟宗三先生曾說：「《人物志》開不出超越領域與成德之學，故順才性觀人，其極爲論英雄，而不在論聖賢。順才性一路入，對於英雄爲恰當相應者。蓋英雄並不立根基於超越理性，而只是立根基於其生命上之先天而定然的強烈的才質情性之充量發揮。故才性觀人，於英雄爲順也。」〔註50〕「英雄」論既爲以才性、以個性觀人之極；而劉邵又從其中開出「智」之一途，以爲英雄之極。魏晉時期從人本趨勢中發展而出的人格美之標準的理論建樹，至此算是到達了一個高峰。

三、才性之辨──審美標準的哲理基礎

　　人本趨勢所帶來的內在價值自覺，使人的目光焦點從外在的道德操守，一轉而爲內在的才氣智能。故對於人之才性的呈現，以及才性之義理的探討，

〔註49〕才性之學嚴格說來與心性之學無涉，參牟宗三先生《才性與玄理》。此處混用，僅爲與希臘哲學作區分。

〔註50〕《才性與玄理》，頁60。

都多所留心。才性之辨一直是魏晉清談談坐上的重要主題之一。這個現象的第一層意義，是它證明了「人本趨勢」的茁壯和成熟；另一方面，魏晉之際以「四本」為題展開的一場才性問題的大論辯，更為以才性做為審美新標準的時代風氣，提供了理論上的精微而鞏固的基礎。

（一）才性之辨的淵源

1. 重才意識

　　漢末清議，已漸由學問道德擴及人物個性、容儀、風度、氣質等。《世說新語・賞譽2》云：

> 世目李元禮，謖謖如勁松下風。

> 註引《李氏家傳》曰：膺嶽峙淵清，峻貌貴重。華夏稱曰：潁川李
> 府君（李膺），顒顒如玉山。汝南陳仲舉（陳蕃），軒軒若千里馬。
> 南陽朱公叔（朱穆），飂飂如行松柏之下。

「嶽峙淵清」、「顒顒如玉山」、「軒軒如千里馬」、「飂飂如行松柏之下」……漢末這些流行的諺語，已顯示漢末清議由專論人之外在德行廉潔，以供察舉徵辟人才之用，漸有兼及人的品貌氣質等內在才質的傾向。一股重才的意識型態，隨著品倫人物而漸次漫衍開來。

　　當時以鑑識人品聞名之士如郭太、許劭者〔註51〕其品論人物開始德才並舉。如《後漢書卷六十八・郭太傳》載他論黃允、謝甄云：

> 黃允，字子艾，濟陰人也，以儁才知名。林宗見而謂曰：「卿有絕人
> 之才，足成偉器。然恐守道不篤，將失之矣。」

> 謝甄，字子微，汝南召陵人也，與陳留邊讓並善談論，俱有盛名。
> 每共候林宗，未嘗不連日達夜。林宗謂門人曰：「二子英才有餘，而
> 並不入道，惜乎！」

　　對黃允、謝甄、邊讓等人，郭林宗雖然對他們的德行不盛深為惋惜，但仍充分肯定了他們的才華。可見他論人雖仍然重德過於重才，但終究是德才並舉。同書同卷又載，王柔、王澤兄弟二人，為郭林宗的同鄉，兄弟總角共

〔註51〕《後漢書卷六十八・郭太傳》：「其獎拔士人，皆如所鑒。後之好事，或附益
　　　　增張，故多華辭不經，又類卜相之書。今錄其章章效於事者，著之篇末。」
　　　　註引〈謝承書〉曰：泰之所名，人品乃定，先言後驗，眾皆服之……太以是
　　　　名聞天下。」又同卷〈許劭傳〉云：「許劭字子將，汝南平輿人也。少峻名節，
　　　　好人倫，多所賞識……故天下言拔士者，咸稱許郭。」

候林宗，以訪才行所宜。可知才行問題已引起了漢末人們普遍的重視，並且展開了討論。魏晉時期關於「才性」問題的探討，實在是漢末清議過程中「才行」問題討論的發展和深化。

2. 論辯之才

　　清議，以及後來的清談〔註52〕本身的形式也很有利於培養人們的重才意識。因為口給辭便、應對敏捷確實是一種特殊的才能。

　　清議清談的形式，往往是圍繞著某一問題進行論辯，而世間事往往並無絕對之真理，只要「持之有故，言之成理」，便足以動人聽聞。《晉書卷四十九·阮籍傳》載阮籍言「殺父乃可，不可殺母」，而以「禽獸知母而不知父，殺父，禽獸之類也。殺母，禽獸之不若。」為論證，而使四座具服，即為明證。因此論辯之取勝，往往不在理勝，而在於思路清晰敏捷，能以偏鋒出奇制勝，並辯才無礙滔滔不絕，百轉不窮，也能叫對方理屈辭窮。所以，談議的過程，不僅是知識學問較量的過程，也是一個才智較量的過程。那善於辯對的一方，自然會引起人們的注意和嗟歎。觀以下數例可知：

> 時大將軍袁紹總兵冀州，遣使要（鄭）玄，大會賓客，玄最後至，乃延升上坐。身長八尺，飲酒一斛，秀眉明目，容儀溫偉。紹客多豪俊，並有才說，見玄儒者，未以通人許之，競設異端，百家互起。玄依方辯對，咸出問表，皆得所未聞，莫不嗟服。（《後漢書卷三十五·鄭玄傳》）

> （符融）後遊太學，師事少府李膺。膺風性高簡，每見融，輒絕它賓客，聽其言論。融幅巾奮褒，談辭如雲，膺每捧手歎息。《後漢書卷六十八·符融傳》

袁紹的賓客深為鄭玄所折服，不是因鄭玄註解群經學識淵博，甚至也不在於其人「秀眉明目，容儀溫偉」，更為重要的是鄭玄的「依方辯對，咸出問表」的口才，便最終贏得「通人」之敬仰。符融深得李膺的讚歎，也是因符融「談辭如雲」。論辯才華對於當時人們的影響，由此可見一斑。

　　劉劭論人才而標出「英雄」一路之後，才智更確實成為品評人物的新標準。魏晉名士的清談，對於論辯之才的重視，遠遠超過對道德學識的評量。《世說新語·文學40》載：

〔註52〕清議之與清談，嚴格說來辭義有別，詳見下文第四章。

> 支道林、許掾諸人共在會稽王齋頭，支爲法師，許爲都講，支通一
> 義，四座莫不厭心；許送一難，眾人莫不抃舞，但共嗟詠二家之美，
> 不辯其理之所在。

「不辯其理之所在」明顯可見時人對於是非眞僞、善惡道德的「理」的層面
並不關心，他們所嗟詠欣賞的，是「二家之美」，也就是一種論辯之時所展現
的才智美。

這又引發了一個弔詭的現象：時人這種對論辯之才的高度肯定與欽慕，
反過來又促成了魏晉人士直接就「才」的問題展開辯論。

（二）才性之辨的展開

論辯所帶來的不僅僅是人們對於辯才的肯定，更具重大意義的，是在於
它通過這種肯定，極大地激活了人們以才華來展示自我內在價值的機制。再
加上此時曹操標舉「唯才是舉」的口號，以才用人，而非以德，裁量公卿之
習自亦大可不必再繼續維持。於是，人的內在的才性問題便取代了外現的德
行表現，一躍而成爲士人關注的焦點。

另一方面，評論人物之風氣雖盛行於世，而嚴刑待士之暴政並未停止，
知識分子爲謀自保，多避談實際政事，或政治人物，以免因言論賈禍。因而
轉換了評論之對象與重心，逐漸將評論之內容予以抽象化。易言之，即不論
實際人物，而專論才性同異，自劉劭開其端後，其流即成爲傅嘏鍾會之才性
四本論，爲清談玄學之一支。《世說新語・文學 5》載：

> 鍾會撰《四本論》始畢，甚欲使嵇公一見。置懷中，既定，畏其難，
> 懷不敢出。於戶外遙擲，便回急走。

注引〈魏志〉云：

> 鍾會論才性同異，傳於世。四本者，言才性同，才性異，才性合，
> 才性離也。尚書傅嘏論同，中書令李豐論異，侍郎鍾會論合，屯騎
> 校尉王廣論離，文多不載。

又〈文學 9〉：

> 傅嘏善言虛勝，荀粲談尚玄遠。

注引《魏志》云：

> 嘏嘗論才性同異，鍾會集而論之。

引《傅子》曰：

　　　　蝦既違治好正，而有清理識要，如論才性，原本精微，鮮能及之。

　　　　司隷鍾會年甚少，蝦以明知交會。

由此可知才性論為傅蝦輩清談之中心，所謂四本者，實才性論中四種對峙之學說也，可惜《四本論》已亡，無以知其內容，但當時「才性」是清談中一個常談的話題，則無庸置疑。

　　從現存的相關資料看來，「才性四本」是探討「才」與「性」之間的關係是無可懷疑的。「才」的意義已經不再如曹操「唯才是舉」之時一般指外在的治國之術，而是內在的人的才華、智力等，也是大致無疑的。但「性」的內含，當時參加論辯之人使用起來，卻有不同的概念，使得這些辯論愈形複雜。當時的人可以只欣賞其論辯之「美」，四派主張各陳一說，無所謂輸贏對錯，卻增加了今天我們研究時的困難。今僅就所得資料略窺其奧如下：

1.「性」的內含

　　「人性論」的問題向來是儒家心性學說的重點之一，先秦兩漢時期曾被廣泛討論過。近人章炳麟在他的〈辯性〉一文中說：「儒者言性有五家：無善無不善，是告子也。善，是孟子也。惡，是孫卿也。善惡混，是楊子也。惡善以人異，殊上中下，是漆雕開、世碩、公孫民、王充也。」這五家言性雖不相同，但以「性」為一普遍共通的「人性」，則無不同。而既談性善性惡，也明顯是同在道德的範疇裡談論。

　　漢代王充首開以自然論性的先例，至魏晉時，隨著老莊學說的傳播，人們多繼王充之後，以自然言性，如王弼說：

　　　　萬物以自然為性，故可因而不可為也，可通而不可執也。（《老子第二十九章註》）

此說後來在向、郭的莊子學說中做了高度發揮，此下文再說。

　　另外，王充在《論衡‧骨相》中曾云：

　　　　操行清濁，性也。

又〈命祿〉云：

　　　　夫臨事知愚，操行清濁，性與才也。

　　王充認為「性」是指一個人的「操行清濁」，屬於德行層面；而「才」指的是一個人的「臨事知愚」，屬於才能智慧層面。於是，「性」這一概念在魏晉時期觸及了更廣泛的含義。劉邵的《人物志‧九徵》說：

　　　　若量其材質，稽諸五物。五物之徵，亦各著於厥體矣。其在體也，

木骨、金筋、火氣、土肌、水血，五物之象也。五物之實，各有所
濟。是故骨植而柔者，謂之弘毅。弘毅也者，仁之質也。氣清而朗
者，謂之文理。文理也者，禮之本也。體端而實者，謂之貞固。貞
固也者，信之基也。筋勁而精者，謂之勇敢。勇敢也者，義之決也。
色平而暢者，謂之通微。通微也者，智之原也。五質恆性，故謂之
五常矣。

劉卲認為「五質恆性」。而所謂「五質」，是筋、骨、血、氣、肌配合著
金、木、水、火、土所表現的五種生理概念，劉卲用它們來引出勇敢、弘毅、
通微、文理、貞固五種生命情態，及義、仁、智、禮、信五種相應的倫常觀
念。這是從生理到心理，從外而內地品鑑一個完整人格的各層面生命姿態而
論其質性。於是，劉卲這裡所謂的「性」是在儒家的心性道德層面、王弼向
郭的自然層面之外，再闢出一個人體生命之姿態格調的理境來，而成為牟宗
三先生所說的「『才性主體』之『花爛映發』」。〔註53〕

至於嵇康〈與山巨源絕交書〉中自謂：「不涉經學，性復疏懶」，所言之
「性」，又明顯是指性格。而諸葛亮〈出師表〉：「將軍向寵，性行淑均」，「性」
又與行為相連而論。更有甚者，《三國志卷二十一·吳質傳》注引〈吳質別傳〉：
「時上將軍曹真性肥，中領軍朱鑠性瘦」，「性」指的是身材。由此可知，在
鍾會、傅嘏等人暢論「才性四本」之時，「性」的內涵有著這許多不同，故而
才與性的關係也總是欲理還亂。今僅重點式地討論魏晉時期在「才性」問題
上的爭論所帶給當代重才意識的影響和作用如下：

2. 才性之辨的內含

據〈魏志〉，傅嘏論才性同。傅嘏關於才性問題的專門論述已不得見，但
《三國志卷二十一·傅嘏傳》載，劉卲作「考課法」時，傅嘏作論以難之。
其文全載於本傳，亦見於《全三國文》卷三十五。我想從這篇〈難劉卲考課
法論〉中一窺其對於才性看法的大概，應該雖不中亦不遠吧。首先，他說：

蓋聞帝制宏深，聖道奧遠，苟非其才，則道不虛行，神而明之，存
乎其人。

他極力強調人才的重要。以致於將「才」，與「道」、與「神」，又與「帝制」
同觀並列，這是又回到了政治實用觀點立論了。回想董仲舒上書論「春秋大

一統」之道，不也與此論調相同麼？只是事隔四百餘年，論題換成了新興的
「擇才之道」而已。然則他所說的「才」，不是內在於人的才華才智，而是人
才。雖比曹操以「術」論「才」進了一步，仍不同於以後所說的才幹智慧。
他又說：

> 昔先王之擇才，必本行於州閭，講道於庠序，行具而謂之賢，道修
> 而謂之能。鄉老獻賢能於王，王拜受之，舉其賢者出使長之，科其
> 能者入使治之。此先王收才之義也。

先王擇「才」，必須「本行」和「講道」，這也是要回到兩漢時察舉孝廉、徵辟
茂才的以德統才的路上去。「行具而謂之賢，道修而謂之能」，「行」即諸葛亮所
謂「性行淑均」之「性行」，「能」則是才能。「行具」一句就「性」而說；「道
修」一句則就「才」而言。這是從王充沿襲而下的「才」為能、「性」為德之說。
如此雖不能知傅嘏「四本論」之真貌，然其才性觀念大致如此。他是在倫理道
德的範疇下談人才的選擇培養，故才、性、賢、能俱為一體。故曰才性同。

另外，根據〈魏志〉，此派的代表人物是李豐。然李豐的觀點應來自盧毓。
觀《三國志卷二十二・盧毓傳》所載可知：

> 毓於人及選舉，先舉性行，而後言才。黃門李豐嘗以問毓，毓曰：「才
> 所以為善也。故大才成大善，小才成小善。今稱之有才而不能為善，
> 是才不中器也。」豐等服其言。

盧毓選才先舉性行。所謂性行即指後文的「善」，即善行。這也和傅嘏一樣，在
德行層面論才性。不過他進一步將「才」與「性」（善）做了區分。他所言「才
所以為善」並非是說「才」即是善，而是說「才」應該用來為著「善」，成全善，
亦即，用來成全性行。才華若不能用來為善，便是「才不中器」。所以，「才」
與「性」就絕不能是同一回事，否則，才就不能為善了。故曰才性異。

如果這樣的推論可以成立，那麼這兩派爭論的焦點是在「才」與「性」
內涵的同一與否上。「才性同」論者認為「才」、「性」都以倫理道德的完善與
否為內涵；而「才性異」論者則認為僅「性」是就倫理道德的完善與否而言，
而「才」則是就能力、才幹而言，「才」與「性」在概念上並不是一回事，而
「才」是為了「性」。

以上是就論者傅嘏和李豐的相關資料來揣測「才性同」和「才性異」的
觀點。當然這不會是他們學說的全貌，因為才性之辨在當時是很複雜的問題，
許多人都曾被它難倒，見下文。至於「才性合」與「才性離」，由於鍾會和王

廣的資料完全不見，很難做推測。不過《全晉文》卷五十四所載袁準殘缺的一篇〈才性論〉，提供了另一方面的才性觀點：

> 凡萬物生於天地之間，有美有惡。物何故美？清氣之所生也。物何故惡？濁氣之所施也……曲直者，木之性也。曲者中鉤，直者中繩，輪桷之材也。賢不肖者，人之性也。賢者為師，不肖者為資，師資之材也：然則性言其質，才明其用，明矣。（〈才性論〉）

此文中所言之「性」主要是指人的稟性天賦，和前二說之學者所言的性行品操之「性」，屬於不同的範疇。稟性有清濁美惡之別，均為天生，此其所謂之「才」，這一點有曹丕「文氣說」的影子。然而袁準另闢一「性」之境，和它對應的是「賢」與「不肖」的道德層面的屬性。從他這裡所說的「性言其質，才明其用」看來，「性」為體而「才」為用。既承認「才」與「性」是不同的兩個概念，又認為它們之間有著體用本末的關係（這應該也是受了玄學有無之論崇本息末的影響吧。）是把它們合起來說了，這會不會代表了一部份「才性合」的觀點呢？

至於「才性離」，顧名思義是主張才與性應區分來看待的。如果仍依照「才」指才華功能；而「性」指道德屬性層面的話，那麼才性離就是比較容易了解的「才」「德」離了。曹操所提倡的「唯才是舉」豈不是就是最好的「才德離」的例證嗎？當他說：「夫有行之士未必能進取，進取之士未必能有行也」（〈舉士令〉）就替「才性離」立了根基了。難怪陳寅恪先生在〈書世說新語文學類鍾會撰四本論始畢條後〉一文中認為當時對才性問題的看法和其政治背景密切聯繫，主張才性離、異者為曹氏黨羽，而主張才性合、同者為司馬氏黨羽。

然而這一切都只是推測，文獻不足，無能徵之。幸好對於本書來說，四本論的個別意義還不是最重要的，它們流行的情況、影響的層面，及其對美學發展趨勢所具有的價值，更重要。

（三）才性之辨的審美價值

才性之辨在魏晉之際流行的情況，前面已言及，而終魏晉南北朝之世，它始終是個熱門話題。有人以此擅場揚名，如殷浩：

> 殷中軍雖思慮通長，然於才性偏精。忽言及四本，便若湯池鐵城，無可攻之勢。（《世說新語·文學34》）
>
> 支道林、殷淵源俱在相王許，相王謂二人：「可試一交言，而才性殆

晃淵源崤兩之固，君其慎焉。」支初作，改轍遠之，數四交，不覺入其玄中。相王撫肩笑曰：「此自是其勝場，安可爭鋒！」（《世說新語・文學51》）

而除了支道林論才性稍遜之外，殷仲堪則更自承不諳四本：

殷仲堪精覈玄論，人謂莫不研究。殷乃歎曰：「使我解四本，談不翅爾。」（《世說新語・文學60》）

又《晉書卷四十九・阮裕傳》：

裕雖不博學，論難甚精。嘗問謝萬云：「未見《四本論》，君試為言之。」萬敘說既畢，裕以傅瑕為長，於是構辭數百言，精義入微，聞者皆嗟味之。

《世說新語・豪爽8》也載：

桓宣武平蜀，集參僚置酒於李勢殿。巴蜀縉紳，莫不來萃。桓既素有雄情爽氣，加爾日音調英發，敘古今成敗由人，存亡繫才，其狀磊落，一坐歎賞。

以上資料足以證明東晉時還有不少清談家從事《四本論》的研究與討論，人才問題也始終是文人關注的對象。甚至直至南朝，這樣的主題還在流行著。《南齊書卷五十四・顧歡傳》曰：

歡口不辯，善於著筆。著《三名論》，甚工，鍾會《四本》之流也。

《南史・隱逸・顧歡傳》亦曰：

會稽孔珪嘗登嶺尋歡，共談「四本」。歡曰：「蘭石危而密，宣國安而疏，士季似而非，公深謬而是。總而言之，其失則同；曲而辯之，其塗則異。何者？同昧其本而競談其末，猶未識辰緯而意斷南北。群迷暗爭，失得無準，情長則申，意短則屈。所以四本並通，莫能相塞，夫中理唯一，豈容有二？四本無正，失中故也。」於是著《三名論》以正之。

所以可知，終魏晉南北朝之世這樣的哲理思辨仍在進行，而這些討論，一再地將人的精力、注意力都集中在內在於人的才性問題上，因此使得魏晉哲學／美學從重德到重才、從外向價值認同到內在價值肯定的「人本趨勢」的發展，得到了最穩固的思辨的根基。一般哲學史上都將魏晉玄學分為「才性派」和「名理派」兩部份，〔註54〕因此可以說，魏晉玄學的一個主流，談

〔註54〕牟宗三先生曰：「名理一詞乃概括之通稱，而才性與玄理則是指謂之殊目。」

的就是才性問題。所以，和「文氣說」、「英雄論」不同的，「才性之辨」不再是單就一個文學理論、審美標準而立論，它是整個時代的學術思潮、社會和學術活動的主題之一。談論既廣，遂使得「『才性』成爲『德性』、『事功』和『認知』等活動背後之總決定力。」〔註55〕漢末以來從重德輕才到重才輕德的思潮，至才性論盛行之後可謂大事底定。對於魏晉美學「人本趨勢」的確立，才性論不但起著提供理論基礎的作用，並且是在社會和學術思想上，廣泛地做著奠基的工作。

　　這樣深刻而廣大的基礎奠定以後，所產生的影響是整個社會價值觀上的。在魏初，一般社會評價仍然以德統才，如鄴下文士路粹，少學於蔡邕，學高才富，與陳琳、阮瑀等同典記室，然因順曹操心意，枉狀奏請誅孔融，「融誅之後，人睹粹所作，無不嘉其才而忌其筆也。」（《後漢書卷七十·孔融傳》注引《典略》）路粹文名因而大受影響。然降至東晉，則常能屛絕德行問題，單就才情做審美判斷。如孫綽，史書云其「博涉經史，長於屬文」，少與許詢均有隱居之志，並曾作〈遂初賦〉以明其志，但後來許詢堅持到底，孫綽卻嬰淪世物，降節爲官。時人之評，「或重許高情，則鄙孫穢行；或愛孫才藻，而無取於許。」（《世說·品藻61》，本傳亦載，文字稍異）可見當時已有一派人士的審美眼光，可以單愛才藻，而無取於德操。這當然是才性之辨愈來愈傾向於「才性離」的關係。

　　於是，人本趨勢不但在曹丕的「文氣說」、劉劭的「英雄論」中得著了最佳闡釋與呈現，再經過這一番牽涉廣大層面、立論精深奧妙，而且吸引無數辯才投入的才性之辨，魏晉時期的以人爲主題的「人本趨勢」，就更是根基穩固了。

　　綜上所言，曹丕的「文氣說」標誌著審美意識的覺醒，從此以個性爲本位的審美觀念成爲價值主流；劉劭的「英雄論」則建立了人格美的新標準，從此內在智慧與力度的自然流露，取代了外在社會道德規範，成爲人格美的欣賞標準。魏晉之際的名士們再就著此一新的人物審美標準，做了一連串「才性之辨」，從而在哲學名理的角度爲前二者所形成的流行的審美風氣──以才、以智，而非以德爲美──提供了紮實的理念根基。前一項從創作的理論層面高揚人本精神；次一項實際從對人類自身的欣賞和品鑑的理論層面揭示了人本的眞諦；第三項則深究探索，藉名理的思辨徹底奠定人本精神的根基。

　　見《才性與玄理·魏晉名理正名》，頁242。然此說並不妨礙「才性派」之目。
〔註55〕勞思光《中國哲學史》第二冊，頁158。

在這論文藝創作，和論人物審美的兩大理論，以及對這兩大理論作名理研析和意含解析三方面的交相作用下，魏晉美學的「人本趨勢」奠定了穩固紮實的基礎，從而展開了它對魏晉美學在各方面的深刻的影響力。

第三節　人本趨勢對魏晉美學的影響

「人本趨勢」的確實奠定，是藝術審美理論中的「文氣說」、人物審美理論中的「英雄論」，和清談辯論中的「才性之辨」三方面交會作用的結果。它包含了文學、社會、哲學三個大範疇，而成為整個時代的精神標誌之一。因此它對於魏晉南北朝美學的影響，除了在具體的美的形態上，產生了許多直接以「人」作為對象的作品，如記錄人物生活點滴的巨著《世說新語》、描摹人物音容笑貌的「宮體詩」，和刻畫人物肌理神韻的「人物畫」等等之外，更為普遍而深刻的影響，則表現在社會風氣和時代思潮上，分別為「唯我之風」的產生；以及「生死之觀」的各方面討論和呈現。

一、唯我之風

以人的存在、人的個性、人的智慧為最高價值所在的本書所謂的「人本趨勢」，對魏晉美學最直接的影響，是在整個時代社會間吹起的一股自信、自負、自是的「唯我之風」。

蔡元培先生論及魏晉時期的時代思潮時，曾曰：

> 魏晉玄談家之思想，非截然舍儒而合於道佛也。彼蓋減裂而雜糅之。彼以道家之無為主義為本，而於佛家則僅取其厭世思想，於儒家則留其階級思想，及有命論。有階級思想，而道佛兩家之人類平等觀，儒佛兩家之利他主義，皆以不相容而去之。有厭世思想，則儒家之克己，道家之清淨，以至佛教之苦行，皆以為徒自拘苦而去之。有命論及無為主義，則儒家之積善，佛家之積度，又以為不相容而去之。於是其所餘之觀念，自等也，厭世也，有命而無可為也，遂集合而為苟生之唯我論矣。（《中國倫理學史》）〔註56〕

蔡先生以「苟生之唯我論」作為對於魏晉時期人生觀的總括，見解至為精闢。劉大杰《魏晉思想論》為之補充曰：「有命論與其說是出自儒家，不如說是出

〔註56〕此轉引自劉大杰《魏晉思想論》，頁 118。

自漢代染有道家思想的王充。而在魏晉時代這種思想的發展，卻完全是以當代流行的自然觀的宇宙學說為其基礎的。」如此則其說更圓滿。而劉大杰先生在〈魏晉時代的人生觀〉一文中首論「人性覺醒及其原因」，認為魏晉時代的人性覺醒「促成個人主義、自然主義的人生觀的發展。」而這個發展「有一個共同的特徵，便是反對人生的倫理化，而要求人性的返於自然。」〔註57〕彼二位先生所謂的「苟生的唯我論」，及「個人主義的人生觀」，與本文所謂的「唯我」的社會風氣，其實是一回事，此為魏晉時期的「人本趨勢」的最自然產物。

在先秦儒家，孔子自己為人「溫良恭儉讓」（《論語‧學而》），也教人以謙讓。故曰：「君子無所爭。必也射乎！揖讓而升，下而飲，其爭也君子。」（《論語‧八佾》）連射擊競技，都還講究「讓」，其餘可知。因為孔子認為「如有周公之才之美，使驕且吝，其餘不足觀也已。」（《論語‧泰伯》），故反對驕傲「兼人」〔註58〕的作風。其弟子顏淵最能體會此一教訓，而曰：「願無伐善，無施勞。」（《論語‧公冶長》）

漢儒們恪遵聖教，尤其敬謹謙遜，硜硜然不敢違背。觀班固批評屈原的話：「露才揚己，怨懟沈江」（〈離騷序〉），可見認為人應該有才而不露，「才」與「謙遜」之間，絕對選取後者。

曹操〈重功德令〉一出，展開一個以能力掛帥的新時風。在他「唯才是舉」的旗幟下，「露才揚己」正為名士英雄的進身之階，故逐漸成為時人之精神標竿。曹操自己也是個爽朗自信的人，觀其自敘：「設使國家無有孤，不知將幾人稱帝，幾人稱王。」（〈讓縣自明本志令〉）口氣多麼自豪；當其謂劉備曰：「今天下英雄，唯使君與操耳。」（《三國志卷三十二‧蜀書二‧先主傳》）態度又是多麼自負。受了他的影響，鄴下文士們「慷慨以任氣，磊落以使才。」（《文心‧明詩》）沒有人再以「露才」為恥了，反而「人人自謂握靈蛇之珠，家家自謂抱荊山之玉」（曹植〈與楊德祖書〉），爭相「謂己為賢」（曹丕《典論‧論文》）整個時代風氣，已在「個性本位」的趨勢中展開了唯我是尚的風貌。蓋因孔子曰：「當仁不讓於師」，而魏晉時期重才輕德，劉劭甚至認為應當「以智將仁」，則魏晉人士當然一變「當仁不讓」的態度，而改為「當智不讓」、「當我不讓」了。這是當時整個時代風氣所趨，也成了所謂「魏晉風度」的社會美、人格美的普

〔註57〕同上注。

〔註58〕《論語‧先進》：「求也退，故進之；由也兼人，故退之。」

遍流露中的重要因素。

降及兩晉南北朝，名士們在清談辯論時固然要舌戰群倫，極力表現自我的觀點，即連在品鑑人物、在日常應對之間，也都時時流露這種當「我」不讓的唯我作風，成爲當時和別的朝代極不相同的社會及審美特徵。以下從兩方面言之：

（一）唯我之風的內含

1. 謂己爲賢 —— 道德價值的全然排除

說到魏晉人士好以辯論爭勝，例如《世說新語‧品藻37》載：

> 桓大司馬下都，問眞長曰：「聞會稽王語奇進，爾邪？」劉曰：「極進，然故是第二流中人耳。」桓曰：「第一流復是誰？」劉曰：「正是我輩耳。」

劉眞長固然確實是善於辯論，《世說新語‧文學56》曾載：「殷中軍（殷浩）、孫安國（孫盛）、王、謝能言諸賢，悉在會稽王許，殷與孫共論『易象妙於見形』。孫語道合，意氣干雲。一座咸不安孫理，而辭不能屈。會稽王慨然嘆曰：『使眞長來，故應有以制彼。』既迎眞長，孫意己不如。眞長既至，先令孫自敘本理。孫麤說己語，亦覺殊不及向。劉便作二百許語，辭難簡切，孫理遂屈。一坐同時拊掌而笑，稱美良久。」在王、謝等「能言諸賢」均敵不過孫盛的情形下，唯獨劉眞長「有以制彼」，可見眞長確實能言善辯。但如此自稱是「第一流」辯士，毫不謙虛的態度，始自魏晉。

此「正是我輩耳」的態度口氣，頗似孟子說的「舍我其誰」。《孟子‧公孫丑下》記孟子回答充虞問何以「若有不豫色」時慷慨自陳：「夫天未欲平治天下也。如欲平治天下，當今之世，舍我其誰也！」孟子秉持著那個擁有內在自覺價值的德性本體的「我」，憂世憂民、憂道之不行，而欲一身當之，當他說「舍我其誰」之時，是將繼往開來、治國平天下的重任一肩擔起，這是「當仁不讓」的宣稱；隨著這宣稱而來的，是弘揚道統、平治天下的重責大任，故而令孟子憂心忡忡，而有不豫之色。然而劉眞長此處的「正是我輩耳」，卻全然無關乎「我」的德性本體，純粹就論辯之才、論辯之術而言，這當然是從魏晉之際的那股反抗傳統德行價值，高舉主體個性、才智的「人本趨勢」而來的人生觀、自我價值觀上的重大轉變。

這樣的例子在兩晉南北朝名士之間所在多有，俯拾即是，特別是在他們

品鑑群倫月旦人物之時，總是理直氣壯地排除一切道德標準，勇於「謂己爲賢」。如：

> 明帝問謝鯤：「君自謂何如庾亮？」答曰：「端委廟堂，使百僚準則，
> 臣不如亮；一丘一壑，自謂過之。」（《世說新語·品藻 17》）

> 庾道季云：「思理倫和，吾愧康伯；志力彊正，吾愧文度。自此以還，
> 吾皆百之。」（《世說新語·品藻 63》）

> 撫軍問殷浩：「卿定何如裴逸民？」良久答曰：「故當勝耳。」（《世
> 說新語·品藻 34》）

謝鯤之言表現了兩種審美觀，謂庾亮可以端委廟堂，爲百官準則，是政治型的良材；然而論胸中丘壑，自己則超過庾亮。這是比較兩種人格之美，而充滿自信。以當時代的整個社會的審美趨勢來說，也確實是謝鯤的自然氣度取勝。庾道季（庾龢）之語也是如此，談的是不同的審美範疇，並且也還承認在思理、志力方面，自嘆不如，其他部份方可稱雄。然一句「吾皆百之！」何其目空一切！而至於殷浩，更是捨審美範疇不論，就全人觀點發出自己「故當勝耳」的豪語，口氣是更大了。

　　這所謂「謂己爲賢」的自視態度，還不只是在談論時品鑑人物而已，日常生活中的對話，也同樣毫不退縮。《世說新語·品藻 3》又載：

> 顧邵嘗與龐士元宿語，問曰：「聞子名知人，吾與足下孰愈？」曰：
> 「陶冶世俗，與時浮沉，吾不如子。論王霸之餘策，覽倚伏之要害，
> 吾似有一日之長。」邵亦安其言。

連當面談話，都毫不假以詞色，其餘更無論矣。據《三國志卷五十二·吳書七·顧邵傳》載：「邵好樂人倫，少與舅陸績齊名，而陸遜、張敦、卜靜等皆亞焉。自州郡庶幾及四方人事，往來相見，或言議而去，或結厚而別，風聲流聞，遠近稱之。」自也是一方俊傑。故龐士元稱之能「陶冶世俗，與時浮沈」。但觀士元之語，此「陶冶世俗，與時浮沈」之能顯然僅是陪襯鋪墊語，重點是下文說自己的「論王霸之餘策，覽倚伏之要害」的那些「長」處。然則似乎在所有重要的政策意見和洞鑑器識上，我都比你強！有趣的是，士元如此託大不遜的口氣，以顧邵之能，卻亦未加批駁，反而「亦安其言」。裴注引〈吳錄〉於此處曰：「邵安其言，更親之。」固然士元確有奇才，然而不論龐士元的自負口氣，或顧邵的接納態度，都是此一時代的特殊時代風氣。

　　朋友之間謂己爲賢尚且不足爲奇，王獻之在論及書藝時，甚至連乃父也

不肯相讓。《世說新語‧品藻 75》載：

> 謝公問王子敬：「君書何如君家尊？」答曰：「固當不同。」公曰：「外
> 人論殊不爾。」王曰：「外人那得知？」

> 註又引宋明帝《文章志》曰：「獻之善隸書，變右軍法爲今體，字畫
> 秀媚，妙絕時倫，與父俱得名。其章草疏弱，殊不及父。或訊獻之
> 云：「羲之書勝不？」「莫能判。」有問羲之云：「世論卿書不逮獻之？」
> 答曰：「殊不爾也。」他日見獻之，問：「尊君書何如？」獻之不答。

> 又問：「論者云，君固當不如？」獻之笑而答曰：「人那得知之也！」

近人余嘉錫先生《世說新語箋疏》註此條時，連引《法書要錄》中兩例證，
說明謝安亦能書，頗自重其書，且素重右軍而輕子敬，故曰「所謂『外人那
得知？』者，即以隱斥安石，非真與其父爭名也。」[註59] 可謂曲意爲子敬
辯護。其實，若明白魏晉人士的唯我特質，則此辯護其實無甚必要。

當時在人本精神的影響下，人物品鑑的標準都是落在才性、智能方面談
的，可以和德行操守完全分隔開來。如孫綽、許詢二人同爲玄言詩大家，素
來並稱，然而正如宋明帝《文章志》曰：「綽博涉經史，長於屬文，與許詢俱
與負俗之談。詢卒不降志，而綽嬰綸世物焉。」二人德操完全不同。《續晉陽
秋》曰：「綽雖有文才，而誕縱多穢行，時人鄙之。」[註60] 然《世說新語》
載：

> 支道林問孫興公：「君何如許掾？」孫曰：「高情遠致，弟子早已服
> 膺；一吟一詠，許將北面。」（《品藻 54》）

> 孫興公、許玄度皆一時名流，或重許高情，則鄙孫穢行；或愛孫才
> 藻，而無取於許。（《品藻 61》）

從後一則可知，時人之人物品鑑似乎可分兩派，一派重高風亮節，則孫綽雖
有才識亦因穢行而見鄙；另一派則可以完全將才藻獨立以觀，則愛孫而無取
於許。這種以才藻定品倫的評鑑標準當然是經過前述之「人本趨勢」的長期
發展而得以奠定於人心的。而至於從《品藻 54》孫綽回答支道林的話看來，
人在「謂己爲賢」之時，更是可以完全地將「高情遠致」之「德」；與「一吟
一詠」之「才」徹底劃分，毫無愧色。「人本趨勢」的從根處影響人的價值觀，
可見一斑。

〔註59〕見該書頁 539。
〔註60〕上二語皆見《世說新語‧品藻 61》裴注引。

2. 我寧做我 —— 欣趣判斷的自我肯定

這種將德行與才能判然二分的思考方式，落到人身上，產生的效應之一，是也能將人與我分開，而給予他人完全的尊重。這也是和兩漢時代「獨」尊儒術所造成的一言堂的統一觀點很不相同的。關於這一點，《世說新語・方正20》有一則有趣的記載：

> 王太尉不與庾子嵩交，庾卿之不置。王曰：「君不得為爾。」庾曰：
> 「卿自君我，我自卿卿。我自用我法，卿自用卿法。」

「我自用我法，卿自用卿法」，絲毫不以對方的不與己交為忤，是因為認清了「卿自君我，我自卿卿」，卿與我為兩個不相同的個體、兩個不相涉的概念，因此卿自做卿之「我」的君，並且自可以決定對待我之「我」的方式（君我）；而我也是我個人的君，也可以決定我對卿之對待，於是我便決定仍然要「我自卿卿」，並且還「卿之不置」。這是將人本精神中對自我個性之充分肯定做進一步放大，從而真正將人的（不僅止於我自己的）自我當作一個整全的生命人格體，純粹就此生命體做直接的欣賞品鑑，與自處和相處之姿態的判斷。這樣的人物審美判斷不但獨立於道德、甚至獨立於彼人對我之判斷的反應之外，達到如上文所引牟宗三先生所謂的「猶之乎品鑑一個藝術品一樣」的審美心理狀態。

如此，在「人本趨勢」發展成熟之後，魏晉人物品鑑的審美心理，是將人當作一個獨立的、純粹的藝術個體，來欣賞、品評其生命姿態。這樣的品鑑，牟宗三先生認為是「直接就個體的生命人格，整全地、如其為人地而品鑑之。」（引文見上），而這種論述形態，牟先生說：「我們可以叫它是『美學的判斷』，或『欣趣的判斷』」〔註61〕了解了魏晉美學在人物品鑑上的這一個特點，才能將人物品鑑與其他的美學、甚至整個學術研究連貫起來，不至於「向聲背實，闇於自見」。誠如牟宗三先生說：「這種了解才是真正關於人的學問，乃是中國學術文化中所特著重的一個方向。」〔註62〕

從此也才能明瞭，魏晉人士之所以每每「謂己為賢」，在自信、自負的背後，也植基於已經將這個「我」的生命個體，當作了一個純粹自然的生命姿態，而在做一種欣趣地、「如其為人地」美感判斷。這與所謂驕傲自大當然不可同日而語。審美心理發展到這樣的狀態，才真的是一無掛礙，了無牽絆，

〔註61〕《才性與玄理》，頁44。
〔註62〕同上。

而充滿了生機，與欣趣。最典型的，是《世說新語‧品藻35》的這個記載：

> 桓公少與殷侯齊名，常有競心，桓問殷：「卿何如我？」殷云：「我
> 與我周旋久，寧做我。」

桓溫出自軍政世家，是當時有名的糾糾武夫，勢力如日中天，殷浩一介名士，面對強豪之逼問，而從容不迫地發此「我寧做我」之論，內在生命的貞定、堅實，以及對此堅實貞定之生命的「如其為人」的、獨立於一切背景、勢力、價值之外的純粹美感的欣趣判斷，藉此彰顯無遺。這是一種「充實而有光輝」的真正的自我肯定，而非虛張聲勢的傲慢態度。因此，據《晉書卷七十七‧殷浩傳》載：「溫既以雄豪自許，每輕浩，浩不之憚也。」堅實的內在生命力量使人一無所懼，而能不為之憚。其後果然「簡文以浩有盛名，朝野推伏，故引為心膂，以抗於溫。」孔子所謂的「勇者不懼」，不料在魏晉時期因為人本精神的高度發揮，而得到了另一種解釋。

這樣因為充分肯定自我而產生的「無懼」，帶來了審美心理的自由，即使君王當前，亦無憂無懼，並且無須謙讓。《南齊書卷三十三‧王僧虔傳》載僧虔對於自己書法藝術的造詣，自信十足，絕不多讓：

> 太祖善書，及即位，篤好不已。與僧虔賭書畢，謂僧虔曰：「誰為第
> 一？」僧虔曰：「臣書第一，陛下亦第一。」上笑曰：「卿可謂善自
> 為謀矣。」

在才分，特別在藝術面前，人人平等！如此才能談審美判斷、談美學發展。魏晉美學的人本趨勢，其真諦就在於此。

（二）唯我之風的影響

魏晉美學的人本趨勢所造成的社會美學上的唯我之風，不僅表現在人物品鑑上，經過與傳統儒家之謙遜教導完全不同的「謂己為賢」之途徑，而產生「我寧做我」的堅實的自我肯定，其真正的影響還在於創作、學術上崇尚獨創的見解，以及，也落在社會美學上的，任誕之風。今分述於下：

1. 以獨創為貴

既然將每個人的自我都做成了一個獨立的、如一個藝術品般的審美對象，那麼每個自我就都有其獨特的生命姿態必須尊重，於是模仿不但是橫行插入，干擾了他人的生命綻現；對自己的生命情態也是一種放棄和不尊重。反對模擬，是魏晉人士一貫的學術態度。

最早具體提出詞貴獨創之見解的魏晉人士，是西晉初年的陸機。他在那篇有名的文學理論作品〈文賦〉中，歷述文學創作之動機、過程、方法，以及文體的類別、文章之弊病等各方面的看法，而特別強調獨創，反對模擬。他說：

> 收百世之闕文，採千載之遺韻。謝朝華於已披，啓夕秀於未振。觀古今於須臾，撫四海於一瞬。(〈文賦〉)

在文章的構思階段，就要謝已披之華、啓未振之秀，發古人之所未發，言前人之所未言。而在實際措詞之時，更要：

> 或藻思綺合，清麗芊眠。炳若縟繡，悽若繁絃。必所擬之不殊，乃闇合於曩篇。雖杼軸於予懷，怵他人之我先。苟傷廉而愆義，亦雖愛而必捐。(同上)

陸機的文學思想，和他自己的文學創作、形式風格各方面，很大的一部份都在強調「雖杼軸於予懷，怵他人之我先」，必求具有特色。就連無意中與前人作品闇合之處，也都必須割愛。

不只文學理論以獨創為貴，在當時的清談之中，也看重人的創見。《世說新語·文學27》載殷浩對韓康伯的稱讚：

> 殷中軍云：康伯未得我牙後慧。

> 注引〈殷浩別傳〉云：浩善老、易，能清言。

韓伯字康伯，為殷浩之外甥，殷浩學識廣博、名聲顯著，然康伯從不拾其牙慧，總能獨抒己見。難怪自幼殷浩便對之賞識有加，曾曰：「康伯能自標置，居然是出群之器。」(《晉書卷七十五·韓伯傳》)可見他自少時即「能自標置」，獨有見解。長成後註解《周易》，卓然有成，前引《世說新語·品藻63》庾道季之言：「思理倫和，吾愧康伯；志力彊正，吾愧文度。自此以還，吾皆百之。」其事亦見於康伯本傳，可見屬實。其為人所敬重，植因於把握了獨創的精神。

《世說新語》又載：

> 王中郎與林公絕不相得。王謂林公詭辯，林公道王云：「著膩顏帢，縫布單衣，挾《左傳》，逐鄭康成車後，問是何物塵垢囊！」(〈輕詆21〉)

王坦之（按，即前文「志力彊正」之王文度）與支道林的不合應當只是意氣之見，王責支以詭辯，雖然從《世說新語》看來，並非無據，然而和支道林對其抄襲模仿的指責比較起來，終究缺乏氣勢。「挾《左傳》，逐鄭康成車後」，

支公此評實尖利無比，不似出家人語。另外，〈輕詆 25〉亦載：「王北中郎不爲林公所知，乃著《論沙門不得爲高士論》大略云……」二人在當時可謂爭論不休。近人余嘉錫《世說新語箋疏》云：「……由此可知坦之獨抱遺經，謹守家法，故能闢莊周之非儒道，箴謝安之好聲律。名言正論，冠絕當時。夫奏簫韶於溱洧，襲冠裳於裸國，固宜爲眾喙之所咻，群犬之所吠矣。若支遁者，希聞至道，徒資利口，嗔癡太重，我相未除，曾不得爲善知識，惡足稱高逸沙門乎？」是支持王坦之的。今撇開二人恩怨是非不論，但觀支遁僅以模仿一事，即可譏王，魏晉人對於獨創的重視，使得整個社會價值以創新爲貴，甚至標新立異亦在所不辭（故走上任誕之路），而一旦涉嫌模仿，便大有十目所指，人人可以大加撻伐之狀。此皆人本精神所造成的貴我、唯我思想所影響也。

　　另如《南齊書卷四十一‧張融傳》載融〈門律自序〉，其文學主張即「反模擬」，有曰：「丈夫當刪詩書，制禮樂，何至因循寄人籬下！」的強勢語。貴獨創的思想，終魏晉南北朝之世，未嘗稍息。

　　於此須附帶說明的是，魏晉時以獨創爲貴的主張，在於言談舉止，更重要的是在於文學創作和哲理思辨上，強調要有創發獨見。至於生活中的服飾器物等使用習慣，則常有一窩風跟進的現象。自漢末郭泰的「林宗巾」、曹操的「古皮弁」等，都因人而風行一時。葛洪《抱朴子‧譏惑》：「喪亂以來，事物屢變，冠履衣服，袖袂裁製，日月改易，無復一定，乍長乍短，一廣一狹，忽高忽卑，或粗或細，所飾無常，以同爲快。」此風至南北朝不改。《宋書卷三十‧五行志》亦載此類例證頗多，如：「明帝初，司徒建安王休仁統軍赭圻，制烏紗帽，反抽帽裙，民間謂之『司徒狀』，京邑翕然相尚。」等。可見魏晉人雖文貴獨創，服飾上卻「以同爲快」。這是和當時愛美的風尚息息相關的，屬於另一個審美層次。

2. 以任誕為美

　　唯我之風表現在社會行爲上，則成爲一股任誕的士風。

　　若論任誕之起因，前文所謂曹操所樹立的人格美新形象，恐怕難脫關係。《三國志卷一‧武帝紀》注引《曹瞞傳》記曹操少時好飛鷹走狗，遊蕩無度，一副游俠作風。又曰：

> 太祖爲人佻易無威重，好音樂，倡優在側，常以日達夕。被服輕綃，身自佩小鞶囊，以盛手巾細物，時或冠帢帽以見賓客。每與人談論，

> 戲弄言誦，盡無所隱，及歡悅大笑，至以頭沒杯案中，肴膳皆沾汙巾幘，其輕易如此。

這種魯迅所謂「通脫」的行為，可謂任誕的先聲。至其子曹丕，則生性好騎善射：

> 生於中平之季，長於戎旅之間，是以少好弓馬，於今不衰，逐禽輒十里，騎射常百步，日多體健，心每不厭。時歲之暮春，句芒司節，和風扇物，弓燥手柔，草淺獸肥，與族兄子丹（曹真）獵於鄴西，終日手獲麋鹿九，雉兔三十。（《三國志卷二‧文帝紀》注引《典論‧自序》）

> 魏文帝居諒闇之始，便數出遊獵，體貌不重，風尚通脫。（《宋書卷三十‧五行志》）

到魏明帝時，這種遊獵成為風尚，以至朝廷屢頒獵法，畫定禁獵範圍。觀《三國志卷二十四‧高柔傳》：「時獵法甚峻」、「頃復有獵禁」等記載，當時好遊獵、廣禁苑的傾向，是普遍流行的，而這都是和東漢的儒雅之風很不相同的。

曹丕的行事作風也與乃翁同樣地豪放通脫。觀他和建安文士們「行則連輿，止則接席」（〈與吳質書〉）的相處情形可知。《世說新語‧傷逝1》也曾載：

> 王仲宣好驢鳴。既葬，文帝臨其喪，顧與同遊曰：「王好驢鳴，可各作一聲以送之。」赴客皆一作驢鳴。

此說雖不一定可信，但可見曹丕行事為人之自然風格。曹氏父子主政多年，他們的性格為人影響士風至鉅。故《晉書卷四十七‧傅玄傳》載玄〈舉清遠疏〉曰：

> 近者魏武好法術，而天下貴刑名；魏文慕通達，而天下賤守節，其後綱維不攝，而虛無放誕之言盈於朝野，使天下無復清議，而亡秦之病復發於今。

也認為曹丕的喜愛通達，導致虛無放誕之風。不過更重要的原因應該還是時勢所逼。

魏晉之際，人本的趨勢明顯了、個性主體的價值彰顯了，而政治的壓迫更盛、危機更深。名士動輒得咎，難以全身，遂紛紛不與世事，傲誕為常。阮籍為此中代表人物。《晉書卷四十九‧阮籍傳》載：

> 籍本有濟世志，屬魏晉之際，天下多故，名士少有全者，籍由是不與世事，遂酣飲為常。

當時的任誕之士，多半都和阮籍一樣，別有苦衷。乃因政治上的黑暗，加上正在風起雲湧的個性本位人本趨勢，兩相作用，名士遂酣飲爲常，任誕不已。《晉書卷四十九‧阮籍傳》這樣記載阮籍的任誕行爲：

> 文帝初欲爲武帝求婚於籍，籍醉六十日，不得言而止。鍾會數以時事問之，欲因其可否而致之罪，皆以酣醉獲免。……有司言有子殺母者，籍曰：「嘻！殺父乃可，至殺母乎！」坐者怪其失言。帝曰：「殺父，天下之極惡，而以爲可乎？」籍曰：「禽獸知母而不知父，殺父，禽獸之類也。殺母，禽獸之不若。」眾乃悅服。……籍雖不拘禮教，然發言玄遠，口不臧否人物。性至孝，母終，正與人圍棋，對者求止，籍留與決賭。既而飲酒二斗，舉聲一號，吐血數升。及將葬，食一蒸肫，飲二斗酒，然後臨訣，直言窮矣，舉聲一號，因又吐血數升。毀瘠骨立，殆致滅性。裴楷往弔之，籍散髮箕踞，醉而直視，楷弔唁畢便去。或問楷：「凡弔者，主哭，客乃爲禮。籍既不哭，君何爲哭？」楷曰：「阮籍既方外之士，故不崇禮典。我俗中之士，故以軌儀自居。」時人歎爲兩得。籍又能爲青白眼，見禮俗之士，以白眼對之。及嵇喜來弔，籍作白眼，喜不懌而退。喜弟康聞之，乃齎酒挾琴造焉，籍大悅，乃見青眼。由是禮法之士疾之若讎，而帝每保護之。
>
> 籍嫂嘗歸寧，籍相見與別。或譏之，籍曰：「禮豈爲我設邪！」鄰家少婦有美色，當壚沽酒。籍嘗詣飲，醉，便臥其側。籍既不自嫌，其夫察之，亦不疑也。兵家女有才色，未嫁而死。籍不識其父兄，徑往哭之，盡哀而還。其外坦蕩而內淳至，皆此類也。時率意獨駕，不由徑路，車跡所窮，輒慟哭而反。嘗登廣武，觀楚漢戰處，嘆曰：「時無英雄，使豎子成名！」

由是得知，阮籍的種種任誕之行，是一種與少年時期的濟世之志背道而馳的自我放逐；是一種苟全性命於亂世的非常手段。他藉酒裝瘋，以脫離政壇明爭暗鬥的是非圈外；他奇言異行，以宣洩心中多少欲說還休的抗議和委屈。在那個「名士少有全者」的無常的時代裡，他依違其間，雖「禮法之士疾之若讎，而帝每保護之」，得以全身而退，端賴此等傲誕放達的行爲。《晉書卷四十九‧阮籍傳》又載，其子阮渾有父風，亦慕通達，不飾小節，籍謂曰：「仲容（按，即竹林七賢中的阮咸）已豫吾此流，汝不得復爾！」明顯他絲毫不

以豫於「此流」爲榮爲樂。亂世之人皆有不得已之苦處，孟子的不得已以好辯顯示；阮籍連辯亦絕無可能，故僅能以任誕做消極抵抗。

　　《世說新語·任誕 51》載王孝伯問王大：「阮籍何如司馬相如？」王大曰：「阮籍胸中壘塊，故須酒澆之。」劉孝標注云：「言阮皆同相如，而飲酒異耳。」魏晉人在「文氣說」對揚「情志說」的人本趨勢的影響下，多談才智，少及志向，故對於阮籍，未以其濟世之志爲問，而以司馬相如做比，是都看到了阮籍那隱藏在外表之狂誕行爲之下的內在才性和懷抱。他是如牟宗三先生所說「是天地之逸氣，亦是天地之棄才」〔註63〕的名士的代表。一句「阮籍胸中壘塊，故須酒澆之。」道盡多少辛酸！他的任誕，一如他的詩歌一樣，都是「厥旨淵放，歸趣難求」（鍾嶸《詩品》語）的，設使阮籍生當司馬相如之盛世，該當是何等局面之人物！

　　不過阮籍因爲「外坦蕩而內淳至」，行爲看起來雖是唯我獨尊，目中無人、無法、無禮亦無理，卻總是尚有分寸，也耐人尋味。至於其餘的竹林狂士們，就每下愈況了：

> 劉伶恆縱酒放達，或脫衣裸形在屋中，人見譏之。伶曰：「我以天地爲棟宇，室屋爲褌衣，諸君何爲入我褌中？」（《世說新語·任誕6》）
>
> 諸阮皆飲酒，咸至，宗人間共集，不復用杯觴斟酌。以大盆盛酒，圓坐相向，大酌更飲。時有群豕來飲其酒，阮咸直接去其上，便共飲之。（《晉書卷四十九·阮咸傳》）
>
> 謝鯤鄰家女有色，鯤嘗挑之，女投梭折其兩齒。時人爲之語曰：「任達不已，幼輿（鯤字）折齒。」（《晉書卷四十九·謝鯤傳》）
>
> （胡母）輔之、謝鯤、阮放、畢卓、羊曼、桓彝、阮孚散髮裸裎，閉室酣飲已累日，（光）逸將排戶入，守者不聽，逸便於戶外脫衣，露頭於狗竇中，窺之而大叫。輔之驚曰：「他人決不能爾，必我孟祖也。」遽呼入，遂與飲，不捨晝夜，時人謂之八達。（《晉書卷四十九·光逸傳》）

這樣的行爲，是已經走上荒唐和糜爛的不歸路了。故晉葛洪《抱朴子·疾謬》力斥其非：

> 漢之末世，則異於茲。蓬髮亂鬢，橫挾不帶，或褻衣以接人，或裸

〔註63〕《才性與玄理·名士一格之出現》，見該書頁 70。

袒而箕踞。朋友之集，類味之遊，莫切切進德，闇闇修業，攻過弼違，講道精義。其相見也，不復敘離闊，問安否，賓則入門而呼奴，主則望客而喚狗。其或不爾，不成親至而棄之，不與為黨。及好會，則狐蹲牛飲，爭食競割，攣撥淼摺，無復廉恥，以同此者為泰，以不爾者為劣。終日無及義之言，徹夜無箴規之益，誣引老莊，貴於率任，大行不顧細禮，至人不拘檢括，嘯傲縱逸，謂之體道。嗚呼惜乎，豈不哀哉！

所謂「唯我之風」的「我」字，應當來自於前文所云一切內在價值的回歸、探索、省思、與發揚，即如阮籍等人的消極抵抗的作風，也還來自於「胸中壘塊」，都是內在鬱勃、壯美生命的映現。仿效者未及此一層，只規模其外現之行為舉止。這無異是切斷了內在的生機動力，於是不但那漢末以來披荊斬棘爭取而來的一線價值自覺橫遭摧殘；連「人之所以異於禽獸者」的那一點存在的尊嚴，也都隱沒不彰了。故一落而為「窮斯濫矣」的卑情下品。此前引蔡元培先生所謂「苟生之唯我論矣」，實「唯我之風」之歧途、「人本趨勢」之禍殃。

西晉以後，士人的行為更增淫亂醜穢。《宋書卷三十‧五行志》曰：

晉惠帝元康中，貴遊子弟相與為散髮裸身之飲，對弄婢妾。逆之者傷好，非之者負譏。希世之士，恥不與焉。

故當時樂廣即有感而發曰：「名教中自有樂地，何至於此？」（《世說新語‧任誕 13》注引《竹林七賢論》）王孝伯亦諷刺曰：「名士不必須奇才。但使常得無事，痛飲酒，熟讀〈離騷〉，便可稱名士。」（《世說新語‧任誕 53》）余嘉錫箋疏云：「自恭有此說，而世之輕薄少年，略識之無，附庸風雅者，皆高自位置，紛紛自稱名士，致使此輩車載斗量，亦復何益於天下哉？」

《晉書卷七十‧應詹傳》亦載應詹於東晉元帝時上疏陳便宜曰：

性相近，習相遠，訓導之風，宜慎所好。魏正始之間，蔚為文林。元康以來，賤經尚道，以玄虛宏放為夷達，以儒術清儉為鄙俗。永嘉之弊，未必不由此也。……

《晉書卷九十四‧隱逸傳‧戴逵傳》載逵著《放達為非道論》亦曰：

……若元康之人，可謂好遁跡而不求其本，故有捐本徇末之弊，舍實逐聲之行，是猶美西施而學其顰眉，慕有道而折其巾角，所以為慕者，非其所以為美，徒貴貌似而已矣。夫紫之亂朱，以其似朱也。

故鄉愿似中和，所以亂德；放者似達，所以亂道。然竹林之爲放，

有疾而爲顰者也；元康之爲放，無德而折巾者也，可無察乎！

數百年後，清初顧炎武由於身遭亡國之痛，對明末文人的風氣卑劣深惡痛絕，因而其著《日知錄》於魏晉風氣亦深致意焉，而謂：

名士風流，盛於雒下，乃其棄經典而尚老莊，滅禮法而崇放達，視

其主之顛危若路人然，即此諸賢爲之倡也，自此以後，競相祖述……

以致國亡於上，教淪於下，羌戎互譜，君臣屢易，非林下諸賢之咎

而誰咎哉？（《日知錄・正始》）

不容諱言的，魏晉時期的唯我之風表現在任誕的行爲上，確實時有過激之處。尤其元康以後，假任誕之名行越禮放蕩之實，非出於內在價值之反照，而徒爲利其恣縱任行而已。實爲唯我精神發展中之一大歧途。故從當時至後世，皆譏評不斷。然細觀《世說新語・任誕》，亦有不少滋味絕佳者穿插其間，同樣令人低迴不已，則亦不可一概抹煞之。如：

羅友作荊州從事，桓宣武爲王車騎集別。友進坐良久，辭出，宣武

曰：「卿向欲咨事，何以便去？」答曰：「友聞白羊肉美，一生未曾

得吃，故冒求前耳。無事可咨。今已飽，不復須駐。」了無慚色。（44）

王子猷居山陰，夜大雪，眠覺，開室，命酌酒。四望皎然，因起彷

徨，詠左思〈招隱詩〉，忽憶戴安道，時戴在剡，即便夜乘小船就之。

經宿方至。造門不前而返。人問其故，王曰：「吾本乘興而行，興盡

而返，何必見戴？」（47）

王子猷出都，尚在渚下。舊聞桓子野善吹笛，而不相識。遇桓於岸

上過，王在船中，客有識之者云：「是桓子野。」王便令人與相聞云：

「聞君善吹笛，試爲我一奏。」桓時已貴顯，素聞王名，即便回下

車，踞胡床，爲作三調。弄畢，便上車去。客主不交一言。（49）

故知任誕之風在西晉元康年間一度墮落成恣縱任行，而過江以後，名士們痛定思痛，亦皆回返於內心觀照，而能再次顯出價值自覺之光芒。「任誕之風」發揮如羅友、王子猷、桓子野等人者，爲無欲無求、自在來去、一無掛礙，此「唯顯一逸氣而無所成」〔註64〕之眞名士人格也。

〔註64〕同上註。

一、生死之觀

由於自覺了人的存在、體驗了個性主體的內在永恆價值，魏晉人士給予生死問題以前所未有的關切。直接對於生死問題本身的討論，終魏晉南北朝之世未曾斷絕；而當時各人面對生死問題而採取的因應方式，也較其他時期之人鮮明得多。

（一）生死之觀的內含

1. 憂生之嗟 —— 對生命之獨特的獨特哀傷

經過漢末古詩十九首中對於「死生新故」之感的抒發、建安文士對於社會流離亂象的描寫，魏晉人士警覺了生命無常的必然，他們的第一個反應，是接續詩人的餘緒，做最深沈的嗟歎。這就是王瑤先生所說：「我們念魏晉人的詩，感到最普遍，最深刻，能激動人心的，便是那在詩中充滿了時光飄忽和人生短促的思想與情感，阮籍這樣，陶淵明也是這樣，每個大家，無不如此。」〔註65〕

其實第一個發出這種「人生短促的思想與情感」的大家，是曹操。前文言他是當時代「英雄」人格的典型，彷彿應當雄豪之氣干雲，略無消沈之時才對，但其實終曹操一生，死亡對他的壓迫從未停止過，也許是因為久歷戰場，他對於生死存亡，感慨特深，試觀他的詩作：

> 厥初生，造化之陶物，莫不有終期。聖賢不能免，何為懷此憂？……
> 周孔聖徂落，會稽以填丘，陶陶誰能度？（〈精列〉）
>
> 對酒當歌，人生幾何？譬如朝露，去日苦多。慨當以慷，憂思難忘。
> 何以解憂？唯有杜康！……（〈短歌行〉）

曹操深知造化陶物，莫不有終，人類在時間的洪流中，被沖刷、遭淘汰，乃「聖賢不能免」的唯一必然。位勢薰天如他，也自知「陶陶誰能度」！這樣的一種「憂思難忘」，和他的雄才大略、豪邁不羈緊密結合，才真正完成了前文一再強調的「內在壯美」的「英雄」人格。《昭明文選》卷六十陸機〈弔魏武帝文〉載曹操臨終顧命，託付幼子而泣下，又曰：

> 吾婕妤妓人皆著銅雀臺，於臺堂上施八尺床，張繐帳，朝晡上脯糒
> 之屬，月朝十五，輒向帳做妓，汝等時時登銅雀臺，望吾西陵墓田。
> 又云：餘香可分與諸夫人，諸舍中無所為，學做履組賣也。吾歷官

〔註65〕《中古文學史論・文人與藥》

所得綬，皆著藏中，吾餘衣裘可別爲一藏，不能者兄弟可共分之。……

奏妓分香，解綬散衣，英雄曹操，不但未能度越造化之弄，甚至較一般人更顯得哀傷無邊。瞻望西陵，如此風流人物亦竟隨浪花淘盡！曹操死後七十八年，陸機於晉元康八年見其遺令，仍不免爲之「慨然嘆息，傷懷者久」而弔之曰：

> 夫以迴天倒日之力，而不能振形骸之內；濟世夷難之智，而受困魏闕之下，已而格乎上下者，藏於區區之木；光於四表者，翳乎蕞爾之土。雄心摧於弱情；壯圖終於哀志。長箅屈於短日，遠跡頓於促路。嗚呼！豈特瞽史之異闕景、黔黎之怪頹岸乎！

其實此感豈止限於陸機與曹操，魏晉文人無一不隨時在深沈的生命憂傷中咨嗟浩歎，不能自已。更何況魏晉以後時政黑暗，文人生命朝不保夕，連最基本的免於恐懼的生存尊嚴都不能擁有，難怪他們既憂既懼，且哀且憤。對於生命的存亡消散、人生的脆弱多故，魏晉人士寄與了最多的筆墨、最重的哀怨！《文選》李善注評阮籍云：

> 嗣宗身仕亂朝，常恐罹謗遇禍，因茲發詠，故每有憂生之嗟。

然而豈止阮籍的〈詠懷八十二首〉，打開魏晉南北朝詩集，哪一個人不是「每有憂生之嗟」！再看他們的生活言行，死亡的陰影似乎如影隨形，無處不在。

《晉書卷九十三·外戚列傳·王濛傳》：

> （王濛）疾漸篤，於燈下轉麈尾視之，歎曰：「如此人，曾不得四十也！」年三十九卒。臨殯，劉惔以犀把麈尾置棺中，因慟絕久之。

《南史卷四十二·豫章文獻王蕭嶷傳》：

> 上幸嶷邸，後堂設金石樂，宮人畢至。登桐臺，使嶷著烏紗帽，極日盡歡，敕嶷備家人之禮。嶷謂上曰：「古來言願陛下壽比南山，或稱萬歲，此殆近貌言。如臣所懷，實願陛下極壽百年亦足矣。」上曰：「百年復何可得，止得東西一百，於事亦濟。」因相執流涕。

從兩晉至南北朝，從帝王將相到布衣百姓，無不臨生死之節即哀痛欲絕，情不能已。此固然因爲魏晉人多情（詳下章），也植因於對個體生命乃獨立於群體生命，具有獨特價值的「人本」之體悟，已經普遍深入人心之故。魏晉人深感生命獨特，不依屬於任何外在標準，僅因內在本色而無價。但是生命既是短程的，稍縱即逝；又是單向前進的，永不能回頭、也永不能再現！再加

上霜露癘疫、兵燹刀斧種種的摧殘迫害，隨時都在挑戰著人的存在能力，以人之肉身面對命運的必然，和時代的兇殘，何其不成比例！既然獨特、既然無價，為何又同時這般脆弱易逝？他們對於這二者的矛盾絕不能釋懷。覽《世說新語・傷逝》，通篇祝予之嘆、碎琴之悲，「欲絕」「幾絕」「慟絕」「痛悼」之詞不斷，生之憂傷，在魏晉時期似乎較其他時代更顯得肝腸寸斷，殆即因此。再看以下數例：

> 孫子荊以有才，少所推服，唯雅敬王武子。武子喪時，名士無不至者，子荊後來，臨屍慟哭，賓客莫不垂涕。哭畢，向靈床曰：「卿常好我作驢鳴，今我為卿作。」體似聲真，〔註66〕賓客皆笑。孫舉頭曰：「使君輩存，令此人死！」（3）

> 王子猷、子敬俱病篤，而子敬先亡。子猷問左右：「何以都不聞消息？此已喪矣！」語時了不悲，便索輿來奔喪，都不哭。子敬素好琴，便徑入坐靈床上，取子敬琴彈。弦既不調，擲地云：「子敬，子敬，人琴俱亡！」因慟絕良久，月餘亦卒。（16）

> 王東亭與謝公交惡，王在東聞謝喪，便出都詣子敬道：「欲哭謝公。」子敬始臥，聞其言，便驚起曰：「所望於法護。」王於是往哭。都帥刁約不聽前，曰：「官平生在時，不見此客。」王亦不與語，直前，哭甚慟，不執末婢手而退。（15）

或友朋，或手足，或宿仇，臨喪未有不盡哀者。證諸前文引《晉書卷四十九・阮籍傳》載阮籍哭弔素不相識的兵家女，雖有其隱衷，亦可見當時人對生命本身的尊重，不論關係親疏遠近，一皆追悼之。他們悼念的是生命自身的無上價值，不是生前的人際關係。自古人人皆懼禍畏死，然而魏晉人為最。他們的憂生，基於他們對「生」的獨特性、以及因此獨特性而具有的單程性與不再性，體會至深。故其嗟詠悲慟，完全超越身分地位、是非恩怨，而單哭生命的本身。「人本趨勢」影響魏晉之人生觀者，以此「生」之重視與「死」之傷痛為最明顯。

2. 無生無死──對生死之必然的思辨超越

死亡誠然值得哀傷慟悼，然而死者已矣，傷心何為？於是魏晉文人們另覓他途，在哲學理論中找尋答案，企圖以人的內在思維能力戰勝死亡。如向

〔註66〕原誤作「體似真聲」，據李慈銘改。

郭的《莊子注》，即借莊子的絕對相對論，力圖將生死等同起來。

> 夫死生之變，猶春秋冬夏四時行耳。故死生之狀雖異，其於各安所
> 遇，一也。今生者方自謂生爲生，而死者方自謂生爲死，則無生矣。
> 生者方自謂死爲死，而死者方自謂死爲生，則無死矣。無生無死，
> 無可無不可，故儒墨之辯，吾所不能同也。至於各冥其分，吾所不
> 能異也。（《莊子・齊物論注》）

從莊子的「方生方死，方死方生」一句，向郭發展出此「無生無死」之說，爲的即是要泯滅生死之間的差距，強調生命誠可貴，然死亡也是一可「安」之「遇」，死生之狀雖異，然而其實是「一也」。於是人不必因生而喜，亦無須爲死而悲，只要無可無不可，順應自然。因此又說：

> 死與生，皆命也。無善則死，有善則生，不獨善也。故若以吾生爲
> 善乎，則吾死亦善也。（《莊子・大宗師注》）

這樣的理論近乎詭辯，但是在那個崇尚智慧、能力的時代，如此將人的主體思辨能力提高到可以抗衡命運的必然、生死的大限；將一學說表現爲可以泯除生死之哀樂，無疑是會大受歡迎的。故阮籍的《達莊論》也說：

> 人生天地之中，體自然之形。身者，陰陽之精氣也；性者，五行之
> 正性也；情者，遊魂之變慾也；神者，天地之所以馭者也。以生言
> 之，則物無不壽；推之以死，則物無不夭。白小視之，則萬物莫不
> 小；由大觀之，則萬物莫不大。殤子爲壽，彭祖爲夭；秋毫爲大，
> 泰山爲小。故以死生爲一貫，是非爲一條也。

萬物齊同，生死爲一。以此純粹思維上的達觀自適來安慰生靈、挑戰死亡！於此可知，魏晉人士一由於對主體內在能力充滿信心，二由於對生死大份別無他法，故轉而力圖以此等詭辯式的精微思辨，來超越死亡的權勢，解決人面對死亡時的欲絕哀痛。此人本精神造成人之價值高昂的表現之一。

3. 及時行樂——對生命之貴重的當下把握

　　死既可哀，而以思維能力超越它又一方面不是人人都能；一方面效果不確，然則最實際的因應方式，是暫時將之擱置一旁，先享受短暫人生中的短暫歡樂，累積眾多短暫，亦勝於永恆。「及時行樂」之思，自古即爲人類面對生之無奈時的逃避方法，前引〈古詩十九首〉中也將之發揮無遺。魏晉人士的及時行樂觀較諸古人，有過之而無不及。其原因還是在此一「人本」之價值的體驗上。看他們的生活態度：

> 張季鷹縱任不拘，時人號爲「江東步兵」。或謂之曰：「卿乃可縱適
> 一時，獨不爲身後名邪？」答曰：「使我有身後名，不如即時一杯酒。」
> （《世說新語‧任誕20》）
>
> 畢茂世云：一手持蟹螯，一手持酒盃，拍浮酒池中，便足了一生。（《世
> 說新語‧任誕21》）
>
> 魚弘嘗謂人曰：「……丈夫生如輕塵棲弱草，白駒之過隙。人生但歡
> 樂，富貴在何時。」於是恣意酣賞。（《南史卷五十五‧魚弘傳》）

此類例證其實在魏晉南北朝間不勝枚舉。蓋因身後既不可期，生時又只如塵
之棲草、駒之過隙，於是棄富貴名祿，專圖當下之樂。《梁書卷十四‧江淹傳》
亦載江淹曰：「人生行樂耳，須富貴何時！」這樣棄富貴如敝屣，肯定當下存
在之價值的享樂思想，和自外向追逐回歸內在價值的人本趨勢，是一致的。

這種因肯定生命的當下存在之貴重價值，而欲及時掌握的行樂觀，也是
魏晉南北朝的詩文中常見的主題。信手即可捻得：

> 君不見枯蘀走階庭，何時復青著故莖。君不見亡靈蒙享祀，何時傾
> 杯竭壺罌。君當見此起憂思，寧及得與時人爭？人生倏忽如絕電，
> 華年盛德幾時見。但今縱意存高尚，旨酒嘉肴相胥讌。持此從朝竟
> 夕暮，差得亡憂消愁怖。胡爲惆悵不能已，難盡此曲令君忤。（鮑照
> 〈擬行路難十八首〉第十）
>
> 對酒心自足，故人來共持。方悅羅衿解，誰念髮成絲！徇性良爲達，
> 求名本自欺。迨君當歌日，及我傾樽時。（范雲〈當對酒〉）
>
> 置酒高堂，悲歌臨觴。人壽幾何，逝如朝霜。時無重至，華不再陽。
> 蘋以春暉，蘭以秋芳。來日苦短，去日苦長。今我不樂，蟋蟀在房。
> 樂以會興，悲以別章。豈曰無感，憂爲子忘。我酒既旨，我肴既臧。
> 短歌有詠，長夜無荒。（陸機〈短歌行〉）
>
> 有生必有死，早終非命促。昨暮同爲人，今旦在鬼錄。魂氣散何之，
> 枯形寄空木。嬌兒索父啼，良友撫我哭。得失不復知，是非安能覺。
> 千秋萬歲後，誰知榮與辱。但恨在世時，飲酒不得足。（陶淵明〈擬
> 挽歌辭三首之一〉）

人生倏忽易逝，烏鬢轉眼成絲，昨暮尚且爲人，今朝已在鬼錄！然而生命何
價，人的個性何價，故而要「徇性」、要把握當下之「今」的快樂，怎可去「求

名自欺」！這樣的生命觀，是魏晉人士在人本意識的陶冶中所達成的共識。

（二）生死之觀的影響

如此，或對生之短暫痛惜追悼；或思辨分析以超越苦惱；或及時行樂以把握當下，魏晉士人因為看重生命而對生死大計多方體驗，而在社會風氣上產生了至少兩方面的影響：

1. 服食求仙──延續生命長度的嘗試

古詩十九首〈驅車上東門〉：「服食求神仙，多為藥所誤。」可見服食之風在漢代民間已頗流行。若要追溯秦皇漢武，還更可早及戰國術士。而魏晉名士間的服食風氣，始作俑者應是何晏。《世說新語‧言語14》載：

> 何平叔云：服五石散，非惟治病，亦覺神明開朗。

> 注引秦丞祖［註67］〈寒石散論〉曰：寒石散之方雖出漢代，而用之者寡，靡有傳焉。魏尚書何晏首獲神效，由是大行於世，服者相尋也。

其後終魏晉南北朝之世，確實「服者相尋」：

如嵇康，《三國志卷二十一‧王粲傳》注引嵇喜〈嵇康傳〉云其「性好服食，嘗採御上藥」，《晉書卷四十九》本傳亦云：「常修養性服食之事，彈琴詠詩，自足於懷。」又載其曾與王烈共入山，烈得一石髓如飴，自服半，餘半與康，只可惜嵇康接到手時，皆凝而為石。

如許邁，《晉書卷八十》云其「初採藥於桐縣廬之桓山，餌朮涉三年，時欲斷穀。」後又因此山近人，不得專一，而移入臨安西山，「登巖茹芝，眇爾自得」。

如葛洪，《晉書卷七十二》云其「尤好神仙導養之法」，晚年「欲煉丹以祈遐壽，聞交阯出丹，求為句漏令」，後於羅浮山煉丹以終。房玄齡《晉書傳論》評曰：「稚川束髮從師，老而忘倦。紬奇冊府，總百代之遺編；紀化仙都，窮九丹之秘術。謝浮榮而捐雜藝，賤尺寶而貴分陰，游德棲真，超然事外。全生之道，其最優乎！」

如王羲之，《晉書卷八十‧王羲之傳》：「羲之既去官，與東土人士盡山水之游，弋釣為娛。又與道士許邁共修服食，採藥石不遠千里，遍遊東中諸郡，窮諸名山，泛滄海。」

如顧歡，《南史卷七十五》：「晚節服食，不與人通。」

如陶宏景，《南史卷七十六》：「始從東陽孫遊嶽受符圖經法，遍歷名山，

［註67］原誤作「秦丞相」據余嘉錫《箋疏》改。

尋訪仙藥」；又說他得神符秘訣之後，以爲神丹可成，而苦於沒有藥物，於是，梁武帝便賜給黃金、朱砂、曾青、雄黃等。「後合飛丹，色如霜雪，服之體輕；及帝服飛丹有驗，益敬重之」。

可知魏晉名士服藥之風，明載史傳，帝王將相，名士百姓，無不翕然成風。

至於自言服食經過者，亦不乏其人，《宋書卷六十七‧謝靈運傳》錄謝靈運〈山居賦〉：

> 弱質難恆，頹齡易喪，撫鬢生悲，視顏自傷。承清府之有術，冀在衰之可壯。尋名山之奇藥，越靈波而憩轅。採石上之地黃，摘竹下之天門，撮曾嶺之細辛，拔幽澗之溪蓀。訪鍾乳於洞穴，訊丹陽於紅泉。

> 自注：「此皆住年之藥，即近山之所出，有採拾，欲以消病也。」

> 又曰：「藝菜當肴，採藥救頹。」

《宋書卷六十二‧王微傳》亦載微〈報何偃書〉曰：

> ……至於生平好服上藥，起年十二時病虛耳。所撰〈服食方〉中，粗言之矣。自此始信攝養有徵，故門冬昌朮，隨時參進。寒溫相補，欲以扶護危羸，見冀白首。家貧乏役，至於春秋令節，輒自將兩三門生，入草采之。吾實倦遊醫部，頗曉和藥，尤信《本草》，欲其必行，是以躬親，意在取精。世人便言希仙好異，矯慕不羈，不同家頗有罵之者。…

服食不當而中毒者，亦多有所聞。如：

> （晉哀帝）雅好黃老，斷穀，餌長生藥，服食過多，遂中毒，不識萬機。（《晉書》卷八‧哀帝紀）

> 秀……服寒食散，當飲熱酒而飲冷酒，泰始七年薨，時年四十八。（《晉書卷三十五‧裴秀傳》）

> 初服寒食散，而性與之忤，每委頓不倫，嘗悲恚，叩刃欲自殺，叔母諫之而止。（《晉書卷五十一‧皇甫謐傳》）

> 又同篇載謐上疏自述：……服寒食藥，違錯節度，辛苦荼毒，於今七年。隆冬裸袒食冰，當暑煩悶，加以咳逆，或若溫瘧，或類傷寒，浮氣流腫，四肢酸重。於今困劣，救命呼吸，父兄見出，妻息長訣……

> （王）微哭弟僧謙：「憶往年散發，極目流涕，吾不捨日夜……（《宋書卷六十二‧王微傳》）

> 東海王良夫，癰疽陷背；隴西辛長緒，脊肉爛潰；蜀郡趙公烈，中
> 表六喪。（巢元方《諸病源候總論》卷六）

可見其毒性強烈，副作用甚多。再嚴重點，有人舌縮入喉，有人癰瘡陷背，
有人脊肉潰爛，都是一發莫救，患者暴卒的下場。（曹元方《諸病源候總論》
引皇甫謐言）所以唐代孫思邈《千金要方卷二十四·解五石毒論》曰：

> 寒食五石更生散方……有進餌者，無不發背解體而取顛覆。余自有
> 識性以來，親見朝野人士，遭者不一。所以寧食野葛，不服五石，
> 明其大大猛毒，不可不慎也。

《雲笈七籤卷六十四·辨金石藥並去毒訣》中也說：

> ……金丹並諸石藥各有本性，懷大毒在其中。道士服之，從羲軒以
> 來，百不存一，未有不死者。

近人余嘉錫先生在〈寒食散考〉一文中也沈痛指出：

> 寒食散之爲害，綿延歷數百載，而以兩晉爲尤盛。有病者恃以護命，
> 無病者冀幸延年。詎料刀圭入口，困頓終身。舉天下之壯夫，化而
> 爲疲癃殘疾，求國無危，不可得也。由是積弱不振，神州陸沈，覆
> 亡喪亂相隨屬。嗚呼，典午之禍，豈徒清談之罪也哉！

服食五石散等金石之藥的風氣，確實爲魏晉人士，乃至國家社會，帶來無窮
後患。

　　然而服藥之風在當時確曾風靡一時，也是造成六朝文士與眾不同的生活
特質的重要因素之一。究其原因，「有病者恃以護命，無病者冀幸延年。」除
因服食之後熱力發散，全身舒暢無比，所以何晏力讚：「覺神明開朗。」王羲
之也曾謂友人曰：「服足下五色石膏散，覺身輕行動如飛。」如此一來，既可
達到暫時忘卻煩惱麻醉身心的目的，又令人覺得神清氣爽，體內一切宿疾霍
然而癒，難怪名士們趨之若鶩。而另一方面，更重要的原因還在「冀幸延年」。

　　人本的趨勢令魏晉人士覺察到了生之價值，然而人生匆匆，如何能夠延
長生命、描摹永恆，使得無價的生命也能夠無限？是每一個魏晉人夢寐以求
之事。服藥一可養身治病，提神醒腦；又或許眞能延年益壽，力挽流逝的年
光，以致不朽。嵇康即曾曰：

> 夫神仙雖不目見，然記籍所載，前史所傳，較而論之，其有必矣。
> 似特受異氣，稟之自然，非積學所能致也，至於導養得理，以盡性
> 命，上獲千餘歲，下可數百年，可有之耳。（《嵇中散集·養生論》）

可見魏晉文人們眞的希冀神仙之事，認爲「記籍所載，前史所傳，較而論之，其有必矣」，服食導養得理，即「上獲千餘歲，下可數百年」，故何妨試之一試？從人的覺醒、獨立於社會價值之外，到重生、憂生，再到致力求長生，魏晉人士們的這一條人本之路，走的漫長而迂迴多艱。

服食的風氣影響到魏晉人的生活，寒食散由於服後全身發熱，須躺臥於樹蔭林間等風涼處散熱，謂之「石發」。魏晉人士多做竹林之遊，甚或裸祖相向，可能即肇因於此。也有人是以出外散步爲解熱之道，「行散」、「行藥」亦屢見載籍。《世說新語·德行41》便有殷覬行散離舍的記載，〈文學101〉有「王孝伯在京行散……。」《昭明文選卷二十二》也錄有鮑照〈行藥至城東橋〉詩，可見這些行爲皆爲當時所習見，並進而成爲文學素材。此風直至南北朝仍盛行不衰。

北朝雖重儒學，但服食的風氣卻不亞於南朝。《魏書卷一百一十四·釋老志》載曰：

> （世祖）雖歸宗佛法，敬重沙門，而未存覽經教，深求緣報之意。

> 及得寇謙之道，帝以清淨無爲·有仙化之證，遂信行其術。

北魏還立有煉丹的專門作坊，朝廷甚至設有仙人博士。《魏書·釋老志》又載：

> 天興中，儀曹郎董謐因獻服食仙經數十篇。於是置仙人博士，立仙
> 坊，煮煉百藥封西山以供其薪蒸。

服食求仙成了魏晉南北朝時期一個重要的文化現象，不可單以愚昧一詞蔽之。要而言之，求仙服食的行爲現象，緣起於對個體生命的重視，是「人本趨勢」所帶來之憂生情緒的副產品。

2. 奢華享樂——增加生命密度的努力

服食是爲了「幸冀延年」，試圖延續寶貴的生命；而另一方面，將目光投注在當下的生命價值之人，則主張暫擱延年的飄渺希望，把握現下，以增加生命密度來肯定生命價值。前引古詩〈驅車上東門〉即曰：「服食求神仙，多爲藥所誤。不如飲美酒，被服紈與素。」

（1）從養生到樂生

嵇康和向秀的一場關於「養生」的辯論，正說明此二種心態的互長。嵇康重服食，善養生，前文已提及。他的養生法，是要「清虛靜泰，少私寡欲」，「然後蒸以靈芝，潤以醴泉……」（〈養生論〉）亦即要節制物慾，再配合導養服食之法。向秀則著〈難養生論〉曰：

> 夫人含五行而生，口思五味，目思五色，感而思室，饑而求食，自

> 然之理也。……且夫嗜慾，好榮惡辱，好逸惡勞，皆生於自然。
>
> 且生之爲樂，以恩愛相接。天理人倫，燕婉娛心，榮華悅志；服饗
> 滋味，以宣五情；納御聲色，以達性氣。此天理自然，人之所宜，
> 三王所不易也。

向秀認爲人的嗜慾既是出於自然，那麼，順應自然以養生，當然也就不應該
摒棄人的慾望。所以被人們稱爲聖人的古之三王，也不反對慾望的追求。既
然自然如此，聖人亦如此，那麼，順從慾望、盡情享受聲色滋味，也是天經
地義。反之，人若是違反這自然之理，壓抑慾望，不但不利於養生，而且有
害於性命。因此他又說：

> 今五色雖陳，目不敢視；五味雖存，口不得嘗；以言爭而獲勝則
> 可焉，有勺藥爲茶蓼，西施爲嫫母，忽而不欲哉？苟心識可欲，
> 而不得從，性氣困於防閑，情志鬱而不通，而言「養之以和」，未
> 之聞也。

嵇康後來又做了〈答向子期難養生論〉來反駁向秀，二人就此問題辯論不已。
養生問題也因此成了清談的名目之一，〔註68〕至東晉仍盛行不輟。《世說新
語·文學21》載曰：

> 王丞相過江，止道「聲無哀樂」、「養生」、「言盡意」三理而已。

可見養生，以及它所代表的節慾與縱慾、服食與享樂、追求人生長度或密度
等問題，是當時朝野一致關心的焦點。

（2）縱慾理論盛行

於是，《列子》〔註69〕的純粹享樂思想應運而生。試看〈楊朱篇〉所言：

> 晏平仲問養生於管夷吾。管夷吾曰：「肆之而已，勿壅勿閼。」晏平
> 仲曰：「其目奈何？」夷吾曰：「恣耳之所欲聽，恣目之所欲視，恣
> 鼻之所欲向，恣口之所欲言，恣體之所欲安，恣意之所欲行。夫耳
> 之所欲聞者音聲，而不得聽，謂之閼聰。目之所欲見者美色，而不
> 得視，謂之閼明。鼻之所欲向者椒蘭，而不得嗅，謂之閼顫。口之
> 所欲道者是非，而不得言，謂之閼智。體之所欲安者美厚，而不得

〔註68〕 關於清談的名目，可參唐翼明《魏晉清談》上篇第三章，頁89～155，東大圖
　　　　書公司，民國81年10月初版。及林麗眞《魏晉清談主題之研究》，台灣大學
　　　　民國67年博士論文。

〔註69〕 《列子》一書乃魏晉間人所僞作，殆爲學界公論矣。

從，謂之閼適。意之所欲爲者放逸，而不得行，謂之閼性。凡此諸
閼，廢虐之主。去廢虐之主，熙熙然以俟死，一日一月一年十年，
吾所謂養。拘此廢虐之主，錄而不舍，戚戚然以至久生，百年千年
萬年，非吾所謂養。(《列子・楊朱》)

這裡所謂的養生，完全是恣情縱慾，其實和嵇康等養生論者對人生的看法完
全背道而馳。養生論者認爲人生的本質是清靜素樸，所以要節情制慾以養身；
而這些縱慾論者乃以人之本性只在追逐官能之樂，所以要肆情縱慾以樂生。
這種現世的快樂主義，重視生命價值到一個地步，把所有對生命的期許、生
命的意義都集中、濃縮在當下這一刻的存在，生前死後，過往未來，全不在
眼中。他們活著，是爲了「熙熙然以俟死」，只要熙熙然之樂，無所謂人生的
使命或目標。所以《列子・楊朱》又說：

人之生也奚爲哉？奚樂哉？爲美厚爾，爲聲色爾。……太古之人知
生之暫來，知死之暫往，故從心而動，不違自然所好；當生之娛，
非所去也，故不爲名所勸。從性而游，不逆萬物所好，死後之名非
所取也，故不爲刑所及。名譽先後，年命多少，非所量也。

如此將生命的目的（「奚爲」）、人生的充實喜樂（「奚樂」）都集中在現下的「美
厚聲色」之上，不但不顧「名譽先後」，也無視於「年命多少」。《列子》的這
些縱慾理論，替魏晉人士的享樂之風，提供了冠冕堂皇的理論支持。

（3）奢華之風廣被

有了這些生活實踐來配合理論的支持，魏晉人士的生活便日益走上奢靡
享樂之途。劉大杰《魏晉思想論》曰：「魏晉人雖都有厭世的觀念，並沒有厭
生的觀念。」〔註 70〕誠爲的論。他們不但不厭生，而且樂生、厚生，甚至縱
慾任生，極端追求官能上、物質上的一時之滿足。

魏時即已開享樂之風，曹氏兄弟燕遊不已，而名臣如鄧颺、李勝等已結
爲「浮華友」(《三國志卷九・曹爽傳》引《魏略》)然由於曹操本人「雅性節
儉，不好華麗」(《三國志卷一・武帝紀》引《魏書》)管束尚嚴。《三國志卷
十二・崔琰傳》裴松之注引《世語》曰：「植妻衣繡，太祖登臺見之，以違制
命，還家賜死。」然至魏明帝時，風氣已尚華麗。《晉書卷一・宣帝紀》載：

魏明帝好修宮室，制度靡麗，百姓苦之。帝自遼東還，役者猶萬餘

〔註 70〕《魏晉思想論》，頁 125。

人，雕玩之物動以千計。

至晉世，武帝即位前高舉名教，崇尚簡樸，以素樸自甘，即位後卻判若兩人。
《晉書卷三十一·后妃傳》記曰：

> 時帝多內寵，平吳之後復納孫皓宮人數千，自此掖庭殆將萬人。而
> 並寵者眾，帝莫知所適，常乘羊車，恣其所之，至便宴寢。宮人乃
> 取竹葉插戶，以鹽汁灑地，而引帝車。

故清代周濟《晉略·隱逸傳序》嘆道：

> 典午竊柄，拱手而規蜀漢，金行紹統，指揮而從吳會，恭儉之聲甫
> 著，荒淫之俗已成。

可見司馬氏父子苦心爭得的「恭儉之聲」尚未能形成風氣，其即位後的所作
所為卻極足以造成「荒淫之俗」。有識之士如傅咸，屢以「並官省事」、「惟農
是務」上諫，即因有鑑於此奢侈之風。《晉書卷四十七·傅咸傳》載：

> 咸以世俗奢侈，又上書曰：「臣以為穀帛難生，而用之不節，無緣不
> 匱。故先王之化天下，食肉衣帛，皆有其制。竊以為奢侈之費，甚
> 於天災……」

然而習俗已成，高門貴族鬥奇炫富，以侈汰相誇，晉世朝野一片縱慾享樂之風：

> 崇財產豐積，室宇宏麗。後房百數，皆曳紈繡，珥金翠。絲竹盡當時
> 之選，庖膳窮水陸之珍。與貴戚王愷、羊琇之徒以奢靡相尚。愷以粘
> 澳釜，崇以蠟代薪。愷作紫絲布步障四十里，崇作錦步障五十里以敵
> 之。崇塗屋以椒，愷用赤石脂。崇愷爭豪如此。（《晉書卷三十三·石
> 苞傳附石崇傳》）

> 石崇與王愷爭豪，並窮綺麗，以飾輿服。武帝，愷之甥也，每助愷，
> 嘗以一珊瑚樹，高二尺許賜愷，枝柯扶疏，世罕其比。愷以示崇。
> 崇視訖，以鐵如意擊之，應手而碎。愷既惋惜，又以為疾己之寶，
> 聲色甚厲。崇曰：「不足恨，今還卿」乃命左右悉取珊瑚樹，有三尺
> 四尺，條幹絕世、光采溢目者六七枚，如愷許比甚眾。愷惘然自失。
> （《世說新語·汰侈8》）

可見甚至貴為天子，亦既不能控制臣下，又不以奢靡為非，反而介入其中，
推波揚瀾。

　　所謂上行下效，朝廷重臣乃至王公貴族一片歌舞宴樂之聲，民間自然跟

進不已。劉宋時周朗在〈上書獻讜言〉中曾說：

> 凡厥庶民，制度日侈。商販之室，飾等王侯；傭賣之身，製均妃后。
> 凡一袖之大，足斷爲兩；一裙之長，可分爲二。見車馬不辨貴賤，
> 視冠服不知尊卑。尚方今造一物，小民明已瞬晼；宮中朝製一衣，
> 庶家晚已裁學。侈麗之原，實先宮閫。（《宋書卷八十二·周朗傳》）

《南齊書卷一·高帝本紀》也載：

> 大明、泰始以來，相承奢侈，百姓成俗。

都可見兩晉南北朝的奢侈之風，起自朝堂，延及民間，舉世上下一片侈汰風氣。

於是在生活起居、飲食服飾各方面都極力追求享受，《晉書卷四十九·阮孚傳》載祖約性好財，阮孚性好屐，常自蠟屐。可見時人對生活器物之講究。且阮孚「終日酗縱」，也是個只圖眼前的人。《晉書卷五十五·夏侯湛傳》：「湛族爲盛門，性頗豪侈，侯服玉食，窮滋極珍。」服飾食品皆窮滋極珍，可見善於享受生活。而《晉書卷三十三·何曾傳》更載：

> ……然性奢豪，務在華侈。帷帳車服，窮極綺麗，廚膳滋味，過於
> 王者。每燕見，不食太官所設，帝輒命取其食。蒸餅上不坼作十字
> 不食。食日萬錢，猶曰無下箸處。人以小紙爲書者，敕記室勿報。
> 劉毅等數劾奏曾侈汰無度，帝以其重臣，一無所問。都官從事劉享
> 嘗奏曾華侈，以銅鉤繳紖車，瑩牛蹄角。……
>
> （其子何劭），驕奢簡貴，亦有父風，衣裘服玩，新故巨積。食必盡
> 四方珍異，一日之供，以錢二萬爲限。時論以爲太官御膳，無以加之。

此風至南北朝未絕，且有變本加厲之勢。如《南史卷五十五·魚弘傳》載：

> 魚弘，襄陽人。身長八尺，白皙美姿容。累從征討，常爲軍鋒。歷
> 南譙、盱眙、竟陵太守。嘗謂人曰：「我爲郡有四盡：水中魚鱉盡，
> 山中麔鹿盡，田中米穀盡，村里人庶盡。丈夫生如輕塵棲弱草，白
> 駒之過隙。人生但歡樂，富貴在何時。」於是恣意酣賞。侍妾百餘
> 人，不勝金翠，服玩車馬，皆窮一時之驚絕。有眠床一張，皆是蹙
> 栢，四面周帀，無一有異，通用銀鏤金花壽福兩重爲腳。

另楊衒之《洛陽伽藍記卷四》亦載有北魏河間王元琛競侈鬥富之狀：

> 琛在秦州……。遣使向西域求名馬，遠至波斯國得千里馬，號曰追
> 風赤驥。次有七百里者十餘匹，皆有名字。以銀爲槽，金爲環鎖，
> 諸王服其豪富。琛常語人云：「晉室石崇，乃是庶姓，猶能雉頭狐腋，

畫卵雕薪，況我大魏天王，不為華侈！」造迎風館於後園，窗戶之
上，列錢青瑣，玉鳳銜鈴，金龍吐佩。素奈朱李，枝條入簷，佟女
樓上，坐而摘食。琛常會宗室，陳諸寶器。金瓶銀甕百餘口，甌檠
盤盒稱是。自餘酒器，有水晶缽、瑪瑙杯、琉璃碗、赤玉卮數十枚，
作工奇妙，中土所無，皆從西域而來。又陳女樂及諸名馬。復引諸
王按行府庫，錦罽珠璣，冰羅霧縠，充積其內，繡纈、紬綾、絲綵、
越葛、錢絹等，不可數計。琛忽謂章武王融曰：「不恨我不見石崇，
恨石崇不見我！」

如此以華侈相高競豔，流風所被，南北朝時奢華成風，隨俗披靡。見諸
史傳者，如宋之劉穆之、謝靈運、范曄、阮佃夫、徐湛之，齊之到撝、何戢、
蕭毅、蕭季敞，梁之蕭宏、蕭偉、夏侯亶、夏侯夔、羊侃、魚弘、曹景宗，
陳之孫瑒、周迪、章昭達等，皆以豪奢震撼當世。茲舉阮佃夫、羊侃為例：

時佃夫……執權柄，亞於人主……。大通貨賄，凡事非重賂不行。
人有餉絹二百匹，嫌少，不答書。宅舍園池，諸王邸第莫及。妓女
數十，藝貌冠絕當時，金玉錦繡之飾，宮掖不逮也。每製一衣，造
一物，京邑莫不法效焉。於宅內開瀆，東出十許里，塘岸整潔，汎
輕舟，奏女樂。中書舍人劉休嘗詣之，值佃夫出行，中路相逢，要
休同反，就席，便命施設，一時珍饈，莫不畢備。凡諸火劑，並皆
始熟，如此者數十種。佃夫嘗作數十人饌，以待賓客，故造次便辦，
類皆如此，雖晉世王、石，不能過也。（《宋書卷九十四・恩倖傳・
阮佃夫傳》）

（羊侃）性豪侈，善音律，自造〈采蓮〉、〈棹歌〉兩曲，甚有新致。
姬妾列侍，窮極奢靡。有彈箏人陸太喜著鹿角爪，長七寸。舞人張
淨琬腰圍一尺六寸，時人咸推能掌上舞。又有孫荊玉能反腰帖地，
銜得席上玉簪。敕賚歌人王娥兒，東宮亦賚歌者屈偶之，並妙盡奇
曲，一時無對。初赴衡州，於兩艖艊起三間通梁水齋，飾以珠玉，
加之錦繢，盛設帷屏，列女樂。乘潮解纜，臨波置酒，緣塘傍水，
觀者填咽。大同中，魏使陽斐與侃在北嘗同學，有詔命侃延斐同宴。
賓客三百餘人，食器皆金玉雜寶，奏三部女樂。至夕，侍婢百餘人
俱執金花燭。侃不飲酒而好賓游，終日獻酬，同其醉醒。（《南史卷
六十三・羊侃傳》）

另如《宋書卷七十七‧顏師伯傳》亦曰：

> 師伯居權日久，天下輻輳，游其門者，爵位莫不踰份。多納貨賄，
> 家產豐積，妓妾聲樂，盡天下之選，園池第宅，冠絕當時，驕奢淫
> 恣，爲衣冠所疾。

這樣的驕奢恣淫，騁逐物慾，幾乎是一種病態現象了，人本趨勢發展成這樣
「苟生的唯我論」，誠爲始料所未及。

除了飲食服器，魏晉南北朝之人在庭園建築上也力求奢華，以達享樂的
目的。《宋書卷五十四‧羊希傳》載：

> 大明初，爲尚書左丞。時揚州刺史西陽王子尚上言：「山湖之禁，
> 雖有舊科，民俗相因，替而不奉，燒山封水，保爲家利。自頃以來，
> 頹弛日甚，富強者兼嶺而占，貧弱者薪蘇無託，至漁採之地，亦又
> 如茲。斯實害治之深弊，爲政所宜去絕，損益舊條，更申恒制。」
> 有司撿壬辰詔書：「占山護澤，強盜律論，贓一丈以上，皆棄市。」
> 希以「壬辰之制，其禁嚴刻，事既難遵，理與時弛。而占山封水，
> 漸染復滋，更相因仍，便成先業，一朝頓去，易致嗟怨。今更刊革，
> 立制五條：凡是山澤，先常燒爐種養竹木雜果爲林芿，及陂湖江海
> 魚梁鰌鮆場，常加功修作者，聽不追奪。官品第一、第二，聽占山
> 三頃；第三、第四品，二頃五十畝；第五、第六品，二頃；第七、
> 第八品，一頃五十畝；第九品及百姓，一頃。皆依定格，條上貲簿。
> 若先已占山，不得更占，先占闕少，依限占足。若非前條舊業，一
> 不得禁。有犯者，水土一尺以上，並計贓，依常盜律論。停除咸康
> 二年壬辰之科。」從之。

可見佔山封水以營建庭園風氣之盛。然法雖有定制，士大夫間所佔之山
的面積卻仍然往往過於法令，如《宋書卷五十四‧孔靈符傳》：

> 靈符家本豐，產業甚廣，又於永興立墅，周回三十三里，水陸地二
> 百六十五頃，含帶二山，又有果園九處。爲有司所糾，詔原之。

《宋書卷六十七‧謝靈運傳》載：

> 靈運父祖並葬始寧縣，并有故宅及墅，遂移籍會稽，修營別業，傍
> 山帶江，盡幽居之美。與隱士王弘之、孔淳之等縱放爲娛，有終焉
> 之志。……作〈山居賦〉并自注，以言其事。

而據〈山居賦〉所載，這座始寧別業「其居也，左湖右江，往渚還汀。面山

背阜，東阻西傾。抱含吸吐，款跨紆縈。綿聯邪亘，側直齊平。」其間「田連崗而盈疇，嶺枕水而通阡。阡陌縱橫，塍埒交經。」自園之田，自田之湖，可以「氾濫川上，緬邈水區。」又有「北山二園，南山三苑。百果備列，乍近乍遠。」總之其庭園之廣大、之精緻，可為當時之最。另外，《宋書卷七十七‧顏師伯傳》亦載師伯：「園池第宅，冠絕當時。」可見宋齊之世，士大夫間修築庭園，爭奇鬥富殊為常見。

　　至於宮殿建築，更是窮奢極麗。此風自魏文帝、明帝之世已開其端，《宋書卷三十‧五行志》「服妖」條載：「魏明帝景初元年，發銅鑄為巨人二，號曰「翁仲」。置之司馬門外。」至南朝時，宮殿景觀為：

> 齊武帝內殿，則張帷雜色錦複帳。帳之四角為金鳳凰，銜九子鈴，形如二、三石甕，垂流蘇珥羽，其長拂地。施畫屏風，白紫貂皮褥，雜寶枕，金衣機，名香之氣充滿其中。（《金樓子‧箴戒》）

> 永元三年……於是大起諸殿，芳樂、芳德、仙華、大興、含德、清曜、安壽等殿，又別為潘妃起神仙、永壽、玉壽三殿，皆帀飾以金璧。其玉壽中作飛仙帳，四面繡綺，窗間盡畫神仙。又作七賢，皆以美女侍側。鑿金銀為書字，靈獸、神禽、風雲、華炬，為之玩飾。椽桷之端，悉垂鈴佩。江左舊物，有古玉律數枚，悉裁以鈿笛。莊嚴寺有玉九子鈴，外國寺佛面有光相，禪靈寺塔諸寶珥，皆剝取以施潘妃殿飾。……又鑿金為蓮華以帖地，令潘妮行其上，曰：「此步步生蓮華也。」塗壁皆以麝香，錦幔珠簾，窮極綺麗。繁役工匠，自夜達曉，猶不副速，乃別取諸寺佛剎殿藻井、仙人、騎獸以充足之。……潘氏服御，極選珍寶，主衣庫舊物，不復周用，貴市人間金銀寶物，價皆數倍，琥珀釧一隻，直百七十萬。都下酒租，皆折輸金，以供雜用。猶不能足，下揚、南徐二州橋桁塘埭丁計功為直，斂取見錢，供太樂主衣雜費。由是所在塘瀆，悉皆隳廢。（《南史卷五‧齊廢帝東昏侯紀》）

《南齊書》本紀稱其「昏暴淫奢，世所罕見」，良有以也。而陳後主尤其荒唐：

> 至德二年，乃於光照殿前起臨春、結綺、望仙三閣。閣高數丈，並數十間，其窗牖、壁帶、懸楣、欄檻之類‧並以沈檀香木為之，又飾以金玉，間以珠翠，外施珠簾，內有寶床、寶帳，其服玩之屬，瑰奇珍麗，近古所未有。每微風暫至，香聞數里；朝日初照，光映

後庭。其下積石爲山，引水爲沖，植以奇樹，雜以花藥。後主自居臨春閣，張貴妃居結綺閣，龔、孔二貴嬪居望仙閣，並複道交相往來。(《陳書卷七‧后妃傳》)

這樣的驕奢恣縱當然令有識之士深以爲憂，故而歷代均有諫正之聲。從晉初，太傅張華就曾撰〈輕薄篇〉以深刺之，其辭有曰：

末世多輕薄，驕代好浮華，志意既放逸，貲財亦豐奢。被服極纖麗，肴膳盡柔嘉，童僕餘梁肉，婢妾蹈綾羅。文軒樹羽蓋，乘馬鳴玉珂，橫簪刻玳瑁，長鞭錯象牙。足下金鑮履，手中雙莫耶，賓從煥絡繹，侍御何芬葩。朝與金張期，暮宿許史家。甲第面長街，朱門赫嵯峨。蒼梧竹葉清，宜城九醞醴，浮醪隨觴轉，素蟻自跳波。美女興齊趙，妍唱出西巴，一顧城國傾，千金寧足多。

《晉書卷二十六‧食貨志》亦慨嘆曰：

若夫因天而資五緯，因地而興五材，世屬升平，物流倉府，宮闈增飾，服翫相輝，於是王君夫、武子、石崇等更相誇尚，輿服鼎俎之盛，連衡帝室，布金埒之泉，粉珊瑚之樹。物盛則衰，固其宜也。

至南朝，奢淫愈甚，提出匡正意見之人也愈多，略舉數例於下：

《宋書卷五十六‧孔琳之傳》載琳之上疏曰：

夫不恥惡食，唯君子能之。肴饌尚奢，爲日久矣。今雖改張是弘，而此風未革。所甘不過一味，而陳必方丈，適口之外，皆爲悅目之費，富者以之示夸，貧者爲之殫產，眾所同鄙，而莫能獨異。愚謂宜粗爲其品，使奢儉有中，若有不改，加以貶黜，則德儉之化，不日而流。

《梁書卷三十八‧賀琛傳》亦載賀琛上疏曰：

今天下宰守所以皆尚貪殘，罕有廉白者，良由風俗侈靡，使之然也。淫奢之弊，其事多端，粗舉二條，言其尤者：夫食方丈於前，所甘一味。今之燕喜，相競誇豪，積果如山岳，列肴同綺繡，露臺之產，不周一燕之資，而賓主之間，裁取滿腹，未及下堂，已同臭腐。又歌姬舞女，本有品制，二八之錫，良待和戎。今畜妓之夫，無有等秩，雖復庶賤微人，皆盛姬姜，務在貪污，爭飾羅綺。故爲吏牧民者，競爲剝削，雖致貲巨億，罷歸之日，不支數年，便已消散。蓋由宴醑所費，既破數家之產；歌謠之具，必俟千金之資。所費事等丘山，爲歡止在俄頃。乃更追恨向所取之少，

今所費之多。如復傅翼，增其搏噬，一何悖哉！其餘淫侈，著之凡百，習以成俗，日見滋甚，欲使人守廉隅，吏尚清白，安可得邪！今誠宜嚴爲禁制，道之以節儉，貶黜雕飾，糾奏浮華，使眾皆知，變其耳目，改其好惡。夫失節之嗟，亦民所自患，正恥不及群，故勉強而爲之，苟力所不至，還受其弊矣。今若釐其風而正其失，易於反掌。夫論至治者，必以淳素爲先，正雕流之弊，莫有過儉樸者也。

然而侈汰之風已成，欲以一二人諫正之力矯正之，談何容易！故歷代均有極言敢諫之士，卻歷代風氣依然故我，能不令人嘆息！尤其《南史卷四十二·豫章文獻王蕭嶷傳》載：

是時武帝奢侈，後宮萬餘人，宮內不容，太樂、景第、暴室皆滿，猶以爲未足。嶷後房亦千餘人。潁川荀丕獻書於嶷，極言其失，嶷咨嗟良久，爲書答之，又爲之減遣。……（丕）又上書極諫武帝，言甚直，帝不悅，丕竟於荊州獄賜死。徐孝嗣聞其死，曰：「丕縱有罪，亦不應殺，數千年後，其如竹帛何！」

荀丕卒因諫奢侈而死，而風氣仍然不改，讀史書至此，寧不浩歎！傳稱蕭嶷對驕奢之世風亦頗引以爲憂，常戒諸子曰：「凡富貴少不驕奢，以約失之者鮮矣。漢世以來，侯王子弟，以驕恣之故，大者滅身喪族，小者削奪邑地，可不戒哉！」（同上《南史卷四十二·蕭嶷傳》）然而終究無力抗拒潮流，嶷自身蓄妾亦千餘人，既無身教可言，則又何足以戒子，難怪當時風俗之敗壞，令人咋舌。

如此以享樂爲尚的社會風氣，和前文所云任誕之風一樣，都是人本趨勢的惡質發展。蓋因致力於推崇個體生命的當下快感、高揚主體存在的獨特價值失當所致。人本精神的興起，是爲反抗兩漢長期以來的外在價值追尋，不料在漢末、魏晉之際一番篳路藍縷終於將價值標準回歸內在生命本身之後，竟於晉世，尤其是南北朝以後，再度迷失於外在的肉慾享受、物質追求之中。主體價值是獨立了；心理機制是自由了，然而卻也走上了另外一個極端，同樣是對外在世界展開崇拜、追逐與模擬，只是對象從德行禮教，換成了更等而下之的物質與感官需求。兩漢前後四百餘年；魏晉至南北朝上下亦將近四百年，社會風氣從德行極端走到了物質極端，人本精神的眞諦，還有待隋唐以後去再進一步發揚。

結 語

　　李澤厚、劉綱紀主編之《中國美學史》論魏晉南北朝時期的美學概況時曾說：「除去種種經濟的、政治的原因之外，使魏晉南北朝思想文化大放異彩的一個重要原因就是他一反漢代把群體、社會放在至高無上的地位，而把個體的存在推上了重要的位置。……魏晉南北朝的思想，……要重新去尋求和確定個體存在的意義和價值。」〔註71〕

　　以上本文即專論這個促使魏晉南北朝美學「要重新去尋求和確定個體存在的意義和價值」的「人本趨勢」。此趨勢的產生是由於漢末的一股重才輕德的社會風氣、一些知名的，或不知名的詩人們所發的死生新故之感慨，而在正始初年何、王等人對有無問題的討論中得著思想的建構和理論的支持。也就是說，這是一個藉助於社會風潮、文學呈現、和哲理思辨各方面會合作用才形成的一個整體的時代思潮的新趨勢。也就是自魯迅以來美學界慣稱的所謂「人的自覺」的趨勢。

　　「人本趨勢」在漢末到魏初開始醞釀、形成的意義在於，它使得個體的人，對於外在統一的以德行為主的群體價值的態度，一變兩漢原先的順從、模擬、追求，而為叛逆、創新、和拋棄，由此而帶來了審美理想從群體標準轉向精神自由；審美角度從外向認同轉向自我高揚；藝術形態也從模擬再現轉為抒情表現的美學各方面的重大轉變，和蓬勃發展。這才使得後來兩晉南北朝時期美學的豐富面貌得以實現。

　　而使這個「人本趨勢」落到美學的範圍來，奠定深厚的基礎的，是曹丕以個性才氣為主體探討文學創作和作品，所提出的「文氣說」；劉劭以智慧膽力為出發探討人物品鑑的方法和標準，所提出的「英雄論」；以及因為此二說的啟發而在魏晉之際由鍾會、傅嘏等人展開，延及到南北朝的一場關於人之才性問題的大論辯。「文氣說」促使審美意識覺醒，並使得文學理論從傳統的，以政治教化為導向的「情志說」中做了一個審美方向上的大轉彎——從以外在的德性社會價值為審美標準，轉向以個體內在的個性才氣為審美價值；「英雄論」作用在人物審美上，更進一步將「人」這個審美命題再區分為膽力和智慧二部，以智與力的和諧統一為審美的新標準，而更強調以智將德、以智統力。這便再度深化了美學發展上向內在個性、才氣、精神、心理去肯定，

〔註71〕《中國美學史·第二卷》，頁9。

並建立個體價值的走向。因此而有直接以才性作爲探索對象的哲理層面的「才性之辨」產生。長期而深邃地論辯才性，當然就更確定了「才性」取代了「德行」，成爲魏晉時期哲學／美學的中心。美學發展上從外向認同到內在肯定的發展趨勢，至此完全奠定。

　　和形成階段同樣地，「人本趨勢」的奠定也是文學思潮、社會（人物）品鑑，和才性哲理的深究三方面交相作用的結果。文學（藝術）、社會與哲學是美學的三大根源與範疇，這個道理於魏晉時期再次得到明顯證明。而這三個範疇中，總是社會風氣、文學創作或甚至文學理論先行醞釀發展，而後哲學界開始進行理論的建樹和論證。此蓋因理論乃現象之總結與析理，自然稍後於該一現象才出現，本亦不足爲奇。不過任何一美學現象，都因得著哲理的辨析，方得篤定確立。這於「人本趨勢」的形成和奠定過程中，在在印證。

　　「人本趨勢」所帶來的人本精神、人的覺醒，明確地成了整個魏晉南北朝的美學主潮。它對魏晉南北朝美學思想的影響，在於形成了一股極爲龐大的以個性自覺作爲唯一價值的「唯我之風」；和全力關注人之生命的「生死觀」的呈現。「唯我之風」主要表現在社會間對當時諸人物，和自我的品鑑上，是構成所謂「魏晉風度」的一大因素；「生死觀」則同時呈現在文學作品所發出的痛惜人生短促的「憂生之嗟」、哲學研究所提出的抿除生死界限的「無生無死」之說，以及社會上普遍的及時行樂的生命觀。因爲標榜個性的「唯我」作風，所以在文學思想各方面都強調要「獨創」，而社會上卻形成了一股特立獨行的「任誕」風氣；因爲極力關心生死問題，所以產生了「養生」與「樂生」的討論，各自引起了「服食」和「享樂」的社會風氣。其中尤以「任誕」和「享樂」二者，在演變後期分別再度陷入外在模仿、徵逐的路線去，只是所徵逐的外在標準不再是兩漢的德性操行，反而是物質享受上的感官滿足；與行爲表現上的標新立異。這應該不是「人本趨勢」合理的走向，卻影響魏晉南北朝的社會風氣，與整體評價至鉅。

第三章　魏晉美學的緣情趨勢

前　言

　　人本趨勢帶來了魏晉時期全面的人的覺醒，而所謂人的覺醒，除了是對人的自身的存在，及其意義的覺悟之外，如前所言的，還包含著個體向內在的生命價值的肯定、回歸、和堅持。這個內在的生命價值，就一方面來說，是扣著個體生命之天賦的、獨特的個性、才氣、智慧能力而說，如前一章中所呈現的情形；而另一方面再追究下去，就不能不落在人的內心情感上來說了。

　　因為，人之所以異於禽獸者，除了在於人具有思辨的能力，可以分辨是非善惡，（甚至以及分辨自身的存在性、獨特性、價值性等等）；也在於人有情感。在一個崇尚道德價值和群體生命價值的社會文化中，個體的情感可能經常被統合在外在群體中，捨小我而從大我地萎縮著、壓抑著、忽略著。古來多少偉人烈士，拋妻別子捨生取義，賴的豈非便是能夠揮慧劍、斬「情」絲？然而當個體生命價值感高度肯定、人的獨特個性完全發揮之時，情感，當然也就從長期淹沒中乍然浮現，並且力爭上游地，要奔瀉著、澎湃著成為主流了。緣情趨勢之繼人本趨勢而起，也成為魏晉南北朝美學的主要趨勢之一，不亦宜乎！

　　而也和人本趨勢相同地，我們也不能說魏晉南北朝以前就沒有緣情的思潮。從先秦到兩漢，「情」雖然從來不是任何一位學者的主要學說，但是正因為它是人性中的根本存在，與人的關係如影隨形，因此許多學者都發表過，或體現過他們對情的意見。此下文談「聖人有情說」時再談。但是在兩漢時

期，一方面因為社會德行價值的統一性比其他任何時代都更強烈，個人的感情往往不自覺地消蝕於其中；一方面董仲舒將「情」與「慾」合一，故而主張壓制情慾的說法也隨著儒術而普及人心，因此整個漢代的時代風氣，對「情」是採取著忽略、漠視，甚至克制、壓抑的態度的。從這個角度說，「緣情」的觀念是魏晉時期的產物，它根源於人本趨勢所喚醒的個性價值自覺，而蓬勃興盛，後來居上，也成為魏晉美學發展的主要趨勢之一。

第一節　緣情趨勢的形成

當個人價值深受肯定之時，緣情觀念的產生是自然而然的現象。因此魏晉美學緣情趨勢的產生，沒有人本趨勢那麼艱辛而漫長，然而，在從發現「人當道情」，到能夠真正「鍾情在我」，自由地表現內在深情的整個形成發展的過程中，也因為中間一場夾雜著政治鬥爭、名士迫害等諸多因素而慘烈上演的名教與自然之爭，而橫生出一個「抑情抗禮」的過渡階段。因而也同「人本趨勢」的形成過程一樣，是有其曲折性，和坎坷性的。今簡述其經過為：

一、人當道情

從現有載籍看來，情感與人之主體開始密切相連，是在漢末的一句似乎隨口而發的「人當道情」的體悟之中：

> 孫權稱臣，斬送關羽。太子書報繇。繇答書曰：「臣同郡故司空荀爽言：『人當道情，愛我者一何可愛，憎我者一何可憎！』顧念孫權，了更嫵媚。」太子又書曰：「得報，知喜南方。至於荀公之清談，孫權之嫵媚，執書嗢噱，不能離手。若權復點，當折以汝南許劭月旦之評。權優游二國，俯仰荀、許，亦已足矣。」（《三國志卷十三·鍾繇傳》注引《魏略》）

鍾繇引用荀爽之言以答曹丕，看似輕鬆，其實含蘊無窮。蓋因在兩漢尚德重禮，群體生命價值遠大過個人的時代背景中，只知道「正其誼不謀其利，明其道不計其功。」個體的生命價值實現在「誼」之「正」、「道」之「明」中，不談功利，不計代價，當然更談不上自己的感覺情緒這些「小」我之事。小我是寄託在大我之中來呈現、來滿足自我的。尤其是說到國家大事，開口就是仁義道德、禮樂教化，更沒有自我情感存在的空間。而今孫權稱臣，斬送

關羽，何等大事，曹丕告知老臣鍾繇，他卻用這樣一句話，幽默地表示了對孫權的嘉許之意。以「嫵媚」形容武將孫權，此評亦何其「嫵媚」，是當時人物品鑑以虛代實，以形寫神之風氣下的用法。這點以後再說。而「人當道情，愛我者一何可愛，憎我者一何可憎！」一句，以自我為中心，愛我者即可愛嫵媚；憎我者即亦可惡可憎，坦率道出自我感受，聽來令人耳目一新。這樣的內在自覺，比較戰國時代，孟子所說的「敬人者人恆敬之」等外在追求，差別何巨！「人當道情」，或說人當體現情、實踐情，短短四字，卻直接承認了是自我的感覺、情緒在作為人際關係中之主體，而不再是孟子所說的「人」——別人。漢末以來形成的人本趨勢，映現在荀爽鍾繇身上，將自我、及自我的「情」提到了主體地位，曹丕一看而「執書嗢噱，不能離手」，欣賞的也就是其間的那一股自然的「人」「情」味吧。

　　孫權斬擊關羽，傳送其首，是在建安二十五年，荀爽發此言更早於此，由鍾繇所引荀爽此一語看來，其時人本趨勢已成風潮，而「人當道情」四字，在體現人本精神的同時，也為緣情趨勢的形成，畫下了精彩的一筆。

二、抑情抗禮

　　在尚情之風隨著人本趨勢而不斷發展的過程之中，卻又不斷有人因為標舉個性，反抗傳統禮教，而將個人獨特的感情用最獨特的方式表達出來。亦即，不依循一般約定俗成的形式來「道其情」，而用「抑情抗禮」的方式，反向地以一種故作鎮靜，故作若無其事來凸顯自我的內在生命特性。於是明明情緒激動澎湃，卻偏偏強力壓制不肯表達出來，以此來對抗禮教制度的常態儀程，表現自我個性。早在東漢就有這樣的例子，《後漢書卷八十三·逸民列傳·戴良傳》載戴良其人：

> 良少誕節，母喜驢鳴，良常學之以娛樂焉。及母卒，兄伯鸞居廬啜粥，非禮不行。良獨食肉飲酒，哀至乃哭，而二人俱有毀容。或問良曰：「子之居喪，禮乎？」良曰：「然。禮所以制情佚也，情苟不佚，何禮之論！夫食旨不甘，故致毀容之實。若味不存口，食之可也。」論者不能奪之。

戴良居喪不遵常禮，並頗持之有故，認為禮是為了幫助人節制情緒以免放逸無度（制情佚）而設的，所以只要自己的情感情緒已經確實被節制住了，不致縱逸無節（情苟不佚），那麼還要禮儀制度作甚！於是他雖然與母親感情甚深，卻故意抑制真情，來抗禮。此風影響可及於阮籍、王戎等竹林人士。前

引《晉書卷四十九・阮籍傳》載阮籍居母喪時的舉止，即為戴良的制情佚以抗禮之理論的極度發揮與擴大，而大異於常人：

> 性至孝，母終，正與人圍棋，對者求止，籍留與決賭。既而飲酒二斗，舉聲一號，吐血數升。及將葬，食一蒸肫，飲二斗酒，然後臨訣，直言窮矣，舉聲一號，因又吐血數升。毀瘠骨立，殆致滅性。裴楷往弔之，籍散髮箕踞，醉而直視，楷弔唁畢便去。或問楷：「凡弔者，主哭，客乃為禮。籍既不哭，君何為哭？」楷曰：「阮籍既方外之士，故不崇禮典。我俗中之士，故以軌儀自居。」時人歎為兩得。籍又能為青白眼，見禮俗之士，以白眼對之。及嵇喜來弔，籍作白眼，喜不懌而退。喜弟康聞之，乃齎酒挾琴造焉，籍大悅，乃見青眼。

除了母喪期間克制情感，阮籍平日為人也絕對不動聲色，不流露任何情緒或意見。《世說新語・德行15》載：

> 晉文王稱阮嗣宗至慎，每與之言，言皆玄遠，未嘗臧否人物。

> 注引《魏氏春秋》曰：阮籍字嗣宗，陳留尉氏人，阮瑀子也。宏達不羈，不拘禮俗。兗州刺史王昶請與相見，終日不得與言。昶愧歎之，自以不能測也。口不論事，自然高邁。

> 又引李康（按，當作李秉）《家誡》曰：「昔嘗待坐於先帝，時有三長史俱見，臨辭出，上曰：『為官長當清、當慎、當勤，修此三者，何患不治乎？』並受詔。上顧謂吾等曰：『必不得已而去，於斯三者何先？』或對曰：『清固為本』。復問吾，吾對曰：『清慎之道，相須而成，必不得已，慎乃為大。』上曰：『辨言得之矣，可舉近世能慎者誰乎？』吾乃舉故太尉荀景倩、尚書董仲達、僕射王公仲。上曰：『此諸人者，溫恭朝夕，執事有恪，亦各其慎也。然天下之至慎者，其唯阮嗣宗乎！每與之言，言及玄遠，而未嘗評論時事，臧否人物，可謂至慎乎！』」

正如同明明具有「至孝」之情，卻故意居喪不舉哀，以反抗當時司馬氏以孝治天下的虛偽名教口號一樣；阮籍也為人「至慎」，而在那個名士飽受迫害的時代環境中口不論事、不臧否人物。他不是無情、無意見，而是反過來以制情為情，以不表達為表達。從「至孝」到「至慎」之間，落差何巨！而從「情」到「抗禮」之間，壓制的力道又須有多麼強烈！「抑情抗禮」成為魏晉士人

任誕之舉的一大特徵，其實都是"情"非得已的反常表現而已。

另有一守孝期間壓抑情感的例子，是同屬竹林七賢的王戎。《世說新語·德行17》載：

> 王戎、和嶠同時遭大喪，俱以孝稱。王雞骨支床，和哭泣備禮。武
> 帝謂劉仲雄曰：「卿數省王、和不？聞和哀苦過禮，使人憂之。」仲
> 雄曰：「和嶠雖備禮，神氣不損；王戎雖不備禮，而哀毀骨立。臣以
> 和嶠生孝，王戎死孝。陛下不應憂嶠，而應憂戎。」

劉仲雄之言，確實頗有見地。該條註引王隱《晉書》，稱其亮直清方，見有不善，必評論之，王公大人，望風憚之，曾爲陽平太守杜恕功曹，三魏僉曰：「但聞劉功曹，不聞杜府君。」想必不虛。

又，《世說新語》該條下注又引《晉陽秋》曰：

> 戎爲豫州刺史，遭母憂，性至孝，不拘禮制，飲酒食肉，或觀棋弈，
> 而容貌毀悴，杖而後起。時汝南和嶠，亦名士也，以禮法自持。處
> 大憂，量米而食，然憔悴哀毀，不逮戎也。世祖及時談以此貴戎也。

自帝王（世祖）至一般民間輿論（時談）均以王戎面臨喪母大哀時「不拘禮制」的守孝方式爲貴（以此貴戎），可見當時這種以不表達爲表達的特殊表達方式，亦即「抑情抗禮」的方式，已經成爲時俗風尚了。《世說新語》甚至把阮籍、王戎這些特殊的守喪行爲都列入了「德行」篇目，更是何其大的逆轉。這樣的時代觀念與風向，對於情感之抒發誠爲一股逆流，然而對於標榜個性作風，崇尚矯時干俗，以獨創爲貴，以任誕爲美的人本趨勢而言，卻是再自然不過的了。

當時竹林人物間，都流行著這樣的壓抑情感之風。嵇康也是：

> 初康居貧，嘗與向秀共鍛於大樹之下，以自贍給。潁川鍾會，貴公
> 子也，精練有辯才，故往造焉。康不爲之禮，而鍛不輟。良久會去，
> 康謂曰：「何所聞而來？何所見而去？」會曰：「聞所聞而來，見所
> 見而去，」會以此憾之。（《晉書卷四十九·嵇康傳》）

> 王戎云：「與嵇康居二十年，未嘗見其喜慍之色。」（《世說新語·德
> 行16》）

> 注引〈嵇康別傳〉：康性含垢藏瑕，愛惡不爭於懷，喜怒不寄於顏。
> 所知王濬沖在襄城，面數百，未嘗見其疾聲朱顏。此亦方中之美範，
> 人倫之勝業也。

時人均以此類「喜怒不形於色」為能，可見「抑情抗禮」之風在當時習以為常。以嵇康之「直性狹中」的個性，硬要矯情、要制情，更是讓人「情」何以堪。因其不禮鍾會，並埋下了日後遭害之機。

下至東晉謝安，史載其於采石磯之戰勝利的消息傳來時，仍下棋如儀。這當也是此「制情抗禮」之風影響下的另一種生命形態吧。然而有趣的是，魏晉人士這樣的壓抑情緒，故意以漠然無情的表情來對抗常情常"禮"，卻也並不影響當時另一股流行的任情之風。而且正是此二者合起來，才形成所謂的「魏晉風度」，豈不奇妙？

三、鍾情在我

還好並非所有的魏晉人士全都這樣地壓制，扭曲內心情感和情緒，經過魏晉之際竹林人士「抑情抗禮」的過渡階段後，兩晉以後的人們開始能夠敞開心胸，直接傾寫出內在的深情了。這應是由於兩漢以來長期被淹沒的人的內在感情，一旦被「人當道情」的體悟給掀開來，這一股情感的波濤，其實是非常澎湃不能自已的，越是強制地壓抑它隱藏它，反而越是助長了它對人的影響力。於是在經過社會間日益普遍的「制情以抗禮」的另類表達方式推波助瀾後，至王衍的「鍾情在我」之說，又把「情」和「我」的距離拉近了一大步。《晉書卷四十三·王衍傳》載：

> 衍嘗喪幼子，山簡弔之。衍悲不自勝，簡曰：「孩抱中物，何至於此！」
> 衍曰：「聖人忘情，最下不及於情。然則情之所鍾，正在我輩。」簡
> 服其言，更為之慟。

一句「情之所鍾，正在我輩」，將情之與我、我之與情，緊緊結合，情深意重。魏晉美學的緣情的趨勢，於此已然正式形成。

第二節　緣情趨勢的奠定

「情之所鍾，正在我輩」，緣情的觀念在士庶人中蔚然成風，魏晉人皆深情厚意。然而它要真正奠定基礎，成為一代思想與美學的主要趨勢，仍有賴於理論的提出。魏晉人士在哲學領域中首先提出「聖人有情說」，確定了「情」之存在的合理性，以及審美情感的共通性；又在藝術理論領域中提出了「聲無哀樂論」，將藝術客體──聲，與審美情感──哀樂，分隔開來，極大地

強調了審美情感的主體性；而終於在文學理論的領域中集結出「詩緣情而綺靡」之說，使得「情」確定成為整個審美活動的中介。如此一步一步地，奠定了魏晉美學的緣情趨勢。今分述於下：

一、聖人有情說

王弼在魏初提出的「聖人有情說」，替當時社會民間的尚情之風提供了有力的理論基礎。欲明白此點，必須先了解王弼提出此說的思想背景。

（一）「情」說的淵源

王弼以前，關於「情」的看法有：

1. 儒家的「以禮節情」

尚情的思潮其實發端極早，孔子其實就是一個非常注重情感的人。試看以下的記載：

> 子貢曰：「君子亦有惡乎？」子曰：「有惡。惡稱人之惡者、惡居下流而訕上者、惡勇而無禮者、惡果敢而窒者。」曰：「賜也，亦有惡乎？」「惡徼以為知者、惡不孫以為勇者、惡訐以為直者。」（《論語‧陽貨》）

> 子曰：「惡紫之奪朱也、惡鄭聲之亂雅樂也、惡利口之覆邦家者。」（《論語‧陽貨》）

可見孔子認為君子亦有好惡之情，不是一個寂然無動於衷的怪物。只是孔子在肯定好惡之情的同時，也強調：

> 唯仁者，能好人，能惡人。（《論語‧里仁》）

好惡要如理。仁者立公心，既無私累，各種情感及價值判斷，皆可如理。故曰只有仁者真正懂得好惡。從這一點出發，孔子進而言「克己復禮」：

> 顏淵問仁。子曰：「克己復禮為仁，一日克己復禮，天下歸仁焉。為仁由己，而由人乎哉？」顏淵曰：「請問其目。」子曰：「非禮勿視，非禮勿聽，非禮勿言，非禮勿動。」顏淵曰：「回雖不敏，請事斯語矣。」（《論語‧顏淵》）

孔子攝禮歸仁，故認為情感從「仁」出發，即不應越出「禮」的規範。從另一方面說，這種出於仁、合乎禮的一切情感，在孔子看來是合理的、正當的，並且是崇高的。他是在「仁」的前提、及「禮」的細目下肯定了人之情感表

現的正當性與合理性。

故孔子自身爲人，從不刻意壓抑情感：有時樂至「不知老之將至」；有時又長歎：「甚矣！吾衰也！」（述而）；於武城聞弦歌之聲，則「莞爾而笑曰：割雞焉用牛刀！」（陽貨）；感道之不行，則喟然而欲「乘桴浮於海！」（公冶長）；尤其當顏淵死，孔子不但「哭之慟」，而且大發「噫！天喪予！天喪予！」之浩歎（先進）；而當他說：「季氏八佾舞於庭，是可忍也，孰不可忍也！」（八佾）時，憤激之情幾乎溢於言表。孔子從不隱瞞感情，也反對人如此做。他說：「匿怨而友其人，左丘明恥之，丘亦恥之。」（公冶長）但孔子認爲感情「必以禮節之」，所以：

> 子食於有喪者之側，未嘗飽也。子於是日哭，則不歌。（《論語・述而篇》）

朱熹註此章曰：「學者於此二者，可見聖人情性之正也，能識聖人之情性，然後可以學道。」可見認識孔子對「情」的看法，對於認識孔子全人具有何等的重要性。

同樣的，孔子也極具文藝情感：

> 孔子晚而喜《易》，序〈彖〉、繫、象、說卦、文言。讀《易》，韋編三絕。（《史記卷四十七・孔子世家》）

> 子在齊聞韶，三月不知肉味。曰：「不圖爲樂之至於斯也！」（《論語・述而》）

而對於代表孔子當時代所有文藝之總結的《詩經》，孔子更是情有獨鍾，再三致意，曰：

> 子曰：「小子何莫學夫詩！詩，可以興，可以觀，可以群，可以怨。……」（《論語・陽貨》）

> 子曰：「詩三百，一言以蔽之，曰：思無邪。」（《論語・爲政》）

> 子曰：「關雎，樂而不淫，哀而不傷。」（《論語・八佾》）

從興、觀、群、怨四方面來說明詩的作用，明證孔子何其重視藝術的情感特徵。〔註1〕而對於《詩經》的「思無邪」與「樂而不淫，哀而不傷」的體認，也都是在對於詩中所表達的情感全盤了解、徹底掌握其精髓之後，所發的最高肯定與讚美。《詩經》中那許多被後來的儒者評爲「淫詩」的情詩，在

〔註1〕詳見李澤厚、劉剛紀主編之《中國美學史》第一冊頁127～142。

孔子看來，卻是純正無邪的，其中的哀樂之情，都因爲不淫不傷，發而皆中節，合乎禮義準則，而成爲合理的、正當的、並且是崇高的。孔子這樣正面的、清新的文藝情感論替中國美學打開了一條重情、重表現；並且將情感的表現統攝於「禮」之規範的藝術傳統。

孔子以禮節情的思想影響深遠，《禮記》中不斷發揮此一思想：

> 弁人有其母死而孺子泣者。孔子曰：哀則哀矣，而難爲繼也。夫禮，爲可傳也，爲可繼也，故哭踊有節。（《禮記·檀弓》）

> 子游問喪具，夫子曰：「稱家之有亡。」子游曰：「有無惡乎齊？」夫子曰：「有，勿過禮。苟亡矣，斂首足形，還葬，懸棺而封，人豈有非之者哉？」（同上）

> 曾子曰：「朋友之墓，有宿草而不哭焉。」

> 鄭注：宿草謂陳根也，爲師，心喪三年，於朋友，期可。（同上）

哭喪要「有節」，喪具應「勿過禮」，至於守喪之期，也親疏有序，依禮而別。《禮記》中一再強調要「導情入禮」，「以禮節情」。這是孔子思想的進一步擴大發揮。

2. 莊子的「無情說」

而道家對於「情」的看法，是要「忘情」，乃至於「無情」。如莊子筆下的至人、聖人都是率性而無情的人。他們以天地萬物爲一，不知利害死生等一切分別，心如死灰，根本沒有喜怒哀樂。子桑戶、孟子反、子琴張三人爲至交朋友，子桑戶死，孟子反、子琴張不僅不哭，毫無悲哀，反而「或編曲，或鼓琴，相和而歌」。（《莊子·大宗師》）在莊子看來，人若有喜怒哀樂，便會「其寐也魂交，其覺也形開，與接爲構，日以心鬥」，這樣，就會外傷其形，內傷其身。因而，人應該「安時而處順，哀樂不能入」。（《莊子·養生主》）

> 惠子謂莊子曰：「人故無情乎？」莊子曰：「然。」惠子曰：「人而無情，何以謂之人？」莊子曰：「道與之貌，天與之形，惡得不謂之人？」

> 惠子曰：「既謂之人，惡得無情？」莊子曰：「是非吾所謂情也，吾所謂無情者，言人之不以好惡內傷其身，常因自然而不益生也。」

> 惠子曰：「不益生，何以有其身？」莊子曰：「道與之貌，天與之形，無以好惡內傷其身。今子外乎子之神，勞乎子之精，倚樹而吟，據槁梧而瞑，天選子之形，子以堅白鳴！」（《莊子·德充符》）

> 悲樂者德之邪，喜怒者道之過，好惡者德之失。（《莊子・刻意》）

> 山林與！皋壤與！使我欣欣然而樂與！樂未畢也，哀又繼之，哀樂之來，吾不能禦；其去，弗能止。悲夫！世人直爲物逆旅耳！（《莊子・知北遊》）

> 死生存亡，窮達富貴，賢與不孝毀譽，饑渴寒暑，是事之變，命之行也；日夜相代乎前，而知不能規乎其始者也，故不足以滑和，不可入於靈府。（《莊子・德充符》）

> 且夫得者，時也；失者，順也；安時而處順，哀樂不能入也。此古之所謂懸解也。而不能自解者，物有結之。（《莊子・大宗師》）

是爲莊子「無情說」之意含。以人應依循自然，不因好惡之情而對自然之本性有所損益，亦即哀樂不入於靈府，一切窮達得失皆得自解的最高境界。

3. 荀子的「情之不美」

在作爲「儒學之歧途」的荀子〔註2〕那兒，情，也是不美的、應該否定的。他說：

> 堯問於舜曰：「人情何如？」舜對曰：「人情甚不美，又何問焉？妻子具而孝衰於親；嗜慾得而信衰於友；爵祿盈而忠衰於君。人之情甚不美，又何問焉！」（《荀子・性惡》）

荀子之所以發此言，是因爲他是將「情」與「嗜慾」、「爵祿」等同來看的，而非指爲那些可以「發而皆中節」的「喜怒哀樂」之情。情不美，是他「性惡」論的根基。

4. 董仲舒的「情欲合一」

到漢代，董仲舒順荀子之意而明言「情」與「欲」合一：

> 臣聞命者天之令也，性者生之質也，情者人之欲也。（《漢書卷五十六・董仲舒傳》）

> 天令之謂命，命非聖人不行；質樸之謂性，性非教化不成；人欲之謂情，情非度制不節。是故王者上謹於承天意，以順命也；下務明教化民，以成性也；正法度之宜，別上下之序，以防欲也。修此三者，而大本舉矣。（同上）

既然「情者人之欲也」、「人欲之謂情」，情與欲合一，而又要「防欲」，可見

〔註2〕勞思光先生語，見《中國哲學史》第一冊第六章「荀子與儒學之歧途」

對「情」是採取壓抑態度的。

當魏晉人在「人本趨勢」的引導下開始關注人的內心情感時，他們所面對的，就是前面各家各派對「情」的不同主張和態度。尤其兩漢時期董仲舒的思想定於一尊，魏晉人承襲了情欲合一的觀念，情都是應該要「防」的。因此，他們首先面臨一個有趣的問題，就是，聖人到底有情無情？

（二）「聖人有情說」的審美價值——肯定審美情感的共通性

《三國志卷二十八・鍾會傳》注引何劭《王弼傳》曰：

> 何晏以爲聖人無喜怒哀樂，其論甚精，鍾會等述之。弼與不同，以爲：聖人茂於人者，神明也；同於人者，五情也。神明茂，故能體沖和以通無；五情同，故不能無哀樂以應物。然則聖人之情，應物而無累於物也。今以其無累，便謂不復應物，失之多矣。

又云：

> 弼注《易》，潁川人荀融難弼《大衍論》，弼答其意，白書以戲之曰：夫明足以尋極幽微，而不能去自然之性。顏子之量，孔父之所預在，然遇之不能無樂；喪之不能無哀，又常狹斯人，以爲未能以情從理者也，而今乃知自然之不可革。是足下之量，雖已定乎胸臆之內，然而隔愈旬朔，何其相思之多乎？故知尼父之於顏子，可以無大過矣。

「聖人茂於人者，神明也；同於人者，五情也。」神明此處爲智慧之意，聖人智慧超凡，能夠「應物而無累於物」，凡人無此神明，故有累。然而聖凡之所同者，五情也。情乃與生俱來，不可革；不可去，而且不分聖人或凡庶，一皆有之。「情」成了聖凡合一的交通點，王弼以普遍存在、聖凡共通肯定了「情」的地位。這就將「情」從「欲」的層次中提升出來，給予一純粹審美的意義，對於當代思潮，及美學的發展，影響極大。

《世說新語・文學57》也記載了一則關於聖人有情無情的論辯：

> 僧意在瓦官寺中，王苟子來，與共語，便使其唱理，意謂王曰：「聖人有情不？」王曰：「無。」重問曰：「聖人如柱邪？」王曰：「如籌算，雖無情，運之者有情。」僧意云：「誰運聖人邪？」苟子不得答而去。

劉孝標註此條曰：「王修善言理，如此論，特不近人情，猶疑斯文爲謬也。」此文是否爲謬不得而知，單以字面來看，一句「誰運聖人邪？」令王修不得答而去，這就涉及了美感生成論的領域。僧意之意爲：審美情感乃內在於人

的自然稟賦，不待運之而生，此理雖善言理之王修亦不可得而駁。

王弼是從聖凡共通性的角度立論，來肯定聖人有情；僧意卻是從美感的生成上，來辯駁聖人無情說。而不論如何，審美情感乃一普遍之存在，爲任何人類所共通具有，此一認知藉著這些論難而獲得了前所未有的肯定。

二、聲無哀樂論

嵇康發表了一篇特殊的音樂美學理論：〈聲無哀樂論〉，用一種二元論的觀點，把審美主體的哀樂之「情」和作爲審美對象的「聲」完全分離，這一方面就「聲」而說，是建立了所謂「客觀主義之純美論」〔註3〕的音樂玄理；一方面就「哀樂」說，也因爲獨立於音樂藝術之外，而具有了前所未曾被注意到的超然性，從而也凸顯出了「情」在審美過程中的主體性。

（一）樂論的淵源

嵇康之前的音樂理論，最主要的是《禮記‧樂記》，後來和他同時代的阮籍也著有《樂論》。

1. 《禮記‧樂記》的社會功能論

（1）致樂治心

《樂記》認爲「樂由中出，禮自外作」，「禮」的作用是從外在去規範、節制人的行爲，「致禮以治躬」；然而樂音卻由中、由內，「由人心生也」，故「致樂可以治心」，其言曰：

> 君子曰：禮樂不可斯須去身。致樂以治心，則易直子諒之心油然生矣。易直子諒之心生則樂，樂則安，安則久，久則天，天則神。天則不言而信，神則不怒而威，致樂以治心者也。

> 夫民有血氣心知之性，而無哀樂喜怒之常。應感起物而動，然後心術形焉。是故志微、噍殺之音作，而民思憂；嘽諧、慢易、繁文、簡節之音作，而民康樂；粗厲、猛起、奮末、廣賁之音作，而民剛毅；廉直、勁正、莊誠之音作，而民肅敬；寬裕、肉好、順成、和動之音作，而民慈愛；流辟、邪散、狄成、滌濫之音作，而民淫亂。

音樂對人的情感有著種種影響，什麼樣的節奏引起什麼樣的情感，所以說樂能「治心」，有陶冶人們向善的作用。故又曰：

〔註3〕牟宗三先生語，見《才性與玄理》，頁355。

> 樂也者，聖人之所樂也，而可以善民心。其感人深，其移風易俗，
> 故先王著其教焉。

（2）反情和志

《樂記》認爲音樂不但可以治心、導人向善，並且有「反情和志」的功用，其言曰：

> 君子反情以和其志，比類以成其行。姦聲、亂色不留聰明；淫樂、
> 慝禮不接心術；惰慢、邪辟之氣不設於身體；使耳、目、鼻、口、
> 心知、百體皆由順正以行其義。然後發以聲音，而文以琴瑟，動以
> 干戚，飾以羽旄，從以簫管。奮至德之光，動四氣之和，以著萬物
> 之理。是故清明象天，廣大象地，終始象四時，周還象風雨。五色
> 成文而不亂，八風從律而不姦，百度得數而有常，大小相成，終始
> 相生，倡和清濁，迭相爲經。故樂行而倫清，耳目聰明，血氣和平，
> 移風易俗，天下皆寧。故曰：「樂者，樂也。」君子樂得其道，小人
> 樂得其欲。以道制欲，則樂而不亂；以欲忘道，則惑而不樂。是故
> 君子反情以和其志，廣樂以成其教。樂行而民鄉，方可以觀德矣。

這就是《樂記》所謂的「反情和志」的「樂教」，也是它認爲一切藝術的重要作用。因此它又強調「樂」有極和的作用：

> 樂也者，動於內者也；禮也者，動於外者也。樂極和，禮極順，內
> 和而外順，則民瞻其顏色而弗與爭也；望其容貌而不生易慢焉。
> 樂者，天地之和也；禮者，天地之序也。和，故百物皆化；序，故
> 群物皆別。

《禮記・樂記》所謂的「和」，就其實質來說，是個體的感官慾望和情感都統一於社會的倫理道德的結果。這也正是儒家所追求的美的最高理想。

2. 阮籍《樂論》的音樂本體論

阮籍則從社會功能的角度中掙脫出來，認爲「樂」的功能與其本體是不可分的。他說：

> 夫樂者，天地之體，萬物之性也。合其體，得其性，則和；離其體，
> 失其性，則乖。昔者聖人之作樂，將以順天地之體，成萬物之性也。
> 故定天地八方之音，以迎陰陽八風之聲；均黃鐘中和之律，開群生萬
> 物之情氣。故律呂協則陰陽和，音聲適而萬物類。男女不易其所，君
> 臣不犯其位，四海同其歡，九州一其節。奏之圜丘而天神下；奏之方

丘而地祇上。天地合其德，則萬物合其生，刑賞不用而民自安矣。

乾坤易簡，故雅樂不煩。道德平淡，故無聲無味。不煩則陰陽自通，無味則百物自樂，日遷善成化而不自和，風俗移易而同於是樂。此自然之道，樂之所始也。

阮籍明確指出，「樂」的本體即是「天地之體，萬物之性」，所謂「風俗移易」只是當音樂能「合其體，得其性」之時所產生的自然現象，並非音樂存在的唯一目的。他力圖以「樂」的本體論來澄清藝術的功能論調，還音樂藝術以原來的素樸、獨立面貌。故又曰：

故八音有本體，五聲有自然，其同物者以大小相君。有自然，故不可亂；大小相君，故可得而平也。若夫空桑之琴，雲和之瑟，孤竹之管，泗濱之磬，其物皆調和淳均者，聲相宜也，故必有常處。以大小相君，應黃鐘之氣，故必有常數。有常處，故其器貴重；有常數，故其制不妄。貴重，故可得以事神；不妄，故可得以化人。其物繫天地之象，故不可妄造；其凡似遠物之音，故不可妄易。雅頌有分，故人神不雜；節會有數，故曲折不亂；周旋有度，故俯仰不惑；歌詠有主，故言語不悖。導之以善，綏之以和，守之以衷，持之以久。散其群，比其文，扶其天，助其壽，使其風俗之偏習，歸聖王之大化。先王之為樂也，將以定萬物之情，一天下之意也，故使其聲平，其容合，下不思上之聲，君不欲臣之色，上下不爭而忠義成。

樂的「八音」、「五聲」均出於「自然」、「本體」，由此而引出樂所具有的「常處」、「常數」，「有常處，故其器貴重；有常數，故其制不妄。貴重，故可得以事神；不妄，故可得以化人。」認為自然的和諧乃由此而體現在人類社會的和諧上，而非為求教化而奏樂。他把儒家樂論所強調的基於倫理道德的「和」，提升為一個超越人間社會的「自然一體」、「萬物一體」的境界。阮籍所強調的是音樂本身的獨立性、本體性，於是便賦予了美以一種哲學本體論的新意義。在這一點上，他不但闡明了先秦儒家樂論的基本思想，又同時別有創見、別有提升作用，有了這個理論基礎，才能推展出嵇康的審美情感論。

（二）聲無哀樂論的審美價值──強調審美情感的主體性

嵇康進一步申述了阮籍的音樂本體論，以及音樂的最高境界是「和」而非教化作用的理念，他在〈聲無哀樂論〉一文中說：

夫天地合德，萬物貴生。寒暑代往，五行以成。故章爲五色，發爲
五音。音聲之作，其猶臭味在於天地之間。其善與不善，雖遭遇濁
亂，其體自若，而不變也。

夫五色有好醜，五聲有善惡，此物之自然也。

聲音有自然之和，而無繫於人情。

齊楚之曲多重，故情一；變妙，故思專。姣弄之音，挹眾聲之美，
會五音之和，其體贍而用博，故心侈於眾理。五音會，故歡放而欲
愜，然皆以單複高卑善惡爲體，而人情以躁靜專散爲應。譬猶游觀
於都肆，則目濫而情放；留察於曲度，則思靜而容端。此爲聲音之
體，盡於舒疾，情之應聲，亦止於躁靜耳。夫曲用每殊，而情之處
變，猶滋味異美，而口輒識之也。五味萬殊，而大同於美；曲變雖
眾，亦大同於和。美有甘，和有樂，然隨曲之情，盡於和域；應美
之口，絕於甘境，安得哀樂於其間哉。……不可見聲有躁靜之應，
因謂哀樂皆由聲音也。

嵇康和阮籍相似，是把樂的問題提到宇宙本體的地位上來加以觀察的。嵇康
認爲，五色、五聲產生自天地陰陽五行的變化，而音的善與不善，就如味的
存在於天地之間，有其不變的本體，不會因爲遭到濁亂而改變。故曰「其體
自若，而不變也。」此音樂之本體，雖有「單、複、高、卑、善、惡」之別，
但卻「大同於和」。故曰「聲音有自然之和，而無繫於人情。」嵇康以「和」
爲音樂的本體。此「自然之和」獨立於任何認知的、教化的價值之外，是一
個純粹的「自然」之美。也就是說，將儒家所注重的社會倫理等外在性的「和」，
向超越性、內在性的「自然之和」靠近。所以又說：

樂之爲體，以心爲主。故無聲之樂，民之父母也。（〈聲無哀樂論〉）

有主於中，以內樂外，雖無鐘鼓，樂已具矣。故得志者，非軒冕也；
有至樂者，非充屈也，得失無以累之耳。（〈答向子期難養生論〉）

「以心爲主」和「以內樂外」的論點，明顯地是將音樂的活動，和作用，不
但如阮籍一般從外在的社會人間提升到宇宙本體，並且更進一步，又從外在
的宇宙本體再拉到內在的心性本體上說了。於是而有所謂「無聲之樂」、「雖
無鐘鼓，樂已具矣」的境界產生。人與對象之間，形成了一種和諧而自由的

審美關係。也就是說，人不再是音樂〔註4〕所要教化、陶冶的目標，他與音樂不但成了同等的對應存在，並且還成了音樂之「主」，真正獲得了審美主體的地位。

從而嵇康更進一步，又從作為審美主體的欣賞者角度出發，認為音樂本體的「和」與審美主體的「哀樂」「歌哭」之情是分離的，而提出他的「音聲無常」觀。他說：

> 玉帛非禮敬之實，歌舞非悲哀之主也，何以明之？夫殊方易俗，歌哭不同，使錯而用之，或聞哭而歡，或聽歌而感。然而哀樂之情均也。今用均同之情，而發萬殊之聲，斯非聲音之無常哉？然聲音和比，感人之最深者也。勞者歌其事，樂者舞其功。夫內有悲痛之心，則激切哀言。言比成詩，聲比成音。雜而詠之，聚而聽之。心動於和聲，情感於苦言，嗟嘆未絕，而泣涕流漣矣！夫哀心藏於苦心內，遇和聲而後發。和聲無象，而哀心有主。夫以有主之哀心，因乎無象之和聲，其所覺悟，唯哀而已。豈復知吹萬不同，而使其自已哉！風俗之流，遂成其政。是故國史明政教之得失，審國風之盛衰，吟詠情性，以諷其上。故曰：「亡國之音哀以思」也。（《聲無哀樂論》）

嵇康認為「和聲無象，而哀心有主」，音樂欣賞中所產生的一切哀樂情感，並非音樂自身的屬性所賦予人的，音樂本身並無哀、樂的質素在內。他的用意在於，藉著將人的哀樂之「情」從音樂之「和」的作用中獨立出來，而推翻傳統的倫理美學觀。他一方面力圖淨化審美對象，把音樂藝術看成一種不為人所役用的獨立自足的存在，具有一切不帶功利色彩的純粹藝術美；一方面又希望釐清審美情感的主體本質，將之從長久以來被倫理教化淹蓋的情況中獨立出來，重新找回自我審美情感的主觀能動性。這就充分發展了曹丕以強調個性風格所開始的表現論美學，也還給了審美情感一個單純的、主體性的空間。於是，不但人成了審美主體，並且內在於人的「哀樂之情」也首度躍升為審美主體了。〈聲無哀樂論〉中秦客和東野主人就此問題反覆辯論，其論據之邏輯性我們暫且不論，不論如何，經過這一番論辯釐訂，審美情感的主體性獲得了大幅強調，為兩晉以後美學發展上的緣情趨勢，奠定了深厚基礎。

〔註4〕 在嵇康的理論中，「聲」、「音」、「樂」是三分的，詳參謝大寧〈試析「聲無哀樂論」之玄理〉一文，載《中國學術年刊》第十八期，頁159～173。此處合言僅為行文之方便。

《世說新語・文學 21》云：

> 舊云，王丞相過江左，止道聲無哀樂、養生、言盡意三理而已，然
> 宛轉關生，無所不入。

《南齊書卷三十三・王僧虔傳》引僧虔〈誡子書〉也說：

> 才性四本、聲無哀樂，皆言家口實，如客至之有設也。

可見「聲無哀樂論」至東晉、南北朝仍舊盛行，則嵇康強調的審美情感的主
體能動作用，影響久遠，這對於魏晉美學的緣情趨勢的奠定，當然意義深遠。

三、詩緣情說

陸機的「詩緣情說」，繼曹丕的「文氣說」之後，對先秦的「情志說」再
做進一步的揚棄，和否定。

（一）詩「緣情」的審美價值——情感的審美中介地位

「詩緣情」是陸機《文賦》中討論各種文體之特色的話。前文論曹丕《典
論・論文》時已論及文體。曹丕所說的文體之別為：「蓋奏議宜雅，書論宜理，
銘誄尚實，詩賦欲麗」。他已注意到了文學的審美特徵，但還說得很簡略。陸
機則大大進了一步，作了充分的發揮。他說：

> 詩緣情而綺靡，賦體物而瀏亮，碑披文以相質，誄纏綿而悽愴，銘
> 博約而溫潤，箴頓挫而清壯，頌優游以彬蔚，論精微而朗暢，奏平
> 徹以閑雅，說煒曄而譎誑。雖區分之在茲，亦禁邪而制放。要辭達
> 而理舉，故無取乎冗長。（《全晉文》卷九十七陸機〈文賦〉）

這一段雖然旨在論文體特色，但因他用以說明各種文體的特徵的用語都是從
藝術、審美的觀點來看的，都是一些審美的判斷，因此陸機事實上可以說是
在分論各種文體的美的特徵，故此段文字對於了解陸機自身的美學思想，或
魏晉美學理論的進展，都有重要意義。

和曹丕比較起來，曹丕論文體僅止於「四科」，且均單以一字囊括兩種文
體的特色，過於簡略，尚未突出各文體的審美特徵。曹丕在他的時代，只能
做到喚醒審美意識的工作，尚無力分析審美特徵。而陸機則一口氣列舉了十
種文體，分別提出兩個審美命題，來掌握其藝術特徵，因此評論的氣魄較曹
丕大了許多，理論的精密圓熟也非其可比。

此外，陸機評論各種文體之用語，也如前文所言鍾嶸評孫權以「嫵媚」

一樣，是一種帶有審美性質的，以形寫神的人物品藻用語，明顯是審美性的人物品藻的方法在文體上的應用，具有一種朦朧的、印象式的美感。這對後世的文藝審美評論方法也發生了很大影響。

在陸機對各種文體之美的論述中，最為重要的是他對詩的看法，即「詩緣情而綺靡」。這不僅因為詩在中國歷來的文學中佔有重要地位，同時還因為陸機的這一看法實際上不局限於詩，而包含著他對整個文藝的看法。這在美學上的意義，又可分兩個方面加以分析，即一個是「緣情」，另一個是「綺靡」。

陸機在他自己所創作的賦中也曾屢用「緣情」這個詞，如：

> 悲緣情以自誘，憂觸物而生端。（《思歸賦》）

> 樂隤心其如忘，哀緣情而來宅。（《嘆逝賦》）

由比也可略見陸機對「緣情」的注意。「緣」是因、由之意。說詩「緣情」，即是說「詩是由情而生的」。這比起曹丕「文以氣為主」中強調作者的個性氣質為審美意識又更進一步，是以作者心中的情感作為整個作品生成的基點，認為在作者與作品、主體與對象之間，「情」是焦點，也是中介。這在一方面說，是大大提升了個體之情感、情緒在創作和審美上的作用，進一步揚棄了「詩言志」說的政治倫理實用觀。另外，在美學發展史上，也標誌著審美角度的再一次內向化發展，直探內心情感世界，一種嶄新的偏於內心，偏於寫意、抒情、表現的審美標準正在不斷地勃興成熟起來。

（二）詩「綺靡」的審美價值 —— 情感表現的藝術形式

所謂詩「緣情」而生的這個「情」，指的是對人生的感慨、哀傷、戀慕、讚嘆之情，這些情感的產生因素，陸機分析的是：

> 遵四時以嘆逝，瞻萬物而思紛；悲落葉於勁秋，喜柔條於芳春；心懍懍以懷霜，志渺渺而凌雲。詠世德之駿烈，誦先人之清芬；游文章之林府，嘉麗藻之彬彬。慨投篇而援筆，聊宣之乎斯文。

這樣的情，不再是外向認同的「情志」，而純粹屬於審美、藝術之情，因此也需要有與之相應的具有藝術美的形式，才能產生充分的藝術感染力。因此陸機說「詩緣情而綺靡」——詩是「緣情」而生的；而文詞又是美麗繁盛的。「緣情」指內容；「綺靡」指形式，兩者會合，才是一個完整的文學理論。而在美學上說，「緣情」說出了詩的生成性質、中介性質；而「綺靡」則說出了詩的形式特質、藝術特質。

再進一步說，詩「綺靡」所體現的美的狀態，不是個體在追逐外在價值時的動盪激情；不是堆砌排比時的富艷儷人，它是內在的一切嘆逝思紛、悲秋喜春的深層情感，自身不斷衝撞、重組後，而「宣之乎斯文」的呈現，因此有著它內蘊的光輝。它是一種內在的優美秀麗。和前文引司馬相如所說的「合綦組以成文，列錦繡而為質，一經一緯，一宮一商，」的所謂「作賦之跡」比較起來，「合」與「列」的創作方法，與「宣」之乎斯文之間，一為外向的追求排比；一為內在心理之呈現，分別就很明顯了。「綺靡」的美，是內在情感充分體現、發揮而呈現的藝術美。詩「綺靡」的理論，是藝術情感的表現論。中國美學在藝術美的生成和表現領域，至此又前進了一大步。

另外，相對於曹丕「文氣說」的個性風格表現論，陸機所提出的是一個情感表現論，中國美學經由他們二人的配合，在由再現主義走向表現主義的道路上，同樣也邁進了一大步。

第三節　緣情趨勢對魏晉美學的影響

經由聖人有情說對「情」之共通存在的肯定與提升、聲無哀樂論對「情」之獨立，與主體性的發現與強調，以及，詩緣情說對「情」之審美中介、美感基點之地位的發揚，個體的內在情感價值已受到前所未有的重視，魏晉美學的緣情趨勢也已完全奠定。「情」開始在魏晉南北朝時期的社會風氣、文學風貌上，產生重大影響。

一、尚情之風

由於主體的個性價值肯定了，情感價值被重視了，人既可自由體驗情感，又不必再因為怕與眾不同而隱藏、壓抑情感，於是六朝人普遍重情。這也是社會美學上所謂「魏晉風度」的構成因素之一。

> 桓子野（桓伊，見晉書卷八十一桓宣傳）每聞清歌，輒喚「奈何！」謝公聞之曰：「子野可謂一往有深情。」（《世說·任誕42》）
>
> 王長史登茅山，大慟哭曰：琅琊王伯輿，終當為情死。（《世說·任誕54》）

關於魏晉人士重情的現象，本書第一章論「體情觀與審美」時曾提及當時有所謂「聞諱而哭」的習俗，已然令人印象深刻。然不只是對亡父充滿感

情而已，魏晉人士在人際關係的各層面，都情深意厚：

（一）父子之情

《晉書卷四十九・胡毋輔之傳》載：

> （胡毋）謙之字子光，才學不及父，而傲縱過之。至酣醉，常呼其父
> 字，輔之亦不以介意。談者以爲狂。輔之正酣飲，謙之窺而屬聲曰：
> 「彥國年老，不得爲爾！將令我尻背東壁。」輔之歡笑，呼入與共飲。

胡毋謙之是胡毋輔之的兒子。父子都是放達任誕之人。謙之直呼他父親的名字，輔之不僅不惱怒，反而很高興，歡笑呼入與之共飲，此雖與任誕的風氣不無關係，但這種任誕卻是建立在父子二人親愛無間的基礎之上的。

正因爲父母與兒子的關係建立在親密無間的眞情基礎上，所以，兒子一旦夭亡，便有父母痛不欲生的情況存在。《晉書卷四十三・王衍傳》：

> 衍嘗喪幼子，山簡弔之。衍悲不自勝，簡曰：「孩抱中物，何至於此！」
> 衍曰：「聖人忘情，最下不及於情。然則情之所鍾，正在我輩。」簡
> 服其言，更爲之慟。

此事《世說新語・傷逝4》亦載，作：

> 王戎喪兒萬子，山簡往省之。王悲不自勝。簡曰：「孩抱中物，何至
> 於此！」王曰：「聖人忘情，最下不及情。情之所鍾，正在我輩。」
> 簡服其言，更爲之慟。
>
> 劉孝標注引王隱《晉書》曰：「戎子綏，欲娶裴遁女，綏既早亡，戎
> 過傷痛，不許人求之，遂至老無敢娶者。」又云：「一說是王夷甫喪
> 子，山簡弔之。」然〈賞譽篇〉注引《晉諸公贊》曰：王綏字萬子，
> 年十九卒。」程炎震云：「晉書王衍傳取此，云衍嘗喪幼子。蓋以萬
> 年十九卒，不得云孩抱中物也。」似以晉書爲誤。而吳士鑑注曰：「王
> 戎喪子，年已十九，不得云孩抱中物，世說誤衍作戎，合爲一事，
> 注引王綏事以實之，亦誤也。

所論甚是。而不論是王戎喪十九歲之子王綏，而不許人娶王綏原欲娶的裴遁之女；或是王衍喪孩抱中的幼子而悲不自勝，皆可見當時父子關係之普遍深厚。本來白髮送黑髮自屬人間至痛，然王戎王衍這些魏晉名士之「過傷痛」的表現，又尤異於一般，此與魏晉尚情自不無關係。《顏氏家訓・勉學》亦云：「王夷甫悼子，悲不自勝，異東門之達也。」魏晉人士在情之一關上，從來

都不「達」。

（二）夫妻之情

《三國志卷十・荀彧傳》注引《晉陽秋》曰：

> 荀粲字奉倩，……常以婦人者，才智不足論，自宜以色爲主。驃騎
> 將軍曹洪女有美色，粲於是聘焉。容服帷帳甚麗，專房歡宴。歷年
> 後，婦病亡，未殯，傅嘏往唁粲。粲不哭而神傷。嘏問曰：「婦人才
> 色並茂爲難。子之娶也，遺才而好色，此自易遇，今何哀之甚？」
> 粲曰：「佳人難再得！顧逝者不能有傾國之色，然未可謂之易遇。」
> 痛悼不能已，歲餘亦亡。時年二十九。

《世說新語・惑溺 3》亦載：

> 荀奉倩與婦至篤。冬月婦病熱，乃出中庭自取冷還，以身熨之。婦
> 亡，奉倩後少時亦卒。

夫妻之間情深似海。當然，荀粲在當時也免不了「以此獲譏於世」，但他絲毫
也沒有因怕獲譏於世而以禮去壓抑自己的這種情感。《顏氏家訓・勉學》云「荀
奉倩喪妻神傷，而卒非鼓缶之情也。」莫說荀奉倩，魏晉人都沒有莊子的那
種妻喪而能鼓缶鼓盆，箕踞而歌的忘情功夫。

魏晉人士伉儷情深的例子，尚所在多有，如《世說新語・文學 72》又載：

> 孫子荊（孫楚）除婦服，作詩以示王武子。王曰：「未知文生於情？
> 情生於文？覽之淒然，增伉儷之重。」

像這樣的悼念妻子，不僅於孫楚一人而已，潘岳的〈悼亡詩〉更是膾炙
人口，觀其云：「望廬思其人，入室想所歷」，「寢息何時忘，沈憂日盈積。」
等等，深情厚意，豈但溢於言表而已！

《金樓子・箴戒篇》亦載：

> 齊武帝有寵姬何美人死，帝深淒愴，後因射雉登岩石以望其墳，乃
> 命佈席奏伎，呼工歌陳尚歌之，爲吳聲鄙曲。帝掩歡久之。」

夫妻之間的深情厚意，是魏晉人士一貫的深情現象之一。時人絲毫不以表達
情意爲羞。觀《世說新語・惑溺 6》所載可知：

> 王安豐婦，常卿安豐。安豐曰：「婦人卿婿，於禮爲不敬。後勿復爾。」
> 婦曰：「親卿愛卿，是以卿卿，我不卿卿，誰當卿卿？」遂恆聽之。

以一女子之身，如此勇於表達情愛，魏晉尚情之風影響之大，可以推知。

（三）愛　情

　　魏晉人士不但夫妻間不以表達感情爲羞恥，即於成婚之前，男女的情愛亦十分崇尚自由。《世說新語・惑溺5》又載：

> 韓壽美姿容，賈充辟以爲掾。充每聚會，賈女於青璅中看，見壽，
> 說之。恆懷存想，發於吟詠。後婢往壽家，具述如此，并言女光麗。
> 壽聞之心動，遂請婢潛修音問。及期往宿。壽躋捷絕人，踰牆而入，
> 家中莫知。自是充覺女盛自拂拭，說暢有異於常。後會諸吏，聞壽
> 有奇香之氣，是外國所貢，一著人，則歷月不歇。充計武帝唯賜己
> 及陳騫，餘家無此香，疑壽與女通，而垣牆重密，門閣急峻，何由
> 得爾？乃託言有盜，令人修牆。使反曰：「其餘無異，唯東北角如有
> 人跡。而牆高，非人所踰。」充乃取女左右婢考問，即以狀對。充
> 秘之，以女妻壽。

此事後世盛傳，有多種版本，或以爲非賈充事，乃陳騫之女，〔註5〕不論如何，當時男女之間愛情的坦率、自由，由此可見一斑，唐以後諸傳奇、小說、戲曲中之情愛故事，視此均當有愧色。魏晉人士的愛情，是深刻，而且赤裸裸勇於表白的。《樂府詩集》所載的南朝樂府歌曲，即爲時人這種如膠似漆愛情的眞實記錄。如〈讀曲歌〉中，他們夫妻相樂，便欲「打殺長鳴雞，彈去烏臼鳥，願得連冥不復曙，一年都一曉」；情人相別，便「執手與歡別，欲去情不忍」，竟至於「餘光照已藩，坐見離日盡」；而一旦別離，總是身離而心相隨，儘管是「日光沒已盡，宿鳥縱橫飛」，但人卻在「徙倚望行雲，躑躅待郎歸」等等，不一而足。每個時代的民歌中都有類似的愛情歌詠，但像南朝民歌這樣通篇皆是，且赤裸坦率，婉轉多情，毫無顧忌的，委實少見。此明顯也是受了尚情風氣的影響。

　　《孔雀東南飛》中的堅貞愛情，亦爲千古傳誦的佳話，而爲吾人所熟知。另外，《樂府詩集》註引《古今樂錄》又載有另一則淒美的愛情事蹟：

> （宋）少帝時，南徐一士子，從華山畿往雲陽，見客舍有女子，年
> 十八九，悅之無因，遂感心疾。母問其故，具以啓母。母爲至華山
> 採訪，見女具說。聞感之，因脫蔽膝，令母密置其席下，臥之當已。
> 少日果差。忽舉席見蔽膝而抱持，遂吞食而死。氣欲絕，謂母曰：「葬

〔註5〕劉孝標注引《郭子》說，余嘉錫《世說新語箋疏》爲之考證，見該書，頁921。
　　　然李商隱〈無題〉：「賈氏窺簾韓掾少」已認定是賈充女。

時車載從華山度。」母從其意。比至女門，牛不肯前，打拍不動。
女曰：「且待須臾。」妝點沐浴，既而出，歌曰：「華山畿，君既為
儂死，獨活為誰施？歡若見憐時，棺木為儂開。」棺應聲開，女透
入棺。家人叩打，無如之何。

此殉情事蹟當即「梁山伯與祝英台」之緣起，可見當時這些對愛情的直接頌
揚不但就審美情感來說，有著極大的正面效應，也豐富了中國的文學園地。

（四）兄弟之情

《世說新語・傷逝16》載：

王子猷、子敬俱病篤，而子敬先亡。子猷問左右：「何以都不聞消息，
此已喪矣！」語時了不悲，便索輿來奔喪，都不哭。子敬素好琴，
便徑入坐靈床上，取子敬琴彈。弦既不調，擲地云：「子敬，子敬，
人琴俱亡！」因慟絕良久，月餘亦卒。

王氏兄弟的手足之情不僅表現於死後碎琴之歎，甚至情深至病中願以年壽予
之，為弟代死。《晉書卷八十・王徽之傳》載：

（徽之）與獻之俱病篤。時有術人云：「人命應終，而有生人樂代者，
則死者可生。」徽之謂曰：「吾才位不如弟，請以餘年代之。」術者
曰：「代死者，以己年有餘，得以足亡者耳。今君與弟算俱盡，何代
也！」未幾，獻之卒，徽之奔喪不哭，直上靈床坐，取獻之琴彈之，
久而不調，歎曰：「嗚呼子敬，人琴俱亡！」因頓絕。先有背疾，遂
潰裂，月餘亦卒。

代死雖是術士之言，未可遽信，然徽之愛弟之情何其令人動容！而這樣的兄
弟之情，見諸史傳的還不只徽之、獻之兄弟，《宋書卷六十二・王微傳》亦曰：

微……弟僧謙，亦有才譽，為太子舍人，遇疾，微躬自處治，而僧
謙服藥失度，遂卒。微深自咎恨，發病不復自治，哀痛僧謙不能
已，……僧謙卒後四旬而微終。

六朝人士間這樣的手足之情，動人心扉。

（五）友　情

手足之情或屬與生俱來，而朋友間情深義重，更加感人肺腑。《晉書卷七
十・應詹傳》載：

京兆韋泓喪亂之際，親屬遇饑疫並盡，客遊洛陽，素聞詹名，遂依

> 託之。詹與分甘共苦，情若弟兄。遂隨從積年，爲營伉儷，置居宅，
> 并薦之於元帝曰：「自遭喪亂，人士易操，至乃任運固窮，耿介守節
> 者尠矣。伏見議郎韋泓，年三十八，字元量，執心清沖，才識備濟，
> 躬耕隴畝，不煩人役，靜默居常，不豫政事。昔年流移，來在詹境，
> 經寇喪資，一身特立，短褐不掩形，菜蔬不充朝，而抗志彌屬，不
> 遊非類。顏回稱不改其樂，泓有其分。明公輔亮皇室，恢維宇宙，
> 四門開闢，英彥鳧藻，收春華於京輦，採秋實於巖藪。而泓抱璞荊
> 山，未剖和璧。若蒙銓召，付以列曹，必能協隆鼎味，緝熙庶績者
> 也。」帝即辟之。自後位至少府卿。既受詹生成之惠，詹卒，遂製
> 朋友之服，哭止宿草，追趙氏祀程嬰、杵臼之義，祭詹終身。

所謂患難見眞情，板蕩識忠貞，應詹與韋泓的這段亂世之交，交情委實匪淺！
而友情深重之例，於六朝時期所在多有，如《世說新語‧傷逝11》載支道林對
其同學法虔，也是這樣推重不遺餘力，生死不渝：

> 支道林喪法虔之後，精神殞喪，風味轉墜，常謂人曰：「昔匠石廢斤
> 於郢人，牙生輟弦於鍾子，推己外求，良不虛也。冥契既逝，發言
> 莫賞，中心蘊結，余其亡矣。」卻後一年，支遂殞。

《晉書卷九十三‧外戚列傳‧王濛傳》亦載王濛與劉惔的友情：

> （濛）與沛國劉惔齊名友善，惔常稱濛性至通，而自然有節，濛每
> 云：「劉君知我，勝我自知。」時人以惔方荀奉倩，濛比袁曜卿，凡
> 稱風流者，舉濛、惔爲宗焉。……臨殯，劉惔以犀把塵尾置棺中，
> 因慟絕久之。

《世說新語‧傷逝10》亦載其事曰：

> 王長史病篤，寢臥燈下，轉塵尾視之，嘆曰：「如此人，曾不得四十！」
> 及亡，劉尹臨殯，以犀柄塵尾著柩中，因慟絕。
> 注引〈濛別傳〉曰：「濛以永和初卒，年三十九。沛國劉惔與濛至交，
> 及卒，惔深悼之，雖友于之愛，不能過也。」

其他如《晉書卷四十九‧向秀傳》載曾與嵇康就養生問題反覆論難的向秀，
於嵇康死後爲嵇康作〈思舊賦〉等，亦爲朋友之情的典範。

（六）山川之情

魏晉人士之情感，還有一大特徵，是不單限於人際關係，甚且擴及於物
我關係。魏晉人士對山水也充滿眞情。人與自然，於此時期第一次取得眞正

的和諧。此類山川之情，自然之賞，《世說新語‧言語》中屢見，如：

> 王子敬云：從山陰道上行，山川自相映發，使人應接不暇。若秋冬之際，尤難爲懷。（91）
>
> 簡文入華林園，顧謂左右曰：會心處不必在遠，翳然林水，便自有濠濮間想也。不覺鳥獸禽魚，時來親人。（61）
>
> 顧長康從會稽還，人問山川之美。顧云：『千巖競秀，萬壑爭流，草木蒙籠其上，若雲興霞蔚。』（88，又《晉書卷九十二‧顧愷之傳》亦見，唯缺「其上」二字）

這樣的對大自然的賞趣令人想起《莊子‧知北遊》中「山林與，皋壤與，使我欣欣然而樂與。」及《莊子‧應帝王》中所謂：「予方將與造物者爲人，厭，則又乘夫莽眇之鳥，以出六極之外，而遊無何有之鄉，以處壙垠之野。」的逍遙胸襟。我國的山水文學，就是在這樣的山水之情中孕育茁壯的。六朝時期有多少山水小品之佳作產生，文學史上俯拾即是：

> 風煙俱淨，天山共色，從流飄蕩，任意東西。自富陽至桐廬，一百許里，奇山異水，天下獨絕。水皆縹碧，千丈見底；游魚細石，直視無礙。急湍甚箭，猛浪若奔。夾岸高山，皆生寒樹。負勢競上，互相軒邈，爭高直指，千百成峰。泉水激石，泠泠作響。好鳥相鳴，嚶嚶成韻。蟬則千轉不窮，猿則百叫無絕。鳶飛戾天者，望峰息心；經綸世務者，窺谷忘返。橫柯上蔽，在畫猶昏；疏條交映，有時見日。（《六朝文絜》卷七，梁‧吳均〈與宋元思書〉）
>
> 山川之美，古來共談，高峰入雲，清流見底，兩岸石壁，五色交輝，青林翠竹，四時俱備，曉霧將歇，猿鳥亂鳴，夕日欲頹，沉鱗競躍，實是欲界(人間)之仙都。自康樂(謝靈運)以來，未復有能與其奇者。（陶宏景〈答謝中書書〉）
>
> 自三峽七百里中，兩岸連山，略無闕處，重巖疊嶂，隱天蔽日，自非亭午夜分，不見曦月。至於夏水襄陵，沿沂阻絕，或王命急宣，有時朝發白帝，暮到江陵，其間千二百里，雖乘奔御風，不以疾也。春冬之時，則素湍綠潭，迴清倒影。絕巘多生檉柏，懸泉瀑布，飛漱其間。清榮峻茂，良多趣味。每至晴初霜旦，林寒澗肅，常有高猿長嘯，屬引淒異，空谷傳響，哀轉久絕。故漁者歌曰：「巴東三峽

巫峽長，猿鳴三聲淚沾裳。」（酈道元《水經・江水注》）

對山水之情除了有助於山水文學之產生，另外，也影響隱逸之風。例如，謝靈運〈與廬陵王義眞牋〉曰：

> 會境既豐山水，是以江左嘉遯，並多居之。但季世慕榮，幽棲者寡，或復才爲時求，弗獲從志。至若王弘之拂衣歸耕，踰歷三紀，孔淳之隱約窮岫，自始迄今，阮萬齡辭事就閒，纂戎先業，浙河之外，棲遲山澤，如斯而已。既遠同羲唐，亦激貪屬競。殿下愛素好古，常若布衣，每意昔聞，虛想巖穴，若遣一介，有以相存，眞可謂千載盛美也。

謝靈運於此歷數王弘之、孔淳之、阮萬齡等位棲遲山澤的隱士以勸廬陵王劉義眞也來一遂其愛素好古之志。細看他所舉數人，其隱居固然因爲「遠同羲唐」但也與會稽境內「既豐山水」大有關聯。

另外更著名的例子是王羲之，他隨晉室南渡，過江一見會稽山水，便有辭官終焉之志。《晉書卷八十・王羲之傳》曰：

> 羲之雅好服食養性，不樂在京師，初渡浙江，便有終焉之志。會稽有佳山水，名士多居之，謝安未仕時亦居焉。孫綽、李充、許詢、支遁等皆以文義冠世，並築室東土，與羲之同好。嘗與同志宴集於會稽山陰之蘭亭，羲之自爲之序，以申其志。

此序即驚世名篇〈蘭亭集序〉。宴集蘭亭之樂除了騁懷山林，更加深了王羲之退隱之志，本傳續載他於父母墓前立誓歸隱田園云：

> ……羲之深恥之，遂稱病去郡，於父母墓前自誓曰：「……每仰詠老氏、周任之誠，常恐死亡無日，憂及宗祀，豈在微身而已！是用寤寐永歎，若墜深谷。止足之分，定之於今。……自今之後，敢渝此心，貪冒苟進，是有無尊之心而不子也。子而不子，天地所不覆載，名教所不得容。信誓之誠，有如皦日！」

又云：

> 羲之既去官，與東土人士盡山水之游，弋釣爲娛。又與道士許邁共修服食，採藥石不遠千里，遍游東中諸郡，窮諸名山，泛滄海，歎曰：「我卒當以樂死。」謝安嘗謂羲之曰：「中年以來，傷於哀樂，與親友別，輒作數日惡。」羲之曰：「年在桑榆，自然至此。頃正賴絲竹陶寫，恒恐兒輩覺，損其歡樂之趣。」朝廷以其誓苦，亦不復

徵之。

> 時劉惔爲丹楊尹，許詢嘗就惔宿，床帷新麗，飲食豐甘。詢曰：「若
> 此保全，殊勝東山。」惔曰：「卿若知吉凶由人，吾安得保此。」羲
> 之在坐，曰：「令巢許遇稷契，當無此言。」二人並有愧色。
>
> ……年五十九卒，贈金紫光祿大夫，諸子遵父先旨，固讓不受。

是知王羲之的山水之愛，與其晚年隱逸山林之志堅定不移。其書法藝術之高
妙絕世，或即此二者交會下之產物乎？

山水之愛與隱居之志，確實緊密相連，《宋書卷六十二·王微傳》載微「素
無宦情」，屢被舉薦爲官均「稱疾不就」，而所以堅辭之由，他在〈報何偃書〉
中說：

> ……故兼山水之愛，一往跡求，皆仿像也。不好詣人，能忘榮以避
> 權右，宜自密應對舉止，因卷慚自保，不能勉其所短耳。由來有此
> 數條，二三諸賢，因復架累，致之高塵，詠之清壑。瓦礫有資，不
> 敢輕廁金銀也。

王微雖多忕謙推託之語，但此文足可證明山水之愛與隱逸之間密切關連。

（七）愛智之情

魏晉人士除了於外在人際關係的各層面，和山川風景展現情感之外，對
於內在於人的知識本體（在當時表現爲哲學玄理），也有著深刻的感情。

在孔子，知識本身的獨立意義從未受到特別重視，因爲孔子注重的是人
的德性的完成，而「知」與成德之間，孔子不認爲有必然的聯繫。《論語·
衛靈公》：「子曰：知及之，仁不能守之，雖得之，必失之……」可見孔子認
爲「仁」，即人的德性主體，遠較智識重要。孔子也自以爲「無知」，《論語·
子罕》：子曰：「吾有知乎哉？無知也。有鄙夫問於我，空空如也，我扣其兩
端而竭焉。」

然而在魏晉那個儒學精神全面崩潰的時代環境中，人的德性價值既已爲
才性、個性價值所取代，故「知」的地位呈現出空前的高漲情況。魏晉清談
中的各品目，時人反覆論難，苦自辯證，都是隔斷了德性層面，單就知識，
或說智慧本身的推尋、思辨過程。因此在這過程中，是非眞理的重要性遠不
如知識本體、以及對此知識本體的追尋過程來得重要。魏晉人喜好清談，愛
智之情溢於言表：

> 孫安國往殷中軍許共論（孫盛、殷浩）。往返精苦，客主無閒。左右
> 進食，冷而復暖者數四。彼我奮擲麈尾，悉脫落，滿餐飯中。賓主
> 遂至莫忘食。……（《世說新語‧文學 31》）

> 謝鎮西少時，聞殷浩能清言，故往造之。殷未過有所通，爲謝標榜
> 諸義，作數百語。既有佳致，兼辭條豐蔚，甚足以動心駭聽。謝注
> 神傾意，不覺流汗交面。殷徐語左右：「取手巾與謝郎拭面。」（《世
> 說新語‧文學 28》）

一談及玄理知識，他們或是「往返精苦」，無暇進食；或是「注神傾意，不覺
流汗交面」，全神貫注的愛慕之情流露無遺。

然而細驗有關其時清談場面的記載，不難發現他們似乎係沈湎於清談的
形式，及過程，更勝於其內容。當眾人齊聚一處，他們通常是隨機所至，抽
取一問題來談，亦即，非爲解決一心中疑惑而談，乃爲談而談，如：

> 支道林、許、謝盛德，共集王家。（原注：許詢、謝安、王濛）謝顧
> 謂諸人：「今日可謂彥會。時既不可留，此集固亦難常。當共言詠，
> 以寫其懷。」許便問主人有《莊子》不？正得〈漁父〉一篇。謝看
> 題，便各使四坐通。支道林先通，作七百許語，敘致精麗，才藻奇
> 拔，眾咸稱善。於是四坐各言懷畢，謝問曰：「卿等盡不？」皆曰：
> 「今日之言，少不自竭。」謝後粗難，因自敘其意，作萬餘語，才
> 峰秀逸，既自難干，加意氣擬託，蕭然自得，四座莫不厭心。支謂
> 謝曰：「君一往奔逸，故復自佳耳。」（《世說新語‧文學 55》）

因此，知識、玄理，於魏晉時期固然是得到了在中國歷史傳統的精神方
向中罕見的獨立地位，但卻一轉而成爲是一個情感的關注對象、一個審美對
象。魏晉清談間的反覆論難，固亦有逞才使氣的意味，然追求眞理、愛慕知
識的結果，清談本身也成了一種審美活動。觀以下記載可知：

> 支道林、許掾諸人共在會稽王齋頭，支爲法師，許爲都講，支通一
> 義，四座莫不厭心；許送一難，眾人莫不抃舞，但共嗟詠二家之美，
> 不辯其理之所在。（《世說新語‧文學 40》）

「但共嗟詠二家之美，不辯其理之所在」，明顯可見當時清談由愛智轉向愛美
的發展之跡。「理」並非清談的目的，反而是「情」、與「美」的重要性超過
了一切。故當時亦多有自爲主客，反相論難者，更可見所論並非一眞理知識，
有正反兩方來相互詰難辯護，他們清談純粹只爲享受論辯之美。

何晏爲吏部尚書，有位望，時談客盈坐。王弼未弱冠，往見之。晏聞弼名，因條向者勝理語弼曰：「此理僕以爲極，可得復難不？」弼便作難，一坐人便以爲屈，於是弼自爲客主數番，皆一坐所不及。（《世說新語・文學6》）

傅嘏善言虛勝，荀粲談尚玄遠。每至共語，有爭而不相喻。裴冀州（裴徽）釋二家之義，通彼我之懷，常使兩情皆得，彼此俱暢。（《世說新語・文學9》）

凡此皆可見當時談者並無定見，他們是爲辯而辯，爲談而談。談的雙方可以「通彼我之懷」，而眾人也都單純因爲這種知識談論而咨嗟稱快。

裴散騎（裴遐）娶王太尉（王衍）女。婚後三日，諸婿大會，當時名士，王、裴子弟悉集，郭子玄在座，挑與裴談。子玄才甚豐贍，始數交未快。郭陳張甚盛，裴徐理前語，理致甚微，四座咨嗟稱快。……（《世說新語・文學19》）

注引鄧粲《晉紀》曰：遐以辯論爲業，善敘名理，辭氣清暢，泠然若琴瑟。聞其言者，知與不知，無不嘆服。

余嘉錫箋疏：晉、宋人清談，不惟善言名理，其音響輕重疾徐，皆自有一種風韻。《宋書・張敷傳》云：「善持音儀，盡詳緩之致。與人別，執手曰：『念相聞』餘響久之不絕。」裴遐之「泠然若琴瑟」亦若此而已。

凡此均已使得清談成爲一個美感投注的對象，甚至可以單欣賞其「辭氣」，說話的「音響輕重疾徐」的風韻，只追求其美，而非單爲知識層面的追求而已。因此之故，有一談而爲其美感所折服者，亦有一辯而四座爲之稱美不已者，如：

王逸少作會稽，初至，支道林在焉。孫興公謂王曰：「支道林拔新領異，胸懷所及，乃自佳，卿欲見不？」王本自有一往儁氣，殊自輕之。後孫與支共載往王許，王都領域，不與交言。須臾支退，後正值王當行，車已在門。支語王曰：「君未可去，貧道與君小語。」因論《莊子・逍遙遊》。支作數千言，才藻新奇，花爛映發。王遂披襟解帶，留連不能已。（《世說新語・文學36》）

殷中軍、孫安國、王、謝能言諸賢，悉在會稽王許，殷與孫共論「易象妙於見形」孫語道合，意氣干雲。一坐咸不安孫理，而辭不能屈。

會稽王慨然嘆曰：「使真長來，故應有以制彼。」既迎真長，孫意已
不如。真長既至，先令孫自敘本理。孫麤說己語，亦覺殊不及向。
劉便作二百許語，辭難簡切，孫理遂屈。一坐同時拊掌而笑，稱美
良久。（《世說新語・文學56》）

再就魏晉人追尋知識而言，衛玠的「想夢成疾」，當是個極佳例證。《世
說新語・文學14》曰：

衛玠總角時問樂令「夢」，樂云「是想」。衛曰：「形神所不接而夢，
豈是想邪？」樂云：「因也。未嘗夢乘車入鼠穴，搗虀啖鐵杵，皆無
想無因故也。」衛思「因」，經日不得，遂成病。樂聞，故命駕為剖
析之。……

單就知識的追尋，亦即玄理的探究過程而言，這樣的苦思竭慮，有點接近西
方在古希臘時期的談辯風氣。希臘人追求知識，蘇格拉底以為「道德即知識」，
強調形式思考的規律，忽視人的意志本身、德性主體等根本問題；孔子則基
本上認為意志方向與德性價值最高，而對整個認知活動不予關心。魏晉人士
恰好居於二者之間，他們一方面和孔子很不相同地，把知識玄理、及求知過
程、認知活動等提到獨立的地位，賦予它們本體的價值。因此我們甚至可以
套用魯迅的話說，魏晉南北朝不僅是一個「文」的自覺的時代，還是一個「知」
（包括「知」及「智」二義）的、「理」的自覺時代。但是另一方面，由於他
們所探詢的哲學玄理仍然以主體人格為中心，強調實現內在的自然情性與個
體價值（說見前第二章），而並非如希臘哲理般屬於純形式之知識；也由於魏
晉人士乃是將求知過程的論難，及認知活動的清談，都當作一個審美對象，
供主體觀賞、體味、把玩、興嘆，因此這樣的過程和活動就仍然都帶著哲學
本體論的意義，這是魏晉玄學與希臘哲學、魏晉人士談玄理與蘇格拉底談智
慧的最大差異。

二、緣情制禮

魏晉人重情，不只表現在各種人際關係，及對山川、對智慧均深情款款
的社會風氣上，甚至國家刑律，都緣情制定，隨情更改。這是一個有趣的文
化現象，先秦兩漢以禮節情、以政治教化統情的趨勢，完全顛倒過來。

漢代禮節繁縟，但由於激烈的社會動亂，到了魏晉時期，儀文制度所剩
無幾。而統治階級為維護自己的統治又少不了禮儀，於是，便有了魏晉南北

朝長時期的關於制訂禮儀的討論。而且，由於六朝更替頻仍，各種政治社會關係急劇變化，原有的禮儀常常一轉眼即變得不完全符合當時的社會關係。於是，人們不得不棄舊而創新，重新去制訂各種禮儀。但是，士大夫在掙脫禮教繩索的束縛後，並不想又去製造新的精神枷鎖來禁錮自己，他們要活得自由，活得自在，要盡情地享受人生。既要放達任誕而又要制訂禮法，這原本是難以調和的矛盾。但六朝人士卻是調和這矛盾的行家高手。他們統合「人本趨勢」所強調的「人」的主體性、「緣情趨勢」所標舉的人的情感需求，來制定新的禮儀規範，甚至刑律條文，因而明確提出了「緣情制禮」的命題。

最早提出這一命題的，是曹魏時期的曹羲。據《通典・禮典第九十二》載，當時曾發生一場關於叔嫂服的爭辯。因《禮記》所載周制，叔嫂之喪不相爲服，魏太尉蔣濟《萬機論》以爲誤，應以小功服爲禮。何晏、夏侯玄反對之，以爲叔嫂之交，有男女之別，「彼無尊卑之至敬，故交接不可不疏；彼無骨肉之不殊，故交疏而無服，情亦微矣。」曹羲則超越尊卑、男女之異，純從「情」的角度支持蔣濟之議，其說見《通典》，今《全三國文》卷二十亦載曹羲〈申蔣濟叔嫂服議〉，開篇即嚴正提出：

> 敵體可服，不必尊卑，緣情制禮，不必同族。

所謂「緣情制禮，不必同族」，人情第一次被提昇到與宗族、尊卑等大義同等的地位，成爲制訂喪服之禮的依據之一。其後東晉謝尚在論「遭亂與父母乖離」者宜否進仕時重申此義，而曰：

> 典禮之興，皆因循情理，開通弘勝。（《晉書卷七九・謝尚傳》，亦見
> 《全晉文》卷八三）

典禮的制訂，皆應因循情理，此爲緣情制禮之歷史根據。

《晉書卷二十・禮志中》載干寶云：

> 禮有經有變有權，……且夫吉凶哀樂，動乎情者也；五禮之制，所
> 以敘情而即事也。

此則爲緣情制禮之理論依據。於是，「緣情制禮」便理所當然成了魏晉南北朝革新禮法的基本原則。余英時先生在〈名教思想與魏晉士風的演變〉〔註6〕一文中，對於魏晉人「緣情制禮」的言論多有引述，現考訂如下，以見魏晉時「緣情制禮」思潮之廣闊：

《通典》卷九四「爲出繼母不服議」引河內從事史靡遺之議曰：「夫禮，

〔註 6〕 收於《士與中國文化》一書中。

緣人情而為之制，雖以義督親，而實以恩斷。」

同書卷一○一「朋友相為服議」引徐邈說：「禮，緣情耳。」

同書卷一○二「改葬前母及出母服議」引徐廣說：「緣情立禮。」

同書卷一○三「久喪不葬服議」引張憑說：「禮者，人情而已。」

又《晉書》卷二○也引徐廣語：「且禮……而緣情立制。」

可見魏晉間由於對「情」的充份認知與肯定，制訂禮儀條法時都以情為考量，緣情以立制。降及南北朝，從劉宋到梁陳，雖朝代多次改名換姓，但「緣情制禮」卻是一脈相承。

《南史卷十八·臧燾傳》載臧燾「少好學，善三禮。」而於〈上宋武帝書〉中明說：

> 臣聞國之大事，在祀與戎。……固宜詳廢興於古典，循情禮以求中者也。

故知至此時已情與禮並稱，認為制定禮法不能離開人情。《顏氏家訓·風操》亦云：

> 禮緣人情，恩由義斷。

有趣，也令人有感的是，在魏晉替代之際，阮籍、王戎、嵇康等竹林名士所必須以「容貌毀悴」、以「吐血數升」為代價來強制壓抑內心的真實情感，以反抗名教禮法的那個魏晉時期的時代特徵，經過兩晉之間「緣情」觀念的一番洗禮之後，禮，已經不但不須要抑情去反抗，反而倒轉過來，變成是要緣情去制定了！一句「禮緣人情，恩由義斷」，鏗鏘有力地顯示出歷史的洪流已對抑情、矯情、掩飾漠視扭曲情等作風作出了辯證性的否定揚棄，而所憑藉的，就是其間所發展的這一股「緣情趨勢」！

從緣情制禮，在南北朝更進而有依情論刑之事，《宋書卷六十四·何承天傳》載，鄔陵縣史陳滿射鳥，箭誤中直帥，雖然沒有傷人，但按律應棄市。何承天認為，「獄貴情斷，疑則從輕。」陳滿之意是在射鳥，並不是有心射人，因而只應處以輕微的刑罰。陳滿因此而撿回了一條性命，出補宛陵令。同書卷六十六〈何尚之傳〉也載，義熙五年，吳興武康縣王延祖為劫，其父王睦縛之告官。按照新制，「凡劫身斬刑，家人棄市」。尚書何叔度認為，因情循禮，不應「一人為劫，闔門應刑」，「睦父子之至，容可悉共逃亡；而割其天屬，還相縛送，螫毒在手，解腕求全，於情可愍，理亦宜宥。」最後果真法屈於情，王延祖家人得以免死。「情」在魏晉南北朝的禮法刑律制度中，發揮

了空前未有的強大影響力量。故《宋書卷五十五·傅隆傳》載：

> 隆議之曰：原夫禮律之興，蓋本之自然，求之情理，非從天墮，非
> 從地出也。

　　自古以來，禮不容情，法不容情，禮、法之防，固若金湯。但在魏晉南
北朝，情雖然最終沒有取代禮、法，但在任情狂濤的盪滌之下，禮、法之金
湯卻最終爲情所攻破，影響不可謂之不巨。

三、緣情論文

　　在中國文學史上，詩經奠定了中華民族高度重視文學抒情特徵的審美心
理的骨架。屈原更進一步，將南方沅、湘流域極不同於中原的，迸發著浪漫
而熱烈的情感光彩的特殊文學風格，與個人的「憂愁幽思」（《史記·屈原列
傳》）、「嗟號昊旻」（王逸《楚辭章句·天問序》）的熾烈的際遇之情融爲一體，
創作出一連串驚彩絕艷的騷體作品，彷彿劃破夜空的一顆彗星，樹立了「結
微情以陳詞兮，矯以遺夫美人」（思美人）、「惜頌以致愍兮，發憤以抒情」（惜
頌）的文學緣情的標竿。

　　然而至漢代，經學大一統的局面中，文學創作中的情感成份，一如前文
所言的個性面貌一樣，隱而不見，兩漢的才智之士，在辭賦體文學、史傳和
哲理散文、政論奏議、碑誌銘誄各方面成績斐然，而抒情之作並不多見。《漢
書·藝文志》曰：

> 情動於中而形於言，感於哀樂，緣事而發。

雖亦言哀樂之「情」，然而所謂形於外的「言」，或說文學之作，卻是「緣事而
發」的。創作基點落於外在的事物上，這也就是本文一再說明的兩漢美學係外
向性的追逐模仿之意。

　　魏晉之際美學的「緣情趨勢」一改文學的「緣事」風貌，將審美中介由
外在的事物拉回內心的情感情緒，尤其經過曹丕「文氣說」、陸機「緣情說」
的奠基，情感遂如個性風格一般，成爲文學創作與理論的重心。自前言陸機
〈文賦〉以後，南北朝各代討論不斷。如：

《文心雕龍·情采》曰：

> 昔詩人什篇，爲情而造文；辭人賦頌，爲文而造情。何以明其然？
> 蓋風雅之興，志思蓄憤，而吟詠情性，以諷其上，此爲情而造文也；
> 諸子之徒，心非鬱陶，苟馳誇飾，鬻聲釣世，此爲文而造情也。

蕭子顯《南齊書・文學傳論》：

　　文章者，蓋情性之風標，神明之律呂也。

蕭繹《金樓子・立言》：

　　至如文者，惟須綺縠紛披，宮徵靡曼，脣吻遒會，情靈搖蕩。

鍾嶸《詩品序》曰：

　　若乃春風春鳥，秋月秋蟬，夏雲暑雨，冬月祁寒，斯四候之感諸詩
　　者也。嘉會寄詩以親，離群託詩以怨。至於楚臣去境，漢妾辭宮；
　　或骨橫朔野，或魂逐飛蓬；或負戈外戍，或殺氣雄邊；塞客衣單，
　　孀閨淚盡；或士有解佩出朝，一去亡返；女有揚蛾入寵，再盼傾國。
　　凡斯種種，感盪心靈，非陳詩何以展其義？非長歌何以騁其情？

蕭綱《答張纘謝示集書》：

　　至如春庭落景，轉蕙承風；秋雨且晴，簷梧初下；浮雲生野，明月
　　入樓；時命親賓，乍動嚴駕；車渠屢酌，鸚鵡驟傾；伊昔三邊，久
　　留四戰；胡霧連天，征旗拂日；時聞塢笛，遙聽塞笳；或鄉思淒然，
　　或雄心憤薄。是以沈吟短翰，補綴庸音，寓目寫心，因事而作。

《宋書卷六十二・王微傳》載微與從弟僧綽書曰：

　　吾少學作文，又晚節如小進，使君公欲民不偷，每加存飾，酬對尊
　　貴，不厭敬恭。且文詞不怨思抑揚，則流澹無味。文好古，貴能連
　　類可悲，一往視之，如似多意。

「怨思抑揚」、「連類可悲」等「多意」的情感，成了文章的價值所在，也是
論文的重心。文學作品須緣情而發，也緣情而論，已成為時代共識矣。

結　語

　　緣情趨勢如上所言地，隨人本趨勢而先行散播於人心深處，從「人當道
情」、「情之所鍾正在我輩」等言談中，我們發現魏晉人士心目中情感的份量
不斷擴大；而為了反抗名教，當時也時有「抑情抗禮」的言行出現，顯示內
在的情在竄升發揮的途中，禮教確實曾經成為一股強烈的制衡抵消的力量。
然而藉著王弼從名理思辨上所提出的「聖人有情說」，從聖凡共有的普遍性角
度出發，為情的存在價值做了大幅提升；嵇康的「聲無哀樂論」強調將情感
獨立於審美客體——音樂之外，而使得內心的哀樂之情清澈地成為審美主

體；而陸機的「詩緣情而綺靡」的說法出現，更標誌著情感之於文藝創作，已由附屬價值一躍而為創作的基點、審美的中介。這些理論的紛紛提出，奠定了「緣情趨勢」的理論基礎，而對於東晉及南北朝以後的社會政治文學各方面都影響深遠。重情，成為魏晉人物的時代特色之一；「緣情制禮」是對先秦兩漢時期「以禮節情」之說、及魏晉之際「抑情抗禮」之風的自身辯證性揚棄。另外本文也談到了魏晉時期的文學理論中，緣情的主題的呈現。

　　因為有了人本的趨勢，魏晉人日益能夠「如其為己」地按照內在性情而活；而因為緣情趨勢，他們「如其為人」地表現人的情感。

第四章　魏晉美學的抽象趨勢

前　言

　　「人本趨勢」是魏晉美學最大的特徵，它形成了魏晉人士以個性相尚的「唯我」作風，甚至特立獨行，荒唐任誕；「緣情趨勢」乘人本之精神而起，也造成了一片尚情任情的風潮。但是這些都沒有解釋魏晉美學之所以特別偏重神韻、清虛、風骨等命題，以及魏晉社會風氣特別偏向空疏虛狂等奇言異行的原因。人物品鑑範疇中的魏晉風度因何而起？清談因何盛行至於可以誤國的地步？繪畫理論中的傳神寫照之說緣何而來？山水賞會為何興盛？草書的藝術美如何受重視？這些問題都指向一個方向，即，魏晉美學除了人本、緣情之外，一定還有另外一個趨勢，來促使它走向玄虛，走向飄逸，走向疏空。這就是這裡要談的「抽象趨勢」。

　　人本、緣情兩趨勢都是先在民間風氣中醞釀形成，然後藉哲理的思辨與提出才奠定基礎的，有一個形成和發展的程序，抽象勢與他們不同的是，它本身就是一個哲學上的趨勢，表現在學術思想、和清談的內容上，故無所謂形成與奠基，只有當它在學術思想和清談內容的內部規律中演變完成後，去成為不論是社會風氣、審美標準等各方面演變的基礎。它之與其他美學範疇，只有影響義，而無互證義。它是自證，而後去證人的。

　　換句話說，就是漢末魏初的學術思想界，及清談坐間，發生了一個崇尚抽象玄遠的變化，這個變化一方面產生了魏晉玄學；一方面也使得當時人的美感跟著做了大幅度調整。因此這個變化也就成了美學發展的另一個大趨

勢。這個趨勢，我姑且名之曰「抽象趨勢」。

湯用彤先生《魏晉玄學論稿・讀人物志》云：「漢末晉初，學術前後不同。」〔註1〕可見正是在漢晉之間的魏代，學術思想起了重大變化；又說：「魏初清談，上接漢代之清議，其性質相差不遠。其後乃演變而為玄學之清談。」「魏晉清談，舉凡數變。……魏初之名士，固亦與正始有異也。魏初，一方承東都之習尚，而好正名分，評人物。……純粹高談性理，及抽象原則者，絕不可見。」〔註2〕，也證明清談有著從具體到抽象的改變，而其中關鍵，正在魏初。這個漢末魏初之時學術和清談的變化，也就是本文所謂魏晉美學的抽象趨勢。

以下先談學術上，和清談內容上的變遷，以明此抽象的趨勢，然後看它對魏晉美學的影響。

第一節　魏晉學術思想的抽象趨勢

兩漢儒學至魏晉以後為新興的玄學所取代，此理人盡皆知。儒學衰落之內外在因素，前文已嘗試論之；而玄學作為一個時代沛乎莫之能禦的代表思潮，其興起自然也具有外在的社會根源，與內在思想的歷史演變等諸多因素，並非一蹴可及。今綜論之：

一、漢魏之際的學術思想——儒、道、名、法兼融

《文心雕龍・論說》曰：

> 魏之初霸，術兼名法；傅嘏王粲，校練名理。迄至正始，務欲守文；
>
> 何晏之徒，始盛玄論。於是聃周當路，與尼父爭塗矣。

簡短數語論魏初至正始時期學術思想之特色及演變，精闢入理。今先觀曹魏時期的政治思想情況：

（一）曹操重法術而名法兼備

曹魏政權之建立，本植基於與封建豪族的軍事割據勢力的長期攘奪之上，故曹操之施政，首重打擊豪強。

1. 軍政方面，復肉刑、嚴敗軍、禁比周、重功德，雷厲御下，刑嚴法峻，

〔註1〕《魏晉玄學論稿》，頁7。
〔註2〕同上，頁11～12。

一派法家作風。但曹操之法家，劉大杰先生說：

> 曹操雖以法家稱，卻不如諸葛亮的公平博大。諸葛亮用兵時雖以謀術著稱，但他用人行政，卻是純粹的法治精神。曹操則不然，無論對於心腹或是仇敵，都是用的法術。法與術是不同的。術出於戰國時代的縱橫家，申不害主之。故韓非子〈定法篇〉云：「申不害言術，而公孫鞅言法。」《尹文子》說：「法不足以治則用術。」術就是陰謀。為達到某事的目的，欺詐陷害，無所不可。但正統派的法家，卻不取此。韓非子〈有度篇〉說：「奉公法，廢私術，」這意思很明顯，若用私術，則必不能奉公法，法一不公，則它的權力和精神都會減少而不爲人民所信仰了。曹操是一個有野心的人，無時無刻不在培植自己的權力，想坐上皇帝的椅子，若奉公守法，那如何可行。因此他的法全是治人的私法，不是正直無私的公法。禁誹謗，復肉刑，嚴敗軍，求逸才的種種詔令，都是統制思想統制僚屬的重要文獻。於是在那種嚴刑峻法之下，許多反對他那種陰謀的智識階級，全都冤枉的送了性命。他自己卻用陰謀手段，把地位佈置妥當，讓後代的兒孫安坐皇位。諸葛亮是爲公，曹操是爲私，他倆的優劣，就在這一點。〔註3〕

所論誠是。關於曹操之施政，《三國志卷一‧武帝紀》注引《魏書》載：

> 太祖自統御海內，芟夷群醜，其行軍用師，大較依孫、吳之法，而因事設奇，譎敵制勝，變化如神。自作兵書十萬餘言，諸將征伐，皆以新書從事。臨事又手爲節度，從令者克捷，違教者負敗。與虜對陳，意思安閒，如不欲戰，然及至決機乘勝，氣勢盈溢，故每戰必克，軍無幸勝。

是其行軍用法術之證。更觀其建安八年連下〈嚴敗軍令〉與〈重功德令〉：

> 司馬法「將軍死綏」故趙括之母，乞不坐括。是古之將者，軍破於外，而家受罪於內也。自命將征行，但賞功而不罰罪，非國典也。其令諸將出征，敗軍者抵罪；失利者免官爵！（嚴敗軍令）
>
> 議者或以軍吏雖有功能，德行不足堪任郡國之選，所謂「可與適道，未可與權」。管仲曰：「使賢者食於能則上尊；鬥士食於功則卒輕於

〔註3〕劉大杰《魏晉思想論‧魏晉時代的政治思想》，頁69。

死，二者設於國則天下治。」未聞無能之人，不鬥之士，並受祿賞，
而可以立功興國者也。故明君不官無功之臣：不賞不戰之士，治平
尚德行，有事賞功能。論者之言，一似管窺虎歟！（重功德令）
更是全然一副法術之士的口吻。《三國志卷一·武帝紀》引《曹瞞傳》謂曹操
其人：

> 持法峻刻，諸將有計畫勝出己者，隨以法誅之，及故人舊怨，亦皆
> 無餘。其所刑殺，輒對之垂涕嗟痛之，終無所活。

此說想必不是空穴來風。而關於其任法自飾的種種狡詐權謀，《曹瞞傳》中更
有精彩的描述：

> 嘗出軍，行經麥中，令：「士卒無敗麥，犯者死。」騎士皆下馬，付
> 麥以相持。於是太祖馬騰入麥中，敕主簿議罪。主簿對以《春秋》
> 之義，罰不加於尊。太祖曰：「制法而自犯之，何以帥下？然孤為軍
> 帥，不可自殺，請自刑。」因援劍割髮以置地。又有幸姬嘗從晝寢，
> 枕之臥，告之曰：「須臾覺我。」姬見太祖臥安，未即寤，及自覺，
> 棒殺之。嘗討賊，廩穀不足，私謂主者曰：「如何？」主者曰：「可
> 以小斛以足之。」太祖曰：「善。」後軍中言太祖欺眾，太祖謂主者
> 曰：「特當借君死以厭眾，不然事不解。」乃斬之，取首題徇曰：「行
> 小斛，盜官穀，斬之軍門。」其酷虐變詐，皆此類也。

其「酷虐變詐」，一皆由其重法，尤其是重法術陰謀而來。故傅玄直謂：「近
者魏武好法術。」（《晉書卷四十七·傅玄傳》）

2. 經濟方面，行屯田，「重豪強兼併之法」（《三國志卷一·武帝紀》），力
圖抑制土地兼併。故於建安九年下〈抑兼併令〉曰：

> 有國有家者，不患寡而患不均；不患貧而患不安。袁氏之治也，使
> 豪強擅恣，親戚兼併。下民貧弱，代出租賦，衒鬻家財，不足應命。
> 審配宗族，至乃藏匿罪人，為逋逃主。欲望百姓親附，甲兵強盛，
> 豈可得邪？其收田租畝四升，戶出絹二匹、棉二斤而已，他不得擅
> 興發。郡國守相明檢查之，無令強民有所隱藏，而弱民兼賦也。

此舉雖是旨在打擊世族地主，然其刑律典制之精覈神效，可見一斑。

3. 選用將相官吏方面，針對豪門大族，刻意高舉「唯才是舉」之大纛，
破格重用出身於行伍，或寒門庶族的那些即便「不仁不孝」，而「有治國用兵
之術」的人。前引《魏書》又曰：

知人善察，難眩以僞，拔于禁、樂進於行陳之間；取張遼、徐晃於
亡虜之内，皆佐命立功，列爲名將，其餘拔出細微，登爲牧守者，
不可勝數。……攻城拔邑，得美麗之物，則悉以賜有功。勳勞宜賞，
不吝千金；無功望施，分毫不與……。

是皆爲其人用人唯才、賞罰分明，崇尚名實相符的明證。

總之，曹操的思想理念，乃至行事問政，一出於法家。法家本強調綜覈名
實，使各因其器，量才任用，且循名責實，賞罰必中。這一方面法家與名家實
有相通之處。故曹操兼重形名家言。《三國志卷一·武帝紀》總評其人曰：

太祖運籌演謀，鞭撻宇内，覽申、商之法術；該韓、白之奇策，官
方授材，各因其器；矯情任算，不念舊惡，終能總御皇機，克成洪
業者，惟其明略最優也。

法術奇策，自是法家之論；而因器任算，則非綜核名實的名家莫屬，故所謂
曹操之「明略」者，乃兼重名法之略也。是所謂重法術，而名法兼備。

（二）曹丕崇黄老而各家雜揉

曹丕繼位後，一改乃父嚴刑屬法之風，薄稅輕刑，崇尚黄老之治，說見
前第一章第一節「儒學衰微」項。蓋老莊之學，在東漢末年已有復興之勢。《抱
朴子·漢過》曰：

歷覽前載，逮乎近代，道微俗弊，莫劇漢末也。……反經詭聖，順
非而博者，謂之莊老之客。……

可見老莊之學，在後漢之末已盛行，曹丕崇奉老莊，嚮往黄老之治，其來有
自。然漢代之道家思想，勞思光先生評之曰：

道家思想進入漢代，即遭肢解……思想中既有陰陽五行之成份，又
兼采儒墨學說，且後混以名家及法家之理論，如此一種「道家」思
想，不獨顯然非老莊之學說，而且本身成爲一團拼湊之觀念，根本
不能成爲一學派矣。〔註4〕

又曰：

此時期（按，指漢代）之道家，變爲雜家，老莊之本旨不爲人知，
談老莊者每隨意附會，或憑常識曲解老莊之語。〔註5〕

可知曹丕當時所崇尚之道家思想，已雜揉各家。

〔註4〕《中國哲學史》第二冊，頁106～107。
〔註5〕同上，頁139。

　　而另一方面，曹丕撰有《士操》一卷，《隋書·經籍志》將之與劉劭《人物志》，及已亡佚的姚信《士緯新書》、盧毓《九州人士論》等同列為名家〔註6〕，應當也是一本專論品核人物、鑑識人才的專著，可見曹丕也深諳人物名實之學。而在用人政策上，曹丕之求才若渴，較之曹操也有過之而無不及，黃初三年下〈取士不限年詔〉，認為「若限年然後取士，是呂尚、周晉不顯於前世也。」故而明令：「郡國所選，勿拘老幼。儒通經術；吏達文法，到皆試用。有司糾故不以實者。」以顯示其求賢任才之決心。此外更採陳群之議，建立了影響士風長達三、四百年的「九品中正」之制，〔註7〕以精密的循名責實之法選拔士人，郡邑設小中正，州設大中正，由小中正品第人才，以上大中正；大中正核實，以上司徒；司徒再核，然後付尚書選用。《文獻通考卷二十八·選舉考一》記其制曰：

> 州、郡、縣俱置大小中正，各取本處人在諸府公卿及臺省郎吏有德充才盛者為之。區別所管人物，定為九等。其有言行修著，則陞遷之，或以五陞四，或以六陞五。倘或道義虧缺，則降下之，則自五退六，自六退七矣。是以吏部不能審、定、核天下人才士庶，故委中正銓第等級，憑之授受，謂免乖失。

如此層層遞疊，密其法而差等之，務期能區別人物，第其高下。此舉固然有勸勵素德，破除豪門勢族夤緣勢利之弊端的政治目的，然與當時形名人物之學盛行的學術背景亦大有關連。然則曹丕之講求黃老之術，與夫精練名實、鑑別人物等學術思能兼備一身，毫無干格之處。

〔註6〕從這些《隋書·經籍志》所載的魏晉人士的名學著作看來，魏晉名家只是一種人物學，他們並沒有繼續研究惠施、公孫龍那派人的「苛察繳繞，滯於析辭而失大體」的哲學思想，而是採取那種細密謹嚴的論辯方法，應用到人物的研究與批評方面去。詳參劉大杰《魏晉思想論》第七章，及湯用彤《魏晉玄學論稿·讀人物志》。牟宗三先生《才性與玄理》一書中並特闢第七章為〈魏晉名理正名〉，其第五節專論「中國先秦名家之形名、名實與魏晉之名理究有本質之意義否？」認為「名理」一詞有廣義與狹義之分，狹義的名理專指先秦名家的邏輯學；魏晉名理則分屬於玄學與品鑑之人學，整體與先秦名理為並列之對立。除非將一個廣義的名理充其極，使成一哲學意義之「名理」，方可將此二種名理統攝在一起。本章所言之魏晉名家或名學、名理等詞語，意均本於此諸位前輩學者，與先秦名家之理論無涉。

〔註7〕九品中正制自曹丕黃初元年（西元 220 年）開始實行，至隋文帝開皇十一年（西元 591 年）明令廢止，前後經過三百七十一年，其間政治、社會之風氣，無不受此制度影響。

　　當時名士中亦不乏如此兼通老學與名理之學者。如夏侯玄，「不交人事，不蓄華妍」（《三國志卷九·夏侯尚傳附夏侯玄傳》注引《魏略》）崇奉自然，望重士林，荀粲贊其爲「一時之傑士！」（《世說新語·識鑒3》）；何晏更稱曰：「唯深也，故能通天下之志，夏侯泰初是也。」（《三國志卷九·何晏傳》注引《魏氏春秋》）顯然是通老莊之學者；但觀前引《三國志卷九·夏侯玄傳》注引《世語》又稱其人曰：「世名知人，爲中護軍，拔用武官，參戟牙門，無非俊傑，多牧州典郡。立法垂教，於今皆爲後式。」並曾書議時事，評九品中正之弊，可知他也深通名家鑑識之道；而本傳注引《魏氏春秋》又載其曾著〈樂毅論〉、〈張良論〉、〈本無肉刑論〉等篇，更知其亦留心於法意。

　　又如名將鍾會，《三國志卷二十八》本傳言其人「博學精練名理」，又嘗論才性同異，集傳嘏等人之說而爲《四本論》，則鍾會自是形名家；然又少受《易》與《老子》，曾論《易》無互體，與王弼之意相同，史亦稱其「弱冠與山陽王弼並知名」，則鍾會亦固擅長玄學。更有趣的是，《三國志》本傳曰：「及會死後，於會家得書二十篇，名曰『道論』，而實刑名家也，其文似會。」以「道論」題名而其內容爲刑名，則當時道家與名家之混同現象，不言可喻。

　　然而設官分職，位人以材，建立綱常尊卑之序，本皆儒教正名制禮之義。差別僅在於儒家以正名之教化導人於善；在法家則以循名授官爲人主控御臣下之術。魏晉相繼，篡逆迭起，權臣執柄，上下憂之，故亟申尊卑之防；及至篡殺既成，竊國者自危，尤不得不力倡正名之義以自開脫，並再繼續更加倍地嚴申尊卑正變，以防止再次政變的發生。曹魏父子嚴刑峻法、司馬父子獎掖忠孝，軌轍雖殊，用意相同。故不但名法二家相通，其初亦皆本於儒家正名學說。故當朝廷大議考課之制；盧毓、劉邵相定考課之法時，傅嘏上書有曰：

> 蓋聞帝制宏深，聖道奧遠，苟非其才，則道不虛行，神而明之，存乎其人。暨乎王略虧顇而曠載周綴，微言即沒，六籍泯玷，何則？……夫建官均職，清理民物，所以立本也；循名考實，糾勵成規，所以治末也。本綱未舉而造制未呈；國略不崇而考課是先，懼不足以料賢愚之分，精幽明之理也。（《三國志卷二十一·傅嘏傳》）

傅嘏認爲儒家聖道爲立國之本，循名考實只能治末，杜恕更直言：

> 臣誠以爲其法（按，指考績之法）可粗依，其詳難備舉故也。語曰「世有亂人而無亂法」，若使法可專任，則唐、虞可不須稷、契之佐；

> 殷、周無貴伊、呂之輔矣！……今之學者，師商、韓而上法術，競
> 以儒家爲迂闊，不周世用，此最風俗之流弊，創業者之所致愼也。（《三
> 國志卷十六・杜畿傳附杜恕傳》）

可見當時有識之士均以爲考績之法除陰取申韓之術外，亦須上託於聖王之
治，否則流弊無窮。曹丕即位後追祀孔子、立太學、制五經課試之法、置春
秋穀梁博士等舉，亦皆爲重視儒術的表現。

　　另外，我們也絕不能因爲曹丕連頒了那些〈薄稅令〉、〈息兵詔〉、〈輕刑詔〉
等與民休息的詔令；又手著了那篇昭告天下稱美漢文帝的〈太宗論〉，就當眞將
他比之於垂拱而治天下的漢文帝。曹丕其實也重法尙刑，尤以防制封建侯王，
禁錮親族之策，最稱嚴厲。《三國志卷二十・武文世王公列傳論》評曰：

> 魏氏王公，既徒有國土之名，而無社稷之實。又禁防壅隔，同於囹
> 圄；位號靡定，大小歲易。骨肉之恩乖，常棣之義廢。爲法之弊，
> 一至於此乎？

又裴松之注引《袁子》曰：

> 魏興，承大亂之後，民人損減，不可則以古始，於是封建侯王，皆使
> 寄地，空名而無其實。王國使有老兵百餘人，以衛其國，雖有王侯之
> 號，而乃儕於匹夫。懸隔千里之外，無朝聘之儀，鄰國無會同之制。
> 諸侯游獵，不得過三十里，又爲設防輔監國之官，以伺察之。王侯皆
> 思爲布衣而不能得。既違宗國屏藩之義，又虧親戚骨肉之恩。

曹丕對於兄弟親族的禁錮防範，委實刻薄寡恩。這不但有違儒家親親之義，
也和黃老自然之尙絕不相容。是知漢末魏初曹氏父子不論施政理念或政策，
都已不復兩漢一家獨尊的局面，他們自由出入於儒、道、名、法各家學說之
間，〔註8〕縱橫捭闔，隨時攟取最有利於自己奪權和控御政局的途徑，遂其君
人南面之大願。

（三）學術界各家兼融之情況

　　曹氏父子因時、因事隨時制宜，兼采各家學說的作法，對於當時的社會、
學術風氣，當然是影響深遠的。其時的思想界，如仲長統、徐幹等人，雖皆
號稱儒家，卻時時流露法治思想；至於稍後的鍾繇、陳群諸輩，更一如曹操，
法術合一。而《三國志卷二十八・鄧艾傳》注引荀綽《冀州記》載：「（爰）

〔註 8〕 大凡學者有述及此，或於儒道名法之外，復及陰陽家。然自董仲舒以來，儒
　　　　學本亦涵括陰陽家言，不復孔孟素樸面貌，故不贅言。

翰子俞，字世都，清貞貴素，辯於論議，採公孫龍之辭，以談微理，少有能名。」劉劭《趙都賦》中也有「論析堅白，辯藏三耳。」的句子，〔註9〕可見當時採用先秦名家學說者，亦不乏其人。劉劭受公孫龍的名實論及方法論的影響更深，《人物志》一書可爲明證，下文還要再談。先秦名家學說自戰國時代盛極一時之後，經兩漢幾乎中絕，至晉代卻又一躍而成爲清談之品目之一，〔註10〕又有魯勝注《墨辯》，並著《形名》二篇，〔註11〕可見又曾流行一時。其間的轉變，漢魏之際兼綜各家，獎勵形名識鑒之學的時代風潮，當有促進之功。另如盧毓，作《九州人士論》，與劉劭並主依名選士，考課核實，亦爲當世形名才性之學的重要著作；二人又同定考課之律，於刑律均有著述，則亦爲兼通名法二家之人也。

　　魏初學術界雜揉儒道名法諸家，一以出之者，最明顯的例子就是劉劭。從《魏志》本傳看來，他於文帝黃初年間受詔集五經群書，以類相從，作《皇覽》，又以爲宜制禮作樂，以移風俗，著《樂論》十四篇，晚年又曾執經講學，明明是個儒者了；但在政論上，與議郎庾嶷、荀詵等定科令，作《新律》十八篇，著《律略論》，又充滿法家思想；而景初中，受詔作《都官考課》，又作《說略》一篇，及《法論》、《人物志》等，又是著名的形名學家。無怪夏侯惠力讚之曰：

> 常侍劉劭，深忠篤思，體周於數，凡所錯綜，源流弘遠，是以群才大小，咸取所同而斟酌焉。故性實之士服其平和良正，清靜之人慕其玄虛退讓，文學之士嘉其推步詳密，法理之士明其分數精比，意思之士知其沈深篤固，文章之士愛其著論屬辭，制度之士貴其化略較要，策謀之士贊其明思通微，凡此諸論，皆取適己所長而舉其支流者也。臣數聽其清談，覽其篤論，漸漬歷年，服膺彌久，實爲朝廷奇其器量。以爲若此人者，宜輔翼機事，納謀帷幄，當與國道俱

〔註9〕　見《太平御覽》四百六十四。

〔註10〕　《世說新語・文學24》曰：謝安少年時，請阮光祿道《白馬論》。爲論以示謝。於時謝不即解阮語，重相咨盡。阮乃嘆曰：「非但能言人不可得，正索解人亦不可得！」又同篇第58條載：司馬太傅問謝車騎：「惠子其書五車，何以無一言入玄？」謝曰：「故當是其妙處不傳。」另如魏晉間人僞造的《列子》一書中，亦時見引用名家論辯之語，〈仲尼篇〉張湛注「白馬非馬」句並云：「此論見存，多有辨之者。辨之者皆不弘通，故闕而不論也。」可見當時討論此派學說之人頗眾，只是不能弘通而已。

〔註11〕　見《晉書卷九十四・隱逸列傳・魯勝傳》

隆，非世俗所常有也。(《三國志卷二十一・劉邵傳》)

所論雖難免誇張，但也可證明劉邵涉獵廣博。即以其名著《人物志》一書來看，《四庫全書總目提要》云：

> 其書主於論辨人才，以外見之符，驗內藏之器，分別流品，研析疑似，故〈隋志〉以下，皆著錄於名家。然所言究悉物情，而精覈近理，視尹文之說，兼陳黃老申韓；公孫龍之說，惟析堅白同異者，迴乎不同。蓋其學雖近乎名家，其理則弗乖於儒者也。

明言其近乎名家而並不違背儒理。除此之外，《人物志》中也到處流露著法家思想，如〈流業篇〉曰：

> 蓋人流之業十有二焉：有清節家，有法家，有術家，有國體，有器能，有臧否，有伎倆，有智意，有文章，有儒學，有口辯，有雄傑。若夫德行高妙，容止可法，是謂清節之家，延陵、晏嬰是也；建法立制，彊國富人，是謂法家，管仲、商鞅是也。思通道化，策謀奇妙，是謂術家，范蠡、張良是也。兼有三材，三材皆備，其德足以屬風俗，其法足以正天下，其術足以謀廟勝，是謂國體，伊尹、呂望是也。……能屬文著述，是謂文章，司馬遷、班固是也。能傳聖人之業，不能幹事施政，是謂儒學，毛公、貫公是也。……

劉邵在這裏把人分為十二個範圍，流品最高的有四等人，一是國體，二是清節，三是法家，四是術家。國體與清節，他說是位於三槐容止可法的人物，真要掌握實權處理國事，還是要靠法術二家。因法家可以建法立制，富國強人；術家可以思通道化，策謀奇妙。一個國家既有法制，又可富強，這便是政治家的最高理想了。他所稱道的伊尹、呂尚、管仲、商鞅、范蠡、張良之徒，都是不講德行只講權謀法術的人。而文章家與儒家，他認為都「不能幹事施政」，沒什麼用，重法輕儒，真是情見乎辭矣。

再進一步說，劉邵推崇術家，盛讚其「思通道化，策謀奇妙」，頗有老莊意味；〈流業篇〉在遍論十二種人才之後又曰：

> 此十二材者，皆人臣之任也，主德不預焉。主德者，聰明平淡，總達眾材，而不以事自任者也。是故主道立則十二材各得其任也。清節之材，師氏之任也。法家之材，司寇之任也。術家之材，三孤之任也。三材純備，三公之任也。……是謂主道得而臣道序，官不易方，而太平用成。

論人君之德，要聰明平淡、不自任事，只需總達眾才，使各得其任。主得此道，則臣道自井然有序。這更是一副垂拱而治的道家無為之說。此思想劉邵曾反覆申述，〈自序〉開宗明義即曰：

> 夫聖賢之所美，莫美乎聰明；聰明之所貴，莫貴乎知人。知人誠智，則眾材得其序，而庶績之業興矣。是以聖人著爻象，則立君子小人之辭；敘詩志，則別風俗雅正之業；制禮樂，則考六藝祗庸之德；躬南面，則援俊逸輔相之材。皆所以達眾善而成天功也。天功既成，則並受名譽。是以堯以克明俊德為稱，舜以登庸二八為功，湯以拔有莘之賢為名，文王以舉渭濱之叟為貴。由此論之，聖人興德，孰不勞聰明於求人，獲安逸於任使者哉？

〈材能篇〉亦曰：

> 臣以自任為能，君以用人為能。臣以能言為能，君以能聽為能。臣以能行為能，君以賞罰為能。

此皆道家無為而治的理想。蓋以法家而走上道家，自古即屢見不鮮。梁啟超先生在《先秦政治思想史》中說得好：

> 法家所受於道家者何耶？道家言「我無為而民自正，」民何以能正，彼蓋謂自有自然法能使之正也。自然法不可見聞，故進一步必要求以人為法為之體現，此當然之理也。及其末流，即以法治證無為之義矣。法治純以客觀的物準馭事變，其性質恰如權衡規矩。慎子所謂「無建己之患，無用知之累」也。夫是以能「無為而無不為。」故彭蒙慎到之流皆邐於道家言，而治術則貴任法，蓋以此也。

據此則知自曹丕以下的魏初諸人，一面言法一面講道，並不足為奇，當時整個時代思潮，本即雜取儒道名法各家之言。

二、正始以後的學術思想——玄學獨盛

（一）劉邵論君德而歸結於人才識鑒

前言劉邵論人君之德，應聰明平淡，無為而治；並且總達眾才，知人善任。知人善任可謂為其理論之核心，亦即《人物志》一書之寫作原由也。而聖人之所以能知人善任，則因其有中庸至德。中庸，本出於孔子之說，曹操定荊州後，和洽鑑於當時名臣如毛玠、崔琰等力倡節儉，「至令士大夫故污辱其衣，藏其輿服；朝府大吏，或自挈壺餐以入官寺。」而建言曰：「夫立教觀

俗，貴處中庸，爲可繼也。今崇一概難堪之行以檢殊塗，勉而爲之，必有疲
瘁。古之大教，務在通人情而已。凡激詭之行，則容隱僞矣。」此時和洽所
謂的「中庸」，仍爲儒家無過與不及之意。故孫盛曰：「夫矯枉過正則巧僞滋
生，以克訓下則民志險隘，非聖王所以陶化民物，閑邪存誠之道。和洽之言，
於是允矣。」（見《三國志卷二十三·和洽傳》）然而劉卲對於「中庸」之義，
卻以老氏之理解釋之。《人物志》曰：

> 凡人之質量，中和最貴矣。中和之質，必平淡無味，故能調和五材，
> 變化應節。（〈九徵〉）
>
> 夫中庸之德，其質無名。故鹹而不鹼，淡而不䊚，質而不縵，文而
> 不繢，能威能懷，能辯能訥，變化無方，以達爲節……。（〈體別〉）

聖德中庸，平淡無名，不偏不倚，無適無莫，故能與萬物相合，變化無方，
而能調和五材，以達爲節。故能達到前引〈流業篇〉中所謂「主德者，聰明
平淡，總達眾材，而不以事自任者也。」的境界。劉卲對於人主之德的看法，
一本於道家「獨任清虛，可以爲治」（《漢書·藝文志》論道家語）的理念。

是知劉卲的中庸應變之說，脫胎於道家；然目的仍在強調「知人善任」
此一名家所留意經營之關目，劉卲不論如何廣涉兼容各家學說，仍不脫其形
名學者之本色，總歸仍以人才識鑒爲本。其論人君之德，係爲達成其政治用
途，有其實質訴求。

（二）王弼論君德以證成其玄遠之學

然而至正始時期的王弼，同樣論人君之德，卻用以爲闡明其形上學之根
據。

王弼解《老子·二十八章》「樸散則爲器，聖人用之，則爲官長。」曰：

> 樸，眞也。眞散則百行出，殊類生，若器也。聖人因其分散，故爲
> 之立官長。以善爲師，不善爲資，移風易俗，復使歸於一也。

聖王以善爲師，設官分職，此乃因「眞」，或曰「道」之分散；而設立官長之
目的，在移風易俗，「復使歸於一也。」然則器源於道，也歸於道；人君立官
長用道器，乃上有所因所本，也終有所歸所依。由此可知同一個用人設官的
命題，在劉卲發展成一系列人物品鑑的專論；在王弼則與其宇宙論相連結，
而有著形上學的抽象意義。

據此以往，王弼又注《老子》第三十二章「道常無名，樸雖小，天下莫
能臣也。侯王若能守之，萬物將自賓。」及「始制有名，名亦既有，夫亦將

知止。知止所以不殆。」二句曰：

> 道無形，不繫，常不可名。以無名爲常，故曰「道常無名」也。樸
> 之爲物，以無爲心也，亦無名。故將得道，莫若守樸。夫智者，可
> 以能臣也；勇者，可以武使也；巧者，可以事役也；力者，可以重
> 任也。樸之爲物，憒然不偏，近於無有，故曰「莫能臣也」。抱樸無
> 爲，不以物累其眞；不以欲害其神，則物自賓而道自得也。

> 「始制」，謂樸散始爲官長之時也。始制官長，不可不立名分以定尊
> 卑，故「始制有名」也。過此以往，將爭錐刀之末。故曰「名亦既有，
> 夫亦將知止」也。遂任名以號物，則失治之母也，故知止所以不殆也。

至道無形無名，樸亦無名無有，不偏不倚。聖王體道法天，故曰「莫若守樸」，
如此而「莫能臣也」，反可役使智、勇、巧、力眾材而爲之君。故曰：「聖人
體無」（《三國志卷二十八·鍾會傳》注引何劭《王弼傳》）「聖人不立形名以
檢於物」（《老子第二十七章注》）「我守其眞性，無爲則民不令而自均也。」（《老
子第三十二章注》）此處所謂「抱樸無爲」，使「物自賓而道自得」的得道之
君，和劉邵理想中的「不以事自任」，而能使「主道得而臣道序，官不易方，
而太平用成」的人主之德，有極多相似之處。然而劉邵言君德中庸，乃爲要
應用爲知人任官之本，故歸結於人才識鑒，以爲君主提供設官分職、駕馭人
才的「君人南面之術」；而王弼《老子注》言君德無名，乃跳脫出任賢使能的
人世範圍，上推本於無形無名之「道」與「樸」，以證解其形上玄理。

因此，這裡再一次顯明了劉、王二人思想旨趣的不同。劉邵雜揉儒、道、
名、法諸家，而以鑒識人物，任賢使能以通世用的實際政治目的爲宗旨，其
學質實而切用；王弼則以道家思想爲本，致力於探索天地萬物、宇宙自然的
精神本體，其學精要而玄遠。從劉邵到王弼，正顯示學術思潮從儒道名法兼
綜，發展成玄學獨盛；從立足於現實人世以歸納其規律性與必然性，演變爲
置身於無所不包的「天人之際」去探尋宇宙人生的本末體用諸關連──亦即，
從質實到玄遠；從具體到抽象。而這也正是從漢魏之際到正始以後的整體學
術風貌的變遷趨勢。

第二節　魏晉清談發展的抽象趨勢

正如同學術思想自漢魏之際至魏晉以後，丕然有變，未可一概以「魏晉

玄學」一詞衡量之一樣，魏晉清談在此期間也歷經數變。故自古稱魏晉名士，常有正始、竹林、元康、永嘉等名目，以為各階段名士之作風截然有別。身當正始時期的曹羲，《藝文類聚卷二十三》錄其〈至公論〉中言清談曰：

> 談論者以當實為清。

湯用彤先生曰：「當實為清，本循名責實之意。」又引此文曰：「則談並不主虛薄也。又曹羲之言，乃論清議臧否，而魏初論人物者固亦甚貴名檢也。」〔註12〕可見魏初，直至正始時期，清談皆以質實為經，並無所謂玄風玄趣。

故《晉書卷七十·應詹傳》載應詹於東晉元帝時上疏陳便宜曰：

> 性相近，習相遠，訓導之風，宜慎所好。魏正始之間，蔚為文林。元康以來，賤經尚道，以玄虛宏放為夷達，以儒術清儉為鄙俗。永嘉之弊，未必不由此也。……

《晉書卷九十四·隱逸傳·戴逵傳》亦載戴逵著論曰：

> 夫親沒而採藥不反者，不仁之子也；君危而屢出近關者，苟免之臣也。而古之人未始以彼害名教之體者何？達其旨故也。達其旨，故不惑其跡。若元康之人，可謂好遁跡而不求其本，故有捐本徇末之弊；舍實逐聲之行，是猶美西施而學其顰眉；慕有道而折其巾角，所以為慕者，非其所以為美，徒貴貌似而已矣。夫紫之亂朱，以其似朱也。故鄉愿似中和，所以亂德；放者似達，所以亂道。然竹林之為放，有疾而為顰者也；元康之為放，無德而折巾者也，可無察乎！

皆以為元康永嘉以後，文人日益狂放任誕，風氣與前大不相同。不但風氣有異，其談論的主題內容，也隨時代而不斷轉移。若詳觀清談的變遷過程，和前述學術思想的演進軌跡之間，是相衍相生、相輔相成的。試論如下：

一、漢魏之際的清談 —— 人物品鑑為主

（一）東漢以德行為中心的清議式人物品鑑

趙翼《二十二史箚記·六朝清談之習》曰：「清談起於魏正始中，何晏、王弼祖述老莊……」其說不確，建安時已明有清談之目，前人已屢言之。〔註13〕而漢末魏初之清談，更可上溯至東漢之清議。

〔註12〕〈讀人物志〉，見《魏晉玄學論稿》，頁12。
〔註13〕見劉大杰《魏晉思想論》第七章，及唐長孺《魏晉南北朝史論叢·清談與清議》一文等。

　　東漢社會普遍尙德講禮，風俗之淳，曠古未有，說已見前第二章第一節。同時，當時朝廷用人採取地方察舉，和公府徵辟兩途徑，即所謂舉茂才，察孝廉。察孝廉自是以德行爲首；而所謂「舉茂才」，實際上也並非以人的才能爲條件，而仍是以德行爲先。《全後漢文》卷二載漢光武帝〈四科取士詔〉曰：

> 丞相故事，四科取士：一曰德行高妙，志節清白；二曰學通行修，經中博士；三曰明達法令，足以決疑，能案章覆問，文中御史；四曰剛毅多略，遭事不惑，明足以決，才任三輔令，皆有孝悌廉公之行。

其中一、二兩條是就德行而言，其三是通過學問表現出來，第四條才是就才能而言，但不論哪一條，都必須以「有孝悌廉公之行」爲先決條件。可知東漢拔士，一重在德行，才能之高下並不重要。尤其是一些特殊職能的官員，如郎中、侍中等，「漢皆用孝廉，年五十，威容嚴恪能賓者爲之」。（《後漢書·百官志》注引《晉百官志表註》）並不要求「文中御史」，或「剛毅多略」。故鄉里之風評不僅關乎名譽，甚且成爲選士進身之依據。因而鄉里臧否日益盛行，觀《後漢書》中所載許多民間諺語，如：「萬事不理問伯始」「天下中庸有胡公」「天下規矩房伯武，因師獲印周仲進」「天下模楷李元禮，不畏強禦陳仲舉，天下俊秀王叔茂。」等，民諺品題之風顯已流爲俗尙，稱美寄慕，流連致意，士人每每因此而聲價百倍。《資治通鑑·漢紀·桓帝延熹九年》並載：

> 汝南太守宗資以范滂爲功曹，南陽太守成瑨以岑晊爲功曹，皆委心聽任，使之襃善糾違，肅清朝府。滂尤剛勁，疾惡如仇。滂甥李頌，素無行，中常侍唐衡以屬資，資用爲吏，滂寢而不召。資遷怒，捶書佐朱零，零仰曰：「范滂清裁，今日寧受笞而死，滂不可違。」資乃止。郡中中人以下，莫不怨之。於是二郡爲謠曰：「汝南太守范孟博，南陽宗資主畫諾；南陽太守岑公孝，弘農成瑨但坐嘯。」

由此觀之，民歌謠謠非唯可以稱美歌頌，並實際比核品評，定襃貶，別高下。是知聲名成於鄉野，民間公論不但影響士子聲望之高下，甚至隱操其進退隆替之大權。於是士非飾行立名，莫說不易入仕；甚且難以立身。此所謂鄉黨清議之形成也。〔註14〕而題拂標榜的品鑑人物之風，由是漸行滂沛。

〔註14〕唐翼明《魏晉清談·「清議」詞義考》以爲「清議」一詞在黨錮前後產生，卻並非意指黨錮前後的「處士橫議」之風，魏晉間「清議」一詞甚為流行，其意義「近乎『鄉論』的同義語」，且此「鄉邑清議」從魏以後成爲一種制度，爲選拔士人的重要根據，一直沿用到南朝。而將「清議」與漢末「處士橫議」之風相連乃遲至清代趙翼《二十二史箚記》以後之事。其文考辨細密，工夫

民間清議尚且可定士子進退陟降，而自順帝大興太學，太學生人數高達三萬後，太學議壇中之褒貶臧否，更具權威。當時之碩德鴻儒，言爲士則，行爲世範，一言可以定褒貶。《世說新語‧德行4》載李膺望重士林：

> 李元禮風格整秀，高自標持，欲以天下名教是非爲己任，後進之士，有升其堂者，皆以爲登龍門。

劉孝標注引袁子《正書》亦曰：

> 李膺言出於口，人莫得違也。有難李君之言者，則鄉黨非之。李君與人同輦載，則名聞天下。

在一個普遍重德尚行，德行名聲足以決定一個士人的一切前途命運的名教社會中，有德者的一言一行，一褒一貶，均動見觀瞻，影響天下輿論標準，甚至是非標準之所向。整個東漢的人物品鑑，即深深建立在這種以德行爲中心、以碩德鴻儒的鑑賞評斷爲指標的價值判斷之上，牢不可破。再引數例以證：

> 符融字偉明，……遊太學，師事少府李膺。膺風性高簡，每見融，輒絕它賓客，聽其言論。融幅巾奮褒，談辭如雲，膺每捧手歎息。郭林宗始入京師，時人莫識，融一見嗟服，因以介於李膺，由是知名。（《後漢書卷六十八‧符融傳》）

> 郭泰字林宗，太原界休人也。家世貧賤。……博通墳籍，善談論，美音制。乃游於洛陽。始見河南尹李膺，膺大奇之，遂相友善，於是名震京師。（同上，〈郭泰傳〉）

> 黃憲字叔度，汝南慎陽人也。世貧賤，父爲牛醫。穎川荀淑至慎陽，遇憲於逆旅，時年十四，淑悚然異之，揖與語，移日不能去。謂憲曰：「子，吾之師表也。」……同郡戴良才高倨傲，而見憲未嘗不正容，及歸，罔然若有失也。其母問曰：「汝復從牛醫兒來邪？」對曰：

值得肯定，然而誠如余英時在該書序言中說的：「未見是一事，未有又是一事，我們不能以未見爲未有。」我認爲「鄉黨清議」的事實漢代即有，東漢更盛，亦爲察舉士人之重要根據；順帝大興太學以後，「太學清議」的批評力量更大過鄉黨；而黨錮之後，太學生死傷殆盡，存者亦不復置喙時政，清議復歸民間。然而〈黨錮列傳〉中已謂鄉議之「流言轉入太學」，故知「太學清議」與「鄉黨清議」之間，很難截然劃分，大抵本章所謂之「太學清議」乃特指那些「品覈公卿，裁量執政」，因而引起宦官反撲的直論時事之言；「鄉黨清議」則只關乎鄉黨士人的臧否月旦。而做爲本節宗旨所在的「人物品鑑」一詞，則常涵蓋二者。

> 「良不見叔度，不自以爲不及，既睹其人，則瞻之在前，忽焉在後，
> 固難得而測矣。」同郡陳蕃、周舉常相謂曰：「時月之間不見黃生，
> 則鄙吝之萌復存乎心。」及蕃爲三公，臨朝歎曰：「叔度若在，吾不
> 敢先佩印綬矣。」（《後漢書卷五十三・黃憲傳》）

上引諸賢人均出身寒微，而李膺、荀淑、陳蕃等名流顯士對於後輩之提攜獎勵，一以其德行器識爲準，絲毫不問年輩出身。此明證東漢人物品鑑中德行決定論的導向。這和魏晉以後以才性爲主體的人物品鑑結構截然不同。另外，相對於此類對有道之士大加揄揚歎賞的例子，前引《後漢書卷六十八・符融傳》中還記載了這一股品鑑之風中的一段小插曲：

> 漢中晉文經、梁國黃子艾，並恃其才智，炫曜上京，臥託養疾，無
> 所通接。洛中士大夫好事者，承其聲名，坐門問疾，猶不得見。三
> 公所辟召者，輒以詢訪之，隨所臧否，以爲與奪。融察其非眞，乃
> 到太學，幷見李膺曰：「二子行業無聞，以豪桀自置，遂使公卿問疾，
> 王臣坐門。融恐其小道破義，空譽違實，特宜察焉。」膺然之。二
> 人自是名論漸衰，賓徒稍省，旬日之間，慚歎逃去。後果爲輕薄子，
> 並以罪廢棄，融益以知名。

這一小段插曲進一步說明德行聲譽對東漢人物所具有的決定性的影響力，其中顯示了至少兩點足供省思的線索：

第一，符融因能識破晉、黃二人之眞面目，「察其非眞」而後「益以知名」，可見在一個以德行爲中心的人物品鑑的活動體系中，識鑑之準確與否對被鑑賞者，及鑑賞者雙方都攸關重大。一褒貶之辭可以定奪彼人之陟降高下；一識鑑之明也可以完成自身的德行價值追尋，從而獲致更高的德行聲譽。從史籍所載看來，此類例證極多，當時望重一方的名流之士，如郭泰、許劭等，均爲「先言後驗，眾皆服之」（《後漢書卷六十八・郭泰傳》注引《謝承書》評郭泰語）的識人精準之輩。當時所謂「善談論」、「通人倫」者，皆意謂識人準確。流風所及，至使東漢時期的人物品鑑有時甚至淪爲「類卜相之書」（《後漢書卷六十八・郭泰傳》，見下引）故而至漢魏之際乃有討論鑑識之法的專書，如劉卲《人物志》等的出現，見下文。總之，要求符驗是東漢人物品鑑的一大特色，這不但和一般率爾而發的說長道短有著本質上的不同；即和魏晉以後以才性爲中心的人物品鑑相較，也大有差距。究其原因，除和兩漢陰陽家學說盛行，讖緯符應之效深入人心有關之外；當時的人物品鑑以德行爲中心，

應當是最主要的因素。蓋因但凡一事涉及人的德行主體，就必牽動是非、善惡之判斷，於是真與假也就隨之壁壘分明，而且重要異常。這是在「真」、「善」的範疇中所作的德行鑑賞，有賴於外在的客觀道德標準，因而是非分明，判然二分，鑑賞的過程和結果都十分絕對化，而且具象化。至魏晉以後以才性為中心的人物品鑑發展成熟，德行鑑賞逐漸演變為純粹審美鑑賞，是非真偽的二分界線隨之漸行淡化，鑑賞指標由外在的道德價值判斷，逐漸演變而為內在的主觀感受，審美歸趣也才得以由質實具象中步步跨出，邁向抽象玄遠。這也是本章中一再要說明的從漢代到魏晉之間，美學的演變趨勢之一。

第二、如前引諸位原本沒沒無聞之人，僅以獲諸名流歡賞折節即動輒「名震京師」；而兩個聲價已定，王臣坐門，可以「隨所臧否，以為與奪」的顯赫人士，也可以因一句評語而「名論漸衰」，甚至必須於「旬日之間，慚歎逃去。」人物品鑑在當時士庶間所發揮的輿論影響力，可謂巨矣。此輿論的公權力，正是這整個以德行為中心的人物品鑑風氣，之所以能夠在東漢那個封建的王權社會中存在，並且迅速拓展為一凜然不可侵犯的「清議」體系的終極根源；也正是人的區區德行主體之所以能夠在當時藉著人物品鑑活動而巍然茁壯，得到完全彰顯的唯一憑仗。

緊握著，也"僅"握著這個憑仗，人物品鑑在東漢清議的議壇上以清新凌厲的姿態縱橫馳騁：

（郭泰）性明知人，好獎訓士類。……獎拔士人，皆如所鑑。後之好事，或附益增張，故多華辭不經，又類卜相之書。今錄其章章效於事者，……（《後漢書卷六十八·郭泰傳》）

（郭）泰之所名，人品乃定，先言後驗，眾皆服之。故適陳留則友符偉明，遊太學則師仇季智，之陳國則親魏德公，入汝南則交黃叔度。（同上，注引《謝承書》）

謝甄字子微，汝南召陵人也。與陳留邊讓並善談論，俱有盛名。每共候林宗，未嘗不連日達夜。（同上〈郭泰傳〉）

王柔字叔優，弟澤，字季道，林宗同郡晉陽縣人也。兄弟總角共候林宗，以訪才行所宜。林宗曰：「叔優當以仕進顯；季道當以經術通，然違方改務，亦不能至也。」後果如所言。（同上）

許劭字子將，汝南平輿人也。少峻名節，好人倫，多所賞識。若樊

子昭、和陽士者，並顯名於世。故天下言拔士者，咸稱許郭……初，
劭與（從兄）靖俱有高名，好共覈論鄉黨人物，每月輒更其品題，
故汝南俗有「月旦評」焉。（《後漢書卷六十八·許劭傳》）

月旦之評，連日達夜，所評人物從總角小兒，到執政公卿，無不涵括。尤其
當漢之季世以後，宦官當塗，朝政日非，這一批重德尚名，「以天下名教是非
為己任」〔註15〕的士大夫們，更是爭相以放言為高，遂使品核題拂當朝人物，
乃至議論朝廷施政的風氣蔚然成俗：

桓靈之間，主荒政謬，國命委於閹寺，士子羞與為伍，故匹夫抗憤，
處士橫議，遂乃激揚名聲，互相題拂，品核公卿，裁量執政，婞直
之風，於斯行矣。（《後漢書卷六十七·黨錮列傳序》）

漢自中世以下，閹豎擅恣，故俗遂以遁身矯絜放言為高，士有不談
此者，則芸夫牧豎已叫呼之矣。故時政彌惛，而其風愈往。（《後漢
書卷六十二·荀韓鍾陳傳論》）

因此流言轉入太學，諸生三萬餘人，郭林宗、賈偉節為其冠，並與
李膺、陳蕃、王暢更相褒重。學中語曰：「天下模楷李元禮，不畏強
禦陳仲舉，天下俊秀王叔茂。」又渤海公族進階、扶風魏齊卿，並
危言深論，不隱豪強，自公卿以下，莫不畏其貶議，屣履到門。（《後
漢書卷六十七·黨錮列傳》）

此即前文所謂太學清議也。當時以陳蕃、李膺為首，郭泰、賈彪為中堅，太
學諸生三萬人為後盾，舉凡號為正人者，均奮起指斥權奸，力持正論。他們
危言深論，不隱豪強，以氣節相高，輕生尚義，所產生的輿論力量確實相當
巨大，「自公卿以下，莫不畏其貶議，屣履到門。」因而「婞直之風，於斯行
矣。」朝政愈非，而清議益峻，海內追風附響，沛然莫之能禦。

　　然而清議既屬以德行為中心的人物品鑑，本質上是非判然劃分，毫無妥
協餘地；所憑仗的又只是那一股雖龐大迫人，卻無形無據、無縛雞之力的所
謂輿論力量而已。以此而言「以天下名教是非為己任」已是負荷過重，更何
況進而意欲矯正時弊，挑戰宦官集團的長期鞏固勢力，實不啻以卵擊石。誠
如〈黨錮列傳〉所言：「夫上好則下必甚，矯枉故直必過，其理然矣。若范滂、

〔註15〕語見上引《世說新語·德行 4》。同卷第一條：「陳仲舉言為士則，行為世範，
登車攬轡，有澄清天下之志。」《後漢書·黨錮列傳·范滂傳》亦云：「滂登車
攬轡，慨然有澄清天下之志。」是可見當時黨人領袖均有以天下為己任之志。

張儉之徒，清心忌惡，終陷黨議，不其然乎？」「清心忌惡」固爲彼等黨人之性格寫照，然而「清議」的本身不也正具備此特色？它既從起初形成時即已明確地以是非分明、善惡對立的客觀德行價值爲結構中心；以臧否月旦、「誹訕朝廷，疑亂風俗」〔註16〕的人物品鑑爲實行手段，於是在其構成本質上，就因爲具體落實、剛腸疾惡而註定了是帶著一種寧爲玉碎不爲瓦全的剛烈性與絕對性的。於是，不可避免的，慘絕人寰的黨錮之禍接連發生了，前後株連上千人，「海內塗炭，二十餘年，諸所蔓衍，皆天下善士。」（《後漢書卷六十八‧黨錮列傳》）從此朝廷一空，綱紀文章蕩然矣。

屠戮之後，浩劫餘生的士大夫們箝口不論政治實務了，以德行爲中心的人物品鑑在虛弱殘喘中無奈地被撤換了體質，放下了原先清新凌厲的剛烈性和具體性，開始向概略化、抽象化的印象式人物品鑑方向靠近了。也就是說，「清議」開始轉型爲「清談」了。關於此轉變，梁啓超在《中國學術思想變遷之大勢》中說得好：

> 漢世外戚宦官之禍，連踵繼軌，兩漢后妃之家，著聞者四十餘氏，大者夷滅，小者放竄，其身家俱全者，不得四五，宦官弄權，殺人如草，一朝爲董袁所襲，亦無子遺。人人漸覺骨肉之間，皆有刀俎。若乃黨錮之禍，俊顧廚及，一網以盡，其學節冠一世，位望至三公者，亦皆駢首闕下，若屠豬羊。天下之人，見權勢之不可恃也如彼，道德學問之更不可恃也如此，人心旁皇，罔知所適，故一遁而入於虛無荒誕之域，芻狗萬物，良非偶然。

所言雖爲學術思想之變遷大勢，然單就人物品鑑一風氣之結構內容而論，同樣也是在黨禍之後，鑑於「道德學問之更不可恃」，而從具體的、剛烈的、以德行爲中心的批評，「一遁而入於虛無荒誕之域」！

（二）漢末以直覺下判語的印象式人物品鑑

當然，正如同一切思想風氣的變遷一樣，人物品鑑的這項轉變也不是一夕而成的。其間的關鍵人物，就是郭泰。

郭泰爲漢末重要名士，與李膺等齊名，范滂稱讚他說：「隱不違親，貞不絕俗，天子不得臣，諸侯不得友，吾不知其他。」（《後漢書本傳》）可謂推崇備至。史稱其爲人「善談論，美音制」，又「性明知人，好獎訓士類」精通鑑

〔註16〕張成弟子牢脩誣告李膺等黨人之用語，見《後漢書卷六十七‧黨錮列傳》。

識人品，當時士人一經「泰之所名，人品乃定」，此皆已見前引。這樣的人理應容易賈禍，然而他由儒入道，善於保身。本傳又稱：

> 林宗雖善人倫，而不爲危言覈論，故宦官擅政而不能傷也。及黨事起，知名之士多被其害，唯林宗及汝南袁閎得免焉。遂閉門教授，弟子以千數。

如此進不傷德、退可保身之人，正爲當時士林楷模。故史載其見慕於世之盛況：

> ……於是名震京師。後歸鄉里，衣冠諸儒送至河上，車數千輛。林宗唯與李膺同舟而濟，眾賓望之，以爲神仙焉……身長八尺，容貌魁偉，褒衣博帶，周遊郡國。嘗於陳梁閒行，遇雨，巾一角墊，時人乃故折巾一角，以爲「林宗巾」。其見慕皆如此。（《後漢書卷六十八·郭泰傳》）

> 郭泰秀立高峙，澹然淵停。九州之士，悉凜凜宗仰，以爲覆蓋。（《太平廣記》卷一百六十九引《世說》）

> 泰以建寧二年正月卒，自弘農函谷關以西，河内湯陰以北，二千里負笈荷擔彌路，柴車葦裝塞塗，蓋有萬數來赴。（《後漢書卷六十八·郭泰傳》注引《謝承書》）

這樣望重四方的碩德名士，其言行影響於地方者，絕不僅止於折巾一角而已。而觀其思想爲人，兼綜儒道，在那篇蔡邕所撰，且謂人曰：「吾爲碑銘多矣，皆有慚德，唯郭有道無愧色耳。」（《後漢書卷六十八·郭泰傳》）的〈郭有道碑〉中，描述其人曰：

> 夫其器量宏深，姿度廣大，浩浩焉，汪汪焉，奧乎不可測矣。若乃砥節屬行，直道正辭，貞固足以幹事，騤栝足以矯時。遂考覽六經，探綜圖緯，周流華夏，游集帝學，收文武之將墜，拯微言之未絕。於時纓綏之徒，紳佩之士，望形表而景附，聆嘉聲而響和者，猶百川之歸巨海，鱗介之宗龜龍也。爾乃潛隱衡門，……將蹈洪崖之遐跡，紹巢由之絕軌，翔區外以舒翼，超天衢以高峙。……其辭曰：於休先生，明德通玄。純懿淑靈，受之自天。崇壯幽濬，如山如淵。禮樂是悅，詩書是敦。匪惟摭華，乃尋厥根。……（《經史百家雜鈔》卷二十）

可知學術上，他精研六經圖緯，詩書禮樂，是兩漢經學鼎盛時代的典型學者；處事上砥節屬行，直道正辭，也是足爲世法的大儒者；然而潛隱衡門，蹈跡

洪崖，又深得老莊保眞之精髓。「明德通玄」四字，最足以說明其一生學行。
他正是站在從兩漢經學到魏晉玄學的轉型關口上，顧盼皆得的代表人物。

至於人物品鑑方面，郭泰既以此馳名當代，他的談論形態和辭令也正開
風氣之先，成爲從清議到清談之轉變關鍵。

> 郭林宗少游汝南，先過袁閬，不宿而退，進往從憲，累日方還。或
> 以問林宗。林宗曰：「奉高之器，譬諸泛濫，雖清而易挹。叔度之器，
> 汪汪若千頃陂，澄之不清，淆之不濁，不可量也。」（《後漢書卷五
> 十三・黃憲傳》）

此事《世說新語・德行3》及謝承《後漢書》均載，可見當時盛傳。觀林宗之
辭，純以意象模擬，妙爲譬喻，既富褒貶，又含詩意，兼及幽默，和太學清
議那些直言無諱、剛腸疾惡之士相較，人物品鑑的方式及用語，很明顯地是
在向清空玄遠的抽象方向轉移了。前人屢言林宗此語，雖置諸魏晉清談亦不
惶多讓，〔註17〕殆即此故。

另外，當時與郭林宗相往來的朋友，也都是善於談論之輩。如前引《後
漢書卷六十八・符融傳》載融「談辭如雲」，令名士李膺「每捧手嘆息」；〈郭
泰傳〉載謝甄與邊讓「並善談論，俱有盛名，每共候林宗，未嘗不連日達夜」
等，都可見談論在東漢末期興盛的情況，一談便如雲而湧，連日達夜，欲罷
不能。《後漢書卷八十・文苑傳・邊讓傳》亦曰：

> 邊讓少辯博，能屬文。……大將軍何進聞讓才名……以禮見之，讓
> 善占射，能辭對，時賓客滿堂，莫不羨其風。……議郎蔡邕深敬之，
> 以爲讓宜處高任，乃薦於何進曰：「……心通性達，口辯辭長，非禮
> 不動，非法不言。若處狐疑之論，定嫌審之分，經典交至，檢括參
> 合，眾夫寂焉，莫之能奪也。……

邊讓之談論，能令滿座寂然傾聽，莫之能奪，其滔滔不絕可以想見。而許劭
與許靖的月旦之評，每月更其品題，則談論者更有定期聚會了。前引〈許劭
傳〉李賢注引《蜀志》云：「許靖字文休，少與從弟劭俱知名，並有人倫臧否
之稱。」他們堂兄弟二人品題人物，聞名至一地步，《世說新語・識鑒1》注
引《世語》曰：

> （喬）玄謂太祖：「君未有名，可交許子將。」太祖乃造子將。

《後漢書卷六十八・許劭傳》又載：

〔註17〕參劉大杰《魏晉思想論》第七章，何啓民《魏晉思想與談風》第三章等。

> 曹操微時，常卑辭厚禮，求爲己目。劭鄙其人而不肯對，操乃伺隙
> 脅劭，劭不得已，曰：「君清平之姦賊，亂世之英雄。」操大悅而去。

喬玄勸曹操往交許劭以干名，可見劭等之評論在當時社會中地位之高；曹操
卑辭厚禮以求品目，也益發顯明前文所言當時之人物品鑑有類卜相算命，具
有「專業化」傾向。

曹操好聞，亦好爲品鑑之語，《三國志卷三十二·蜀書二·先主傳》載：

> 是時曹公從容謂先主曰：「今天下英雄，唯使君與操耳。本初之徒，
> 不足數也。」先主方食，失匕箸。

而《世說新語·識鑒》中兩段記載，亦可爲證：

> 曹公少時見橋玄，玄謂曰：「天下方亂，群雄虎爭，撥而理之，非君
> 乎！然君實亂世之英雄，治世之姦賊，恨吾老矣，不見君富貴，當
> 以子孫相累。」（1）

> 曹公問裴潛曰：「卿昔與劉備共在荊州，卿以備才如何？」潛曰：「使
> 居中國，能亂人，不能爲治，若乘邊守險，足爲一方之主。」（2）

再證諸郭泰、許劭等人之記載，則可明得知二事：一、談論在東漢末年盛行
不輟，高人逸士，乃至於位尊如何進、武夫如曹操等，都好談論。當時善於
談論之人，皆可顯名於世；經彼等一評，亦可致名。二、漢末的談論，都以
人物品評爲主，桓靈黨人間那種慷慨激烈的時政評議不見了，代之而起的是
一種仍然以儒學（雖不一定是德行）爲根柢，而以譬喻的方式做當下直覺判
斷的人品鑑別。郭林宗的「千頃之陂」說；許劭的「亂世英雄」評；裴潛的
「一方之主」論，莫不是以印象式的一語定品倫，而廣爲流傳。這其間，道
德上的高下之分減少了，人物的個別特性凸顯了，從具象式而成爲印象式，
雖仍然側重準確性，然而是非善惡的絕對性大爲降低，嚴肅性也就被沖淡了。
這是漢末的人物品鑑最大的特色。

於是當時有禰衡孔融等人，以嘲諷譏刺之口吻從事人物品鑑，也就不足
爲奇了：

> 衡字正平，建安初，自荊州北游許都，恃才傲逸，臧否過差，見不如
> 己者不與語，人皆以是憎之。唯少府孔融高貴其才。……衡時年二十
> 四。是時許都雖新建，尚饒人士。衡嘗書一刺懷之，字漫滅而無所適，
> 或問之曰：「何不從陳長文、司馬伯達乎？」衡曰：「卿欲使我從屠沽
> 兒輩也！」或問之曰：「當今許中，誰最可者？」衡曰：「大兒有孔文

舉，小兒有楊德祖。」又問：「曹公、荀令君、趙盪寇皆足蓋世乎？」
衡稱曹公不甚多，又見荀有儀容，趙有腹尺，因答曰：「文若可借面
弔喪，稚長可使監廚請客。」其意以為荀但有貌，趙健啖肉也。於是
眾人皆切齒。（《三國志卷十·荀彧傳》裴注引〈平原禰衡傳〉）

（三）清談一詞的產生，及人物品鑑的崇高化和理論化

承漢末餘緒，魏初的談論風氣更形興盛。劉永濟《文學通史綱要》述其
盛況曰：

> 逮魏之初霸，武好法術，文慕通達。天下之士聞風改觀，人競自致於
> 青雲；學不因循於前軌。於是才智美瞻者，不復專以染翰為能，尤必
> 資夫口舌之妙。言語文章，始並重矣。建安之初，萌蘖已見；正始而
> 後，風會遂盛。鍾傅王何，為其稱首。荀裴嵇阮，相得益彰。或據刑
> 名為骨幹；或託莊老為營魄。據刑名者以校練為家；託莊老者用玄遠
> 取勝，雖宗致無殊，而偏到為異矣。大抵此標新義，彼出攻難，既著
> 篇章，更申酬對。苟片言賞會，則舉世稱奇，戰代游談，無其盛也。

這段話論漢魏之際學術和談論的特色及變遷，言簡意賅，至為精要。文中有三
個重點：第一，魏初「學不因循於前軌」，此即本章第一節討論的漢魏之際的學
術變遷；第二，其時士人為要自致青雲，「不復專以染翰為能，尤必資夫口舌之
妙。」這是當時談論大盛的原因，因此而造成「戰代游談，無其盛也。」的空
前盛況。將魏初清談（甚至還包括正始以後的老莊玄遠之談）比擬作戰國策士
的游談，雖不一定恰當，但只為說明其「資夫口舌之妙」的時代特色，及興盛
的情況，則亦無可厚非。本文要補充的只是，當時學者雖然「不復專以染翰為
能」，但著述之旺盛、文學觀念之清晰，亦皆超越前代。尤以《人物志》的出現，
替漢魏的人物品鑑做了一個集大成式的學理總歸納，意義尤其重大。說詳下。
第三，文中提出當時的清談大家，及談論內容的兩大類型——「或據刑名為骨
幹；或託莊老為營魄。」確為的論，然而混而論之，未留意其間的先後發展情
形，及其所代表的涵意問題。我則認為，魏之初期，清談承接漢末人物品鑑風
潮，以「據刑名為骨幹」者為主要內容，而「據刑名者以校練為家」，其時清談
精練名理，具體質實；正始以後，玄學興起，方轉而以「託莊老為營魄」者為
內容，而日益清虛玄遠。這是整個魏晉清談的演變方向，也正符合本章一再強
調的魏晉美學發展上的抽象趨勢。本節先論魏初「據刑名為骨幹」者；其「託
莊老為營魄」者屬乎下節。至於「此標新義，彼出攻難，既著篇章，更申酬對」

數語，則說明魏晉清談常以論辯詰難的形式出現，此又餘事矣，可參照本書第二章第二節「論辯之才」。

　　漢末魏初的談論，除了盛極一時之外，最值一提的是「清談」一詞的出現。原本在漢代只稱爲「談論」、「人倫」、「月旦」的人物品鑑活動，在建安時期有了「清談」的名稱。《三國志卷七‧臧洪傳》載董卓弒帝後，臧洪與張超輾轉奔袁紹討賊，逢青州刺史焦和卒，袁紹使臧洪領青州以撫其眾，注引《九州春秋》論焦和云：

> 黃巾遂廣，屠裂城邑，和不能禦……欲作陷冰丸沈河，令賊不得渡，禱祈群神，求用兵必利，著筮常陳於前，巫祝不去於側，入見其**清談**干雲，出則渾亂，命不可知。州遂蕭條，悉爲丘墟也。

《後漢書卷七十‧鄭泰傳》亦記鄭泰說董卓曰：

> 孔公緒**清談**高論，虛枯吹生，並無軍旅之才，執銳之幹，臨鋒決敵，非公之儔。

此二條是較早期言及清談的記載。焦和的「干雲」的清談，乃爲「求用兵必利」，則想必是一番慷慨論政的激昂之詞，爲早期清議形式之遺，〔註18〕只是雜以著筮禱祈之舉，又巫祝不離於側，於是淪爲迷信愚妄，徒談而無濟於事，故出觀其政，則一片混亂，州里蕭條。疑此對日後概稱空泛無用之談爲「清談」有影響。孔公緒之清談，「虛枯吹生」，李賢注曰：「枯者噓之使生，生者吹之使枯，言談論有所抑揚也。」則明顯是一種臧否人物，有所抑揚高下，亦爲前述人物品鑑早期含有嚴肅道德評斷的形式。然則其時所謂之清談，與清議，及清議所衍及之人物品鑑之間，性質相差不遠。故前引《三國志卷十三‧鍾繇傳》注引《魏略》所記：

> 孫權稱臣，斬送關羽。太子書報繇。繇答書曰：「臣同郡故司空荀爽言：『人當道情，愛我者一何可愛，憎我者一何可憎！』顧念孫權，了更嫵媚。」太子又書曰：「得報，知喜南方。至於荀公之**清談**，孫權之嫵媚，執書嗢噱，不能離手。若權復點，當折以汝南許劭月旦

〔註18〕唐長孺《魏晉南北朝史論叢‧清談與清議》中詳論清談與清議的關係，認爲「在初期清談與清議可以互稱」，「清談開始是以人物批評爲主的」，「晉以後已專指玄虛之談」，與本章論述相合。

－201－

之評。權優游二國，俯仰荀、許，亦以足矣。」

荀公之清談，即所謂「人當道情」之語，爲魏晉間緣情思想抬頭之表徵，前於本書第三章論緣情趨勢時有專節論之。清談以人之「情」爲內容，脫離時政及人物，則抽象趨勢已完全形成矣。然而在此漢末之時，這種抽象化的現象還只是靈光一現，清談眞正確定爲抽象玄遠之談，仍有待於正始玄學興盛以後。曹丕此處，仍將「荀公之清談」與「汝南許劭月旦之評」並列而觀，則可見將清談視爲等同於臧否人物，乃當時不成文的習慣。而曹丕又進一步說若孫權復叛，「當折以汝南許劭月旦之評」，這當然和他將己做詩文與《典論》抄送孫權，明示不願征伐，欲以德服之一樣，爲其行政上存留的文人天眞性格，然亦可見初期清談不但意指人物品鑑，而且一仍清議餘風，是將品鑑褒貶的力道與政治上的陟黜生殺緊緊聯繫在一起的。

還有一個更明顯的例子是《三國志卷三十八·許靖傳》載，許靖少時與堂弟許劭同爲月旦評，「俱知名，並有人倫臧否之稱」，後奔於蜀，患難間常先人後己，故仍望重一方，晚年時：

靖雖年逾七十，愛樂人物，誘納後進，清談不倦，丞相諸葛亮皆爲

之拜。(《三國志卷三十八·許靖傳》)

是知其時清談之名目，已確實和「愛樂人物，誘納後進」的人物品鑑相連成文了。

總之在建安時代，由於談論日廣，風氣益盛，「清談」的名目正式出現了。其時的清談，爲東漢批評時政的「清議」，及其後月旦人物的「談論」之綜合，意義比較廣泛，如孔公緒那種無軍帥實才，僅一味噓枯吹生的縱橫式的政論；或焦和那種色厲內荏，空虛無用的長篇大論，也都包括在清談範圍內。前者可能就是前引劉永濟將清談比擬於戰國時代的縱橫家的原因；後者則正爲後來「清談亡國」論的主要因素。不過，當時清談最主要的內容，還是人物品評，清議之餘緒非但未絕，反有復興之勢。

曹丕甫即帝位，即頒佈九品官人之法，從此正如《晉書卷四十五·劉毅傳》載劉毅上書論九品制有「八損」之時所說的：「署州都者，取州里清議，咸所歸服，將以鎮異同，一言議。」州里清議（即清談，見本章注 14）明確成爲取士用人之標準，並且比漢代的察舉孝廉制更進一步，兼帶著「鎮異同，一言議」，縮小地方豪族品評人物的權勢、統一用人標準使歸官方所有的政治

目的。於是，人物品鑑遂又一躍而成爲治平天下的國之大政。故曹爽秉政之時，曹羲曾撰〈至公論〉云：

> 凡智者之處世，咸欲興化致治者也。興化致治，不崇公抑私，割私情以順理，屬清議以督俗，明是非以宣教者，吾未見其功也。清議非臧否不顯，是非非賞罰不明。故臧否不可以遠實，賞罰不可以失中。若乃違清議，違是非，雖堯不能一日以治。審臧否，詳賞罰，故中主可以萬世安。（《藝文類聚·卷二三》）

以爲在上者應敦屬清議鄉論以督導風俗，而「清議非臧否不顯」。曹羲是曹爽之弟，史稱曹爽秉政後任用何晏、鄧颺、丁謐等浮華之士，驕奢失度，僭妄無狀，羲深以爲大憂，數諫止之，又著書三篇，辭旨甚切。疑此文即作於是時。即或不然，曹羲於正始十年與曹爽同遭夷滅，則此文最遲亦不能晚於是年。總之這裡顯示的是，第一，起碼至正始初期以前，清議清談與臧否人物之間，幾乎可以劃上等號，這就是前人屢次說明的清談的早期情況；〔註 19〕其次，黨錮之禍以後只成爲士大夫間茶餘之談的這些臧否人物的清議清談，如今被視爲「可以萬世安」的「興化致治」之方。於是，一套關於人物品鑑之原理的系統化、理論化著作——《人物志》，〔註 20〕就應運而生了。

　　劉劭學兼儒、道、名、法諸家，上節已論及。而《三國志卷二十一·劉劭傳》所載夏侯惠薦劭表曰：「臣數聽其清談，覽其篤論，漸漬歷年，服膺彌久。」可見劉劭不但是學問家，抑且爲一清談家。他綜覈名實，深識品鑑人物之原理，所著《人物志》一書，他自己所闡述的著書之動機爲：

> 夫聖賢之所美，莫美乎聰明；聰明之所貴，莫貴乎知人。知人誠智，則眾材得其序，而庶績之業興矣。是以聖人著爻象，則立君子小人

〔註 19〕 參前注引唐長孺先生〈清談與清議〉一文，又湯用彤先生《魏晉玄學論稿·讀人物志》云：「魏初清談，上接漢代之清議，其性質相差不遠。」「魏晉清談，舉凡數變。……魏初之名士，固亦與正始有異也。魏初，一方承東都之習尚，而好正名分，評人物。」等，皆以爲魏初清談以人物品論爲主。即唐翼明《魏晉清談》雖反對唐長孺先生說法，仍同意「黨錮之後，……一般性的人物品評及思想討論多起來，……我們有足夠的理由把從漢末黨錮事件前後到魏初這一段時期，稱爲清談的醞釀期。」

〔註 20〕 據《隋書·經籍志》所錄，六朝藻鑑人倫之著作，魏有曹丕之《士操》，盧毓之《九州人士論》，無名氏之《通古人論》，劉劭之《人物志》，梁有姚信之《士緯新書》、《姚氏新書》，無名氏之《刑聲論》等，凡七部，均屬名家。然皆已亡逸，今存者僅劉著《人物志》一書耳。

之辭；敘詩志，則別風俗雅正之業，制禮樂，則考六藝祇庸之德，躬南面，則援俊逸輔相之材，皆所以達眾善而成天功也。天功既成，則並受名譽，是以堯以克明俊德爲稱；舜以登庸二八爲功；湯以拔有莘之賢爲名；文王以舉渭濱之叟爲貴。由此論之，聖人興德，孰不勞聰明於求人，獲安逸於任使者哉。(《人物志‧自序》)

以爲聖賢人君，首重知人善任，有知人之智，則「眾材得其序，而庶績之業興矣」；得一俊逸輔相之材，即可以「達眾善而成天功」。是將知人用人視作經綸邦國之本、聖愚治亂之分了。於是我們發現，那在東漢唯德是尚的社會價值中浮現而出的人物品鑑的風氣，從清議清談中一路走來，至此時因爲乘駕著九品中正之法所造成的新的政治社會潮流，而被極度地擴大了它的功效和價值。由此我們當然可以合理地推斷，在曹羲、劉卲、夏侯惠這些政治人物的清談中，人物品鑑是最主要的內容了。〔註21〕

《人物志》凡十二篇，首尾具完，主旨在於辨析人性與才能，提示鑑別人才與任用人才之方法。由辨析人物之質性及體別入手，再論人才之淵源及流業，並提示觀人之要領及謬誤、爭讓之損益與禍幅。首尾相貫，體系完整，卓然自成一家之言。此書之特性與成就，早有定論，〔註22〕無庸贅言，此處僅說明其在魏晉清談從具體人物品論向抽象玄理發展的過程中所扮演的角色。

首先從內因來看，《人物志》全書「主於論辨人才，以外見之符，驗內藏之器」(前引《四庫全書提要》)，其於〈九徵第一〉開宗明義即曰：

蓋人物之本，出乎情性。情性之理，甚微而玄，非聖人之察，其孰能究之哉？凡有血氣者，莫不含元一以爲質，秉陰陽以立性，體五行而著形。苟有形質，猶可即而求之。

劉卲認爲整個人物之學，本出於「情性」。這又可分兩點言之：第一，牟宗三先生曰：「此言情性是從人之材質一面言，不從人之德性一面言。」《人物志》的鑑識人物學乃從才性的角度出發，對人做整全的、人格的品鑑，使得人物品鑑從重德性轉向爲重才性，說已見前第二章。另外，此言情性之理難察，然幸而人皆「有形質」，〔註23〕「可即而求之」。故其鑑識人倫，皆主相其外

〔註21〕這些人物還包括傅嘏、鍾會，及稍後的裴頠、孫盛等，說詳下。

〔註22〕如湯用彤先生〈讀人物志〉，收於《魏晉玄學論稿》中；及牟宗三《才性與玄理》第二章〈人物志之系統的解析〉等，宏言讜論，亟可參讀。

〔註23〕所謂「凡有血氣者，莫不含元一以爲質，秉陰陽以立性，體五行而著形。」劉卲承董仲舒「氣化的宇宙論」觀念，以元一、陰陽、五行爲人物之情性的

在形質而求其內在情性，察其彰以推其微，亦即，就具體呈現之行為現象以曲盡其微玄的情性。故〈效難第十一〉又曰：

> 人物精微，能神而明，其道甚難，固難知之難也。是以眾人之察，不能盡備，故各自立度，以相觀采：或相其形容；或候其動作；或揆其終始；或揆其儗象；或推其細微；或恐其過誤；或循其所言；或稽其行事。……

眾人各自立度，以相觀采，然不論如何，皆以外見之具體事實（「形容」、「動作」、「終始」、「儗象」……「所言」、「行事」等等），探究其精微神明的內在原委。這是《人物志》在鑑識理論上所提出的方法論，貫通全書，反覆申言。這樣的方法論，和前文所言重才不重德的品鑑觀，都將人物品鑑，以及整個清談的發展方向，從具體質實推向抽象玄遠。

再從外延來看，清談本皆就具體的人（人物品鑑），或事（清議形式的朝政批評）而談，今《人物志》一書捨臧否月旦不為，代之以鑑識之原理的尋繹和析理，使人物品鑑從一個士大夫們的日常行止進而學理化、思維化，而成為一門專門學問了。此固然是一活動或一學問通行既久之後，經常會產生的精緻化改變，卻也正說明了清談的抽象化演變趨勢。

二、正始以後的清談——談玄說理

如前節所言，自從王弼以論君德而證成其玄遠之學以後，正始以後的學術思想一變諸家雜取之貌而為獨宗玄學；同樣地，正始以後的清談也從論人物名理，轉為以宇宙人生的抽象哲理為主，而真正成為唐翼明所謂的「以探討人生、社會、宇宙的哲理為主要內容，以講究修辭與技巧的談說論辯為基本方式而進行的一種學術社交活動」之清談形式。〔註24〕然而其中變化亦非一蹴可及，試論如下：

（一）太和年間荀粲、傅嘏之談

《三國志卷十・荀彧傳》裴注引何劭《荀粲別傳》云：

形上依據。然因全書仍以品鑑具體的才性為主，故劉卲對此形上根據也未加詳論，僅以此三語陳之，便立即歸結於「形質」，而曰：「可即而求之」及其求之的過程和方法。詳參牟宗三《才性與玄理》，頁48～49。

〔註24〕唐翼明《魏晉清談》一書曾詳論清談之名義，而為之下此定義。見該書頁17～50。

（粲）太和初到京邑，與傅嘏談。嘏善名理，而粲尚玄遠，宗致雖同，倉卒時或有格而不相得意。裴徽通彼我之懷，爲二家騎驛。頃之，粲與嘏善。

可知魏明帝太和年間，京都之清談起碼有兩派，傅嘏善名理；而荀粲尚玄遠。

傅嘏是有名的才性論者，在四本論中主張「才性同」一派，本書第二章第三節曾儘量地嘗試整理過他的說法。《世說新語・文學9》注引《傅子》也說：

嘏既達治好正，而有清理識要。如論才性，原本精微，鮮能及之。

司隷鍾會年甚少，嘏以明知交會。

可見傅嘏所常談的，是一些精微的才性之說。才性之說本論人物，然魏時的人物品鑑，已由具體的人事評論、人物月旦，進而尋繹其中原理，而有人物品鑒之專書如《人物志》等的出現，已如上述。故傅嘏雖論人物，卻「原本精微」。其時蓋即清談由人物品鑑轉趨抽象玄理之轉折階段。觀《世說新語・文學9》記此時他與荀粲之談，與《三國志》所言相同，而用語稍異，其文曰：

傅嘏善言虛勝，荀粲談尚玄遠，每至共語，有爭而不相喻。裴冀州釋二家之義，通彼我之懷，常使兩情皆得，彼此俱暢。

湯用彤先生爲之解曰：「虛勝者，謂不關具體實事，而注重抽象原理。」〔註25〕傅嘏的才性論，確實「原本精微」，而至於「抽象原理」也。然則太和年間清談中的人物之論，已與漢末魏初時期月旦之評的人物品鑑大不相同。

而荀粲更進一步，捨人物而談玄遠。湯用彤曰：「至若玄遠，乃爲老莊之學，更不近於政事實際，則正始以後談者主要之學問也。」〔註26〕荀粲的玄遠之談正是正始玄學的先聲。上引《世說新語・文學9》注又引《荀粲別傳》云：

粲字奉倩，穎川穎陰人，太尉彧少子也。粲諸兄儒術論議各知名。粲能言玄遠，常以子貢稱「夫子之言性與天道，不可得而聞也」，然則六籍雖存，固聖人之糠秕。能言者不能屈。

《三國志卷十・荀彧傳》裴注亦引此段而稍詳：

粲諸兄並以儒術論議，而粲獨好言道，常以爲子貢稱夫子之言性與天道，不可得聞，然則六籍雖存，固聖人之糠秕。粲兄俣難曰：「《易》亦云：『聖人立象以盡意，繫辭焉以盡言』，則微言胡爲不可得而聞見

〔註25〕《魏晉玄學論稿》，頁14。
〔註26〕同上。

哉?」粲答曰:「蓋理之微者,非物象之所舉也。今稱『立象以盡意』,
此非通於意外者也,『繫辭焉以盡言』,此非言乎繫表者也;斯則象外
之意,繫表之言,固蘊而不出矣。」侯及當時能言者不能屈也。

荀粲所謂「然則六籍雖存,固聖人之糠秕」,出於《莊子‧天道》:輪扁見桓
公讀書,曰:「君之所讀者,古人之糟粕已夫!」輪扁以自己斲輪的技巧為例,
說明有些精微之數乃「得之於手,而應於心,口不能言。有數存焉於其間。
臣不能以喻臣之子;臣之子亦不能受之於臣。」這話看來有些類似曹丕的「雖
在父兄,不足以移子弟。」而輪扁之意固在於鄙視儒家經典。荀粲卻由此出
發,提出「意外」、「象外」之境,以證成他的「言不盡意」說,認為意內、
象內可盡言;意外、象外不可盡言。荀粲將日常生活中表情達意的言語,以
及一般人生活經驗中常有的「辭不達意」、「言不盡意」現象,提到一個純粹
邏輯思辨的境界中去,探討「言」與「意」之間的聯繫和差別,以及言辭在
達意過程中的侷限性。看來他也是在菲薄聖人,因此引來以儒術論議的其兄
荀俁的反駁。他們的論辯從此打開了魏晉玄學中的主要論題之一:「言意之
辨」。此論在當時盛行一時,《藝文類聚卷十九》載歐陽建《言盡意論》曰:

有雷同君子問於違眾先生曰:世之論者以為「言不盡意」,由來尚矣。
至乎通才達識,咸以為然。若夫蔣公(濟)之論眸子,鍾(會)、傅
(嘏)之言才性,莫不引此為談證。

蔣濟、鍾會、傅嘏等當時之清談大家都引荀粲「言不盡意」說為談證,可見
其風行程度。而自從西晉歐陽建撰此《言盡意論》以駁荀粲之說以後,「言盡
意」與「言不盡意」成了兩派,互相論難。直至百年後東晉時代,仍是名士
間的常談:

舊云,王丞相過江左,止道聲無哀樂、養生、言盡意三理而已,然
宛轉關生,無所不入。(《世說新語‧文學21》)

東晉的玄談大家王導過江後只談三理,而「言盡意」是其一,可見荀粲於太
和年間的這個「玄遠之談」,影響何其深遠。

另外,有趣的是,傅嘏與荀粲二人,一談才性名理,一談「言不盡意」的
玄遠之理,原本是「每至共語,有爭而不相喻」的,但經由裴徽的一番「通彼
我之懷,為二家釋」之後,二人遂相通善。而前引歐陽建《言盡意論》云傅嘏
言才性,莫不引「言不盡意」為談證。又《三國志卷十‧荀彧傳》注引《荀粲
別傳》又曰:

> 荀粲字奉倩，……常以婦人者，才智不足論，自宜以色爲主。驃騎
> 將軍曹洪女有美色，粲於是聘焉。容服帷帳甚麗，專房歡宴。歷年
> 後，婦病亡，未殯，傅嘏往嗟粲。粲不哭而神傷。嘏問曰：「婦人才
> 色並茂爲難。子之娶也，遺才而好色，此自易遇，今何哀之甚？」
> 粲曰：「佳人難再得！顧逝者不能有傾國之色，然未可謂之易遇。」
> 痛悼不能已，歲餘亦亡。時年二十九。

《世說新語·識鑒3》亦云：

> 何晏、鄧颺、夏侯玄並求傅嘏交，而嘏終不許。諸人乃因荀粲說合
> 之，……

此皆可見二人日後情感甚篤。於是太和年間的清談，從傅嘏的「善名理」、「而
有清理識要」地論才性，而開始也日益玄遠化，便是可以想見的了。我們甚至
可以說，傅嘏之「虛勝」的才性論，和荀粲「玄遠」的「言意論」聯手，將魏
晉清談帶入了人物品鑑之外的另一個「玄」的境界中去了。

（二）正始年間何晏、王弼之談

從劉邵到傅嘏到荀粲，正說明了魏晉清談從人物品鑑到玄遠之談、從具
體到抽象的轉變過程。而這個過程的完成，則如眾所周知的，是在正始年間
的何晏，與王弼。

何晏是正始清談領袖，應屬無疑。他是東漢大將軍何進之孫，母尹氏，
爲太祖夫人，「長於宮省，又尙公主，少以才秀出名。好老莊言。」（《三國志
卷九·何晏傳》）《世說新語·文學6》云：

> 何晏爲吏部尚書，有位望，時談客盈坐。

注引《文章敘錄》曰：

> 晏能清言，而當時權勢、天下談士，多宗尚之。

又引《魏氏春秋》曰：

> 晏少有異才，善談《易》、《老》。

可見何晏不但自己善於清談，並且因位居顯要，天下談士多宗之，而成爲望
重一方的清談領袖。然而他一見不及二十歲的王弼，卻爲之神服心傾：

> 何晏爲吏部尚書，有位望，時談客盈坐。王弼未弱冠，往見之。晏
> 聞弼名，因條向者勝理語弼曰：「此理僕以爲極可，得復難不？」弼
> 便作難，一坐人便以爲屈。於是弼自爲客主數番，皆一坐所不及。（《世
> 說新語·文學6》）

又同篇第七條云：

> 何平叔注《老子》始成，詣王輔嗣，見王《注》精奇，迺神伏，曰：
> 「若斯人，可與論天人之際矣！」因以所注爲《道》、《德》二論。

又《三國志卷二十八‧鍾會傳》裴注引何劭所作《王弼別傳》云：

> 弼天才卓出，當其所得，莫能奪也。……其論道傅會文辭，不如何
> 晏，自然有所拔得，多晏也。

何晏與王弼是魏晉玄學的奠基者。何、王對魏晉玄學的重要貢獻在於他們爲
魏晉玄學提供了一個基本的理論架構，展開了以後綿延整個魏晉南北朝的本
體論哲學上關於「有無」的討論。

> 魏正始中，何晏王弼等祖述老莊，立論以爲天地萬物皆以無爲本。
> 無也者，開物成務，無往而不存者也。陰陽恃以化生，萬物恃以成
> 形，賢者恃以成德，不肖恃以免身。故無之爲用，無爵而貴矣。(《晉
> 書卷四十三‧王衍傳》)

以無爲本、爲體；以有爲末、爲用。有了這個架構，從此玄學家們一步一步
援道入儒，最終融合儒道，而這也就是魏晉玄學的根本宗旨。「有無」的門戶
一開，魏晉玄學彷彿步上坦途，日益向著抽象玄遠的路上揚塵而去。於是阮
籍〈達莊論〉、〈通老論〉、〈老子贊〉、〈大人先生傳〉；劉伶〈酒德頌〉等一一
面世，遂成披靡之勢。《世說新語‧德行15》也載：

> 晉文王稱阮嗣宗至慎，每與之言，言皆玄遠，未嘗臧否人物。

蓋因時甚迍邅，名士少有全者，士人們畏患懼禍，乃不再評論時事、臧否人
物，而轉言「玄遠」。魏晉清談不斷地在何、王立下的基礎上，由具體事實向
抽象原理邁進；從切身人事往玄遠理則發展，也是時代環境造成的。

《文心雕龍‧論說》云：

> 夷甫、裴頠交辨於有無之域，並獨步當時，流聲後代。

可見至有晉一代，有無之辨還在交辨不休。而南北朝時顏之推《顏氏家訓‧
勉學》尚曰：

> 何晏、王弼祖述元宗，遞相誇尚，景附草靡，皆以農黃之化在乎己
> 身，周孔之業棄之度外。……直取其清談雅論，詞鋒理窟，剖玄析
> 微，妙得入神，賓主往復，娛心悅耳。然而濟世成俗，終非急務。
> 洎於梁世，茲風復闡……

可見至梁代時玄風仍暢，顏之推頗引以爲憂，但據湯用彤先生《魏晉玄學論

稿‧言意之辨》說：

> 夫玄學者，謂玄遠之學。學貫玄遠，則略於具體事物而究心抽象原
> 理。論天道則不拘於構成質料，而進探本體存在；論人事則輕忽有
> 形之粗跡，而專期神理之妙用。〔註27〕

然則何、王之清談雅論，原本即是「究心抽象原理」之學，其「剖玄析微，
妙得入神」，「然而濟世成俗，終非急務。」也是自然而然的了。這正是清談
往抽象之玄談發展的必然現象。而魏晉美學的抽象趨勢，亦因此而生、而成。

第三節　抽象趨勢對魏晉美學的影響

　　如以上所述，漢末魏初，與正始以後，學術風氣截然不同；清談的內容和
風貌也絕不相似。學術上從曹氏父子的儒、道、名、法各家雜揉兼融，以當下
時政所需爲導向的具體施政方針，經由正始時期王弼討論人君之德而歸之於無
爲無名，以證成其「以無爲本」的玄學原理；清談上從具體人物品鑑逐漸印象
化，並開始歸納品鑑之原理與方法、分析人品構成的質素與因緣，而經由對言
談是否能窮盡心意，所展開的一場「言意之辨」，更一步一步由具體評論事件和
人物趨向於純粹探討宇宙人生之哲理。這樣的演變顯示出學術界與清談界二者
同時都在，並且是相輔相成地在由具體質實逐漸朝向歸納事物之構成原理、內
在規律的抽象化方向發展。這個前所未有的龐大趨勢，整個的在思想形式上造
成了所謂「魏晉玄學」；而在美學上，則產生了以形寫神的新的審美觀點；及瀰
漫整個學術界、社會上的，祖尚玄虛的所謂「魏晉風度」。

一、形神之論 —— 審美觀感之改變

（一）唯「神」是尚的人物品鑑

　　形與神之區分，早自《荀子‧天論》：「形具而神生」之論已經提出，然
當時並未成風潮。

　　漢末之印象式的人物品鑑，開始以一言囊括人物風貌，故「神」的範疇
開始受重視，「神采」、「神韻」、「神理」等詞語成爲品鑑常用語，配合上前述
人本、緣情趨勢形成的內在審美意識覺醒，審美標準內向化的回歸等因素，
造成唯「神」是尚、以「神」爲美的風尚。

〔註27〕《魏晉玄學論稿》，頁 24。

《三國志卷九‧何晏傳》注引《魏氏春秋》：

> 晏嘗曰：「唯深也，故能通天下之志，夏侯泰初是也；唯幾也，故能
> 成天下之務，司馬子元是也；唯神也，不疾而速，不行而至，吾聞
> 其語，未見其人」蓋欲以神況諸己也。

此乃最早提出「神」之地位高於「深」、「幾」的人格美欣賞標準。

又《世說新語‧文學7》云何晏初見王弼《老子註》時欣賞備至，也是爲之「神伏」：

> 何平叔注《老子》始成，詣王輔嗣，見王《注》精奇，迺神伏，曰：
> 「若斯人，可與論天人之際矣！」因以所注爲《道》、《德》二論。

至於以「神」寫人之例，更是普遍：

《世說新語‧賞譽2》：

> 世目李元禮，謖謖如勁松下風。
>
> 注引《李氏家傳》曰：膺嶽峙淵清，峻貌貴重。華夏稱曰：潁川李
> 府君（李膺），頹頹如玉山。汝南陳仲舉（陳蕃），軒軒若千里馬。
> 南陽朱公叔（朱穆），颶颶如行松柏之下。

以「嶽峙淵清」形容李膺爲人莊重，誠實深遠而清朗，以「頹頹如玉山」形容其容儀，高大瀟灑，潤澤光輝，以「軒軒如千里馬」指陳蕃儀態軒昂，以「颶颶如行松柏之下」，形容朱穆風神莊嚴肅穆。漢末這些流行的諺語，已顯示清議有描述人物之品貌、氣質的傾向，時人所看重的不只是一個人的外在容貌，甚至也不只是其品德行操，而是此容止與德操交織而成、煥發而出的一種——「神」。「神」之爲美、之爲人的特徵，實在是含蘊深刻，只可意會而不可言傳的，但自漢末以降，在整個魏晉時期卻蔚然成爲時代風潮。如：

> 公孫度目邴原：所謂「雲中白鶴」，非燕雀之網所能羅也。（《世說新語‧賞譽4》）
>
> 裴令公目夏侯太初：肅肅如入廊廟中，不修敬而人自敬。（《世說新語‧賞譽8》）
>
> 王公目太尉：巖巖清峙，壁立千仞。（《世說新語‧賞譽37》）
>
> 庾道季云：廉頗、藺相如雖千載上死人，懍懍恆如有生氣。（《世說新語‧品藻68》）
>
> 漢世有金日磾，然日磾之賢，盡於仁孝忠誠，德言純至，非爲明達

足論，高座心造峰極，交俊以神，風領朗越，過之遠矣。（王朗〈孔雀明王經序〉）

（廣）少與弘農楊準相善……準之子髦「有神檢」（《晉書卷四十三·樂廣傳》）

司馬太傅府多名士，一時俊異。庾文康云：見子嵩在其中，常自神王。（《世說新語·賞譽33》）

（劉伶）……淡默少言，不妄交遊，與阮籍嵇康相遇，欣然神解，攜手入林。（《晉書卷四十九·劉伶傳》）

西域諸國，咸伏什神俊。（梁·慧皎《高僧傳·鳩摩羅什》）

王戎云：太尉神姿高徹，如瑤林瓊樹，自然是風塵外物。（《世說新語·賞譽16》）

可見當時稱美人物，均自精神層面入手，形成一片唯神是尚的審美風氣。以「神」論人成風之後，關於「形」與「神」的討論也日益增加，例如：

是以君子知形恃神以立，神須形以存，悟生理之易失，知一過之害生，故修性以保神，安心以全身，愛憎不棲於情，憂喜不留於意，泊然無感，而體氣和平，又呼吸吐納，服食養身，使形神相親，表裏俱濟也。（嵇康〈養生論〉）

逸論曰：夫親沒而採藥不反者，不仁之子也；君危而屢出近關者，苟免之臣也。而古之人未始以彼害名教之體者何？達其旨故也。達其旨，故不惑其跡。若元康之人，可謂好遁跡而不求其本，故有捐本徇末之弊；舍實逐聲之行，是猶美西施而學其顰眉；慕有道而折其巾角，所以爲慕者，非其所以爲美，徒貴貌似而已矣。夫紫之亂朱，以其似朱也。故鄉愿似中和，所以亂德；放者似達，所以亂道。然竹林之爲放，有疾而爲顰者也；元康之爲放，無德而折巾者也，可無察乎！（《晉書卷九十四·戴逵傳》）

（二）以「形」寫「神」的藝術理論

1. 藝術欣賞理論

除了人物品鑑上唯神是尚之外，在欣賞文學藝術作品時，魏晉人士也都是心神相會，以神爲之解：

荀勗善解音聲，時論謂之暗解，遂調律呂，正雅樂，每至正會，殿庭

作樂，自調宮商，無不諧韻。阮咸妙賞，時謂神解。(《世說新語·術解 1》)

郭景純詩云：林無靜樹，川無停流，阮孚云：泓崢蕭瑟，實不可言，每讀此文，輒覺神超形越。(《世說新語·文學 76》)

形神之說的影響，也至於生活的態度：

王佛大嘆言：三日不飲酒，覺形神不復相親。(《世說新語·任誕 52》)

再擴及於自然美之欣賞：

天台者，蓋山岳之神秀也。(孫綽〈遊天台山賦序〉)

再擴及個別的藝術理論，如：

2. 書法理論

六朝時期書法藝術發展至頂峰，不論創作或理論，均極有可觀。曹操不但本身善草書，《三國志卷一·武帝紀》引張華《博物志》云：「漢世，安平崔瑗，瑗子寔、弘農張芝、芝弟昶並善草書，而太祖亞之。」平日亦喜賞書法，建安十三年平定劉表時，特為引用荊州名士梁鵠，即專為使之「勒書自效」，供己賞玩。《三國志卷一，武帝紀》裴注引衛恆《四體書序》曰：

上谷王次仲善隸書，始為楷法，至靈帝好書，世多能者，而師宜官為最，甚矜其能，每書，輒消焚其札。梁鵠乃益為版而飲之酒，候其醉而竊其札。鵠卒以攻書至選部尚書。於是公欲為洛陽令，鵠以為北部尉。鵠後依劉表。及荊州平，公募求鵠，鵠懼，自縛詣門，署軍假司馬，使在祕書，以勒書自效。公嘗懸著帳中，及以釘壁玩之，謂勝宜官。鵠字孟黃，安定人，魏宮殿題署，皆鵠書也。

另外如嵇康，也善書法，唐·張懷瓘〈書斷〉評之曰：

叔夜善書，妙於草制。觀其體勢，得之自然，意不在乎筆墨，若高逸之士，雖在布衣，有傲然之色。故知臨不測之水，使人神清；登萬仞之巖，自然意遠。

而說到書法家，當然最著名的還是王羲之了：

王羲之字逸少，司徒導之從子也。……及長，辯贍，以骨鯁稱，尤善隸書，為古今之冠，論者稱其筆勢，以為飄若浮雲，矯若驚龍。深為從伯敦、導所器重。時陳留阮裕有重名，為敦主簿，敦嘗謂羲之曰：「汝是吾家佳子弟，當不減阮主簿。」裕亦目羲之與王承、王

悅爲王氏三少。……性愛鵝，會稽有孤居姥養一鵝，善鳴，求市未能得，遂攜親友命駕就觀。姥聞義之將至，烹以待之，義之歎惜彌日。又山陰有一道士，養好鵝，義之往觀焉，意甚悅，固求市之。道士云：「爲寫道德經，當舉群相贈耳。」義之欣然寫畢，籠鵝而歸，甚以爲樂。其任率如此。嘗詣門生家，見棐几滑淨，因書之，眞草相半。後爲其父誤刮去之，門生驚懊者累日。又嘗在蕺山見一老姥，持六角竹扇賣之。義之書其扇，各爲五字。姥初有慍色。因謂姥曰：「但言是王右軍書，以求百錢邪。」姥如其言，人竟買之。他日，姥又持扇來，義之笑而不答。其書爲世所重，皆此類也。每自稱「我書比鍾繇，當抗行；比張芝草，猶當雁行也。」曾與人書云：「張芝臨池學書，池水盡黑，使人耽之若是，未必後之也。」義之書初不勝庾翼、郗愔，及其暮年方妙。嘗以章草答庾亮，而翼深歎伏，因與義之書云：「吾昔有伯英章草十紙，過江顛狽，遂乃亡失，常歎妙跡永絕。忽見足下答家兄書，煥若神明，頓還舊觀。」

謝安嘗謂義之曰：「中年以來，傷於哀樂，與親友別，輒作數日惡。」義之曰：「年在桑榆，自然至此。頃正賴絲竹陶寫，恒恐兒輩覺，損其歡樂之趣。」

時議者以爲義之草隸，江左中朝莫有及者，獻之骨力遠不及父，而頗有媚趣。桓玄雅愛其父子書，各爲一袠，置左右以翫之。(《晉書卷八十‧王義之傳》)

面對這樣的書法大家，整個《晉書‧王義之傳》的傳制，就是一篇書法理論與評論：

書契之興，肇乎中古，繩文鳥跡，不足可觀。末代去樸歸華，舒牋點翰，爭相誇尚，競其工拙。伯英臨池之妙，無復餘蹤；師宜懸帳之奇，罕有遺跡。逮乎鍾王以降，略可言焉。鍾雖擅美一時，亦爲迥絕，論其盡善，或有所疑。至於布纖濃，分疏密，霞舒雲卷，無所間然。但其體則古而不今，字則長而逾制，語其大量，以此爲瑕。獻之雖有父風，殊非新巧。觀其字勢疏瘦，如隆冬之枯樹；覽其筆蹤拘束，若嚴家之餓隸。其枯樹也，雖槎枒而無屈伸；其餓隸也，則羈羸而不放縱。兼斯二者，故翰墨之病歟！子雲近出，擅名江表，然僅得成書，無丈夫之氣，行行若縈春蚓；字字如綰秋蛇，臥王濛

於紙中；坐徐偃於筆下，雖禿千兔之翰，聚無一毫之筋；窮萬穀之皮，斂無半分之骨。以茲播美，非其濫名邪！此數子者，皆譽過其實。所以詳察古今，研精篆素，盡善盡美，其惟王逸少乎！觀其點曳之工，裁成之妙，煙霏露結，狀若斷而還連；鳳翥龍蟠，勢如斜而反直。翫之不覺爲倦，覽之莫識其端，心慕手追，此人而已。其餘區區之類，何足論哉！（唐・房玄齡〈晉書王羲之傳制〉）

唐孫過庭《書譜》也尊崇王羲之，標榜他的「兼通」各體，尤以一個「神」字爲眾人，包括其子王獻之所不及。其文開宗明義即謂：

夫自古之善書者，漢魏有鍾、張之絕；晉末稱二王之妙。王羲之云：「頃尋諸名書，鍾、張信爲絕倫，其餘不足觀。」可謂鍾張云沒，而羲、獻繼之。又云：「吾書比之鍾、張：鍾當抗行，或謂過之；張草猶當雁行。然張精熟，池水盡墨，假令寡人耽之若此，未必謝之。」此乃推張邁鍾之意也。考其專擅，雖未果於前規，摭以兼通，故無慚於即事。評者云：「彼之四賢，古今特絕；而今不逮古，古質而今妍。」

夫質以代興，妍因俗易。雖書契之作，適以記言，而淳醨一遷，質文三變，馳騖沿革，物理常然。貴能古不乖時，今不同弊，所謂「文質彬彬，然後君子。」何必易雕宮於穴處，反玉輅於椎輪者乎！

又云：「子敬之不及逸少，猶逸少之不及鍾、張。」

意者以爲評得其綱紀，而未詳其始卒也。且元常專工於隸書，伯英尤精於草體，彼之二美，而逸少兼之。擬草則餘眞，比眞則長草，雖專工小劣，而博涉多優，總其終始，匪無乖互。

……以子敬之豪翰，紹右軍之筆札，雖復粗傳楷則，實恐未克箕裘。況乃假託神仙，恥崇家範，以斯成學，孰愈面牆！……

是知逸少之比鍾、張，則專博斯別；子敬之不及逸少，無或疑焉。而子敬之不及乃翁，即唯在一「神」字。

而唐張懷瓘〈書議〉評王獻之，也是妙在「神俊」：

子敬之法，非草非行，又行於其間，無藉因循，寧拘制則，挺然秀出，務於簡易。情馳神縱，超逸優遊，臨事制宜，從意適便。有若風行雨散，潤色開花，筆法體勢之中，最爲風流者也。逸少秉眞行

之要，子敬執行草之權，父之靈和，子之神俊，皆古今之獨絕也。

從對於王羲之、獻之父子書藝的品評發展而下，南朝的書法理論著作頻出，而莫不把握神采，神化爲據。如齊・王僧虔不但自己善書，並有評論：

> 書之妙道，以神采爲上，形質次之，兼之者方可紹於古人。（齊・王僧虔〈王氏書畫苑〉）

南朝梁・庾肩吾《書品》：

> 若探妙測深，盡形得勢；煙花落紙，將動風采。帶字欲飛，疑神化之所爲，非世人之所學。惟張有道、鍾元常、王右軍其人也。張工夫第一，天然次之，衣帛先書，稱爲「草聖」。鍾天然第一，工夫次之，妙盡許昌之碑，窮極鄴下之牘。王工夫不及張，天然過之；天然不及鍾，工夫過之。羊欣云：「貴越群品，古今莫二」。兼撮眾法，備成一家，若孔門以書，三子入室矣。

此處所論觸及二問題：1. 盡形得勢：書法一如繪畫，不論多麼神妙，本質上仍然是一種形象藝術，因而「形」仍是最基本的審美要素，必須「盡形」，才能談「得勢」，才能達「神化」之境。「形」與「神」的關係，在書法理論中再次獲得作家印證。2. 天然與工夫：亦即「才」與「學」的關係，工夫可以學得；天然則有賴才氣，本論文第二章論人本趨勢時曾一再談及才性問題，如今在藝術理論中，「人本趨勢」與「抽象趨勢」在才性問題上又取得了共通點。另外如梁・袁昂《古今書評》論王羲之父子亦曰：

> 王右軍書如謝家子弟，縱復不端正者，爽爽有一種風氣。王子敬書如河、洛間少年，雖皆充悅，而舉體沓拖，殊不可耐。

其觀點亦以爲王羲之父子的差別，正在才氣，二人稟賦不同，故羲之爽爽有一種風氣，而獻之則雖然習得工夫深厚，皆充悅可觀，而仍然俗不可耐。此正是曹丕《典論・論文》所謂的「雖在父兄，不足以移子弟。」的觀點

再看《南齊書卷三十三・王僧虔傳》載：

> 太祖善書，及即位，篤好不已。與僧虔賭書畢，謂僧虔曰：「誰爲第一？」僧虔曰：「臣書第一，陛下亦第一。」上笑曰：「卿可謂善自爲謀矣。」示僧虔古跡十一帙，就求能書人名。僧虔得民間所有，帙中所無者，吳大皇帝、景帝、歸命侯書，桓玄書，及王丞相導、領軍洽、中書令珉、張芝、索靖、衛伯儒、張翼十二卷奏之。又上羊欣所撰〈能書人名〉一卷。

僧虔不但書法第一、收藏書法名帖及能書人名等資料第一，其爲人之瀟灑唯我，懍懍有神，當世恐亦不做第二人想。

　　再看對書法作品的描寫，鮑照〈飛白書勢銘〉云：

> 秋毫精勁，霜素凝鮮，霑此瑤波，染彼松煙。超工八法，盡奇六文，鳥企龍躍，珠解泉分，輕如游霧，重似崩雲。絕鋒劍摧，驚勢箭飛，差池燕起，振迅鴻歸，臨危制節，中險騰機。圭角星芒，明麗爛逸，絲縈髮垂，平理端密，盈尺錦兩，片字金鎰，故僞芝煩弱，既匪足雙，蟲虎瑣碎，又安能匹！君子品之，是最神筆。

所提出的最高的審美標準仍是「神筆」。而直至宋代，歐陽修云：

> 余嘗喜覽魏晉以來筆墨遺跡，而想前人之高致也！所謂法帖者，其事率皆弔哀疾病，敍睽離，通訊問，施於家人朋友之間，不過數行而已。蓋其初非用意，而逸筆餘興，淋漓揮灑，或妍或醜，百態橫生，披卷發函，爛然在目，使驟見驚絕，徐能視之，其意態如無窮盡，使後世得之，以爲奇玩，能想見其爲人也。……（隋唐以後）……智永精熟過人，惜無奇態矣。

對魏晉南北朝的書家們可爲推崇備致，所持觀點即在有「高致」，能「百態橫生」的神韻而已。魏晉南北朝的書法藝術，不論是理論、批評、或實際創作，都圍繞著神采、神韻的抽象化趨勢發展。

3. 繪畫理論

　　相較於書法理論，魏晉美學在繪畫上更明顯而直接地提出了「以形寫神」說。分述於後：

　　劉宋時畫家陸探微，極長於人物畫像，幾乎達到畢肖亂眞的程度，被謝赫的《古畫品錄》列爲第一品第一人。南齊高帝蕭道成很喜歡他的畫。梁元帝也讚曰：

> 工逾畫馬，巧邁圖龍。試映玉池，即看魚動；還傍金屏，復疑蠅集。史遷暫睹，懸識留侯之貌；漢帝一瞻，便見王嬙之像。（《全梁文》卷十六）

這裡所強調的還都是形似，以魚動蠅集、留侯王嬙等具象來力述其所繪之逼眞生動。然觀《晉書卷九十二・顧愷之傳》，愷之繪畫則從形似更進而傳神：

> 顧愷之，字長康，晉陵無錫人也。……恒溫引爲大司馬參軍，甚見親昵。……尤善丹青，圖寫特妙，謝安深重之，以爲有蒼生以來未

之有也。愷之每畫人成，或數年不點目精。人問其故，答曰：「四體
妍蚩，本無關於妙處，傳神寫照，正在阿堵中。」嘗悅一鄰女，挑
之弗從，乃圖其形於壁，以棘針釘其心，女遂患心痛。愷之因致其
情，女從之，遂密去針而愈。愷之每重嵇康四言詩，因為之圖，恆
云：「『手揮五絃』易，『目送歸鴻』難。」每寫起人形，妙絕於時，
嘗圖裴楷象，頰上加三毛，觀者覺神明殊勝。又為謝鯤象，在石巖
裏，云：「此子宜置丘壑中。」欲圖殷仲堪，仲堪有目病，固辭。愷
之曰：「明府正為眼耳，若明點瞳子，飛白拂上，使如輕雲之蔽月，
豈不美乎！」仲堪乃從之。愷之嘗以一廚畫糊題其前，寄桓玄，皆
其深所珍惜者。玄乃發其廚後，竊取畫，而緘閉如舊以還之，紿云
未開。愷之見封題如初，但失其畫，直云妙畫通靈，變化而去，亦
猶人之登仙，了無怪色。

「傳神寫照」之理論的提出、「神明殊勝」之創作成績的展現，在在使得顧愷
之在魏晉南朝的畫家中獨闢「神」境，其自疑畫可登仙，亦不足為奇。再觀
其為人，亦別有韻味：

愷之好諧謔，人多愛狎之。後為殷仲堪參軍，亦深被眷接。仲堪在
荊州，愷之嘗因假還，仲堪特以布帆借之，至破冢，遭風大敗。愷
之與仲堪牋曰：「地名破冢，真破冢而出。行人安穩，布帆無恙。」
還至荊州，人問以會稽山川之狀。愷之云：「千巖競秀，萬壑爭流。
草木蒙籠，若雲興霞蔚。」……愷之每食甘蔗，恆自尾至本。人或
怪之。云：「漸入佳境。」

愷之矜伐過實，少年因相稱譽以為戲弄。又為吟詠，自謂得先賢風制。
或請其作洛生詠，答曰：「何至作老婢聲！」義熙初，為散騎常侍，
與謝瞻連省，夜於月下長詠，瞻每遙贊之，愷之彌自力忘倦。瞻將眠，
令人代己，愷之不覺有異，遂申旦而止。尤信小術，以為求之必得。
桓玄嘗以一柳葉紿之曰：「此蟬所翳葉也，取以自蔽，人不見己。」
愷之喜，引葉自蔽，玄就溺焉，愷之信其不見己也，甚以珍之。

初，愷之在桓溫府，常云：「愷之體中癡黠各半，合而論之，正得平
耳。」故俗傳愷之有三絕：才絕，畫絕，癡絕。年六十二，卒於官。
所著文集及〈啟矇記〉行於世。

除了顧愷之以外，謝赫的〈古畫品錄〉亦屢強調神氣、神韻，認為「雖略於

形色，頗得神氣」亦爲勝場。他所標舉的六法，首曰「氣韻生動」，也是抽象的流動美，與「以形寫神」有異曲同工之妙。

重神輕形的抽象趨勢在繪畫理論上的影響，最明顯的是重創新，反模擬。如《全齊文卷二十五》載謝赫評顧駿之：

> 神韻氣力，不逮前賢；精微謹細，有過往哲。如變古則今，賦彩制
> 形，皆創新意。

謝赫認爲顧駿之在色彩與造型上都能創新，爲最大長處，雖神韻氣力稍弱，仍可算大家。這樣的觀點也是重視神韻的畫家們共同的看法。又如他置袁蒨在第二品，並對袁蒨之畫的「像人之妙，亞美前賢」加以肯定，但同時又對他「志守師法，更無新意」的一面給予了貶斥。都說明他注重創新的審美標準。

在創作實踐中，謝赫也極注意創新。如姚最《續畫品錄》所言，他的畫是：

> 點刷研精，意在切似；目想毫髮，皆無遺失。麗極靚妝，隨時改變；
> 直眉曲鬢，與世事新。

4. 音樂理論

魏晉時期最著名的音樂理論，首推嵇康的「聲無哀樂論」，及阮籍的「樂論」，本書已於第三章探討「緣情趨勢」之奠定時，詳加析論。今再就其時音樂欣賞中之神韻表達，以說明「形神論」在藝術各層面之影響。

在《禮記‧樂記》中，音樂是「陰陽之氣」，主要作用於社會倫理層面，曹魏時期阮籍極力澄清音樂本體論，使音樂的功用脫離社會教化，而能得著其本身的價值，此於上文亦已述及。經過他，和嵇康在「聲無哀樂論」中所嘗試的強調審美情感的主體性作用的努力後，至魏晉以後，士人對音樂的認識已是如《世說新語‧言語62》所言：

> 謝太傅語王右軍曰：中年傷於哀樂，與親友別，輒作數日惡。王曰：
> 年在桑榆，自然至此，正賴絲竹陶寫。恆恐兒輩覺，損欣樂之趣。
>
> 余嘉錫箋疏：謝安晚歲，雖期功之慘，不廢妓樂，蓋藉以寄興消愁……
> 惟右軍深解其意，故其言莫逆於心。

絲竹可以陶寫哀樂中年的傷感，這是明白肯定音樂爲陶寫心情抒發鬱悶的審美中介。嵇康〈琴賦序〉亦曰音樂可以「發洩幽情」。時人對於音樂功能的澄清，極大地增加了音樂在藝術審美方面的獨立價值。故《南史卷二十八‧褚彥回傳》載：

> 嘗聚袁粲舍，初秋涼夕，風月甚美，彥回援琴奏〈別鵠〉之曲，宮
> 商既調，風神諧暢。王彧、謝莊並在粲坐，撫節而歎曰：「以無累之
> 神，合有道之器，宮商暫離，不可得已。」

> 彥回善彈琵琶，齊武帝在東宮宴集，賜以金鏤柄銀柱琵琶。性和雅，
> 有氣度，不忘舉動。宅嘗失火，煙燄甚逼，左右驚擾，彥回神色怡
> 然，索輿徐去。然世頗以名節譏之，於時百姓語曰：可憐石頭城，
> 寧爲袁粲死，不作彥回生。

音樂一如書法繪畫，講究的是風神諧暢，無累無掛，而對於悽苦之情，更別
具感染力。《世說新語・任誕43》：

> 張湛好於齋前種松柏。時袁山松出遊，每好令左右作輓歌。時人謂：
> 「張屋下陳屍，袁道上行殯。」

> 劉孝標注引《續晉陽秋》：袁山松善音樂，北人舊歌有〈行路難曲〉
> 辭頗疏質，山松好之，乃爲文其章句，婉其節制，每因酒酣，從而
> 歌之。聽者莫不流涕。初，羊曇善唱樂，桓尹能輓歌，及山松以行
> 路難繼之，時人謂之三絕。

《晉書卷八十三・山松傳》亦載此事，並取以上兩說。可見輓歌之藝術感染
力，不但歌者暢懷，聞者亦有心靈滌盪作用。故《世說新語・任誕45》載：

> 張驎（張湛小字）酒後輓歌甚悽苦，桓車騎曰：「卿非田橫門人，何
> 乃頓爾至致？」

提及藝術感染力，《世說新語・任誕49》載：

> 王子猷出都，尚在渚下。舊聞桓子野善吹笛，而不相識。遇桓於岸
> 上過，王在船中，客有識之者云：「是桓子野。」王便令人與相聞云：
> 「聞君善吹笛，試爲我一奏。」桓時已貴顯，素聞王名，即便回下
> 車，踞胡床，爲作三調。弄畢，便上車去。客主不交一言。

此處王、桓二人以樂神交，胸懷何等灑脫，最妙的是客主不交一言，唯樂音
悠揚於江水之上，各自心領神會。音樂對人之心神的感染力量，於此得到最
充分的發揮。

再看一些音樂演奏情況的記載：《晉書卷八十一・桓伊傳》亦載有上述之
事，並日：

> 伊……善音樂，盡一時之妙，爲江左第一。有蔡邕柯亭笛，常自吹
> 之。……時謝安女婿王國寶專利無檢行，安惡其爲人，每抑制之。

及孝武末年，嗜酒好內，而會稽王道子昏諂尤甚，惟狎昵諂邪，於是國寶讒諛之計稍行於主相之間。而好利險詖之徒，以安功名盛極，而構會之，嫌隙遂成。帝召伊飲讌，安侍坐。帝命伊吹笛。伊神色無迕，即吹為一弄，乃放笛云：「臣於箏分乃不及笛，然自足以韻合歌管，請以箏歌，并請一吹笛人。」帝善其調達，乃敕御妓奏笛，伊又云：「御府人於臣必自不合，臣有一奴，善相便串。」帝彌賞其放率，乃許召之。奴既吹笛，伊便撫箏而歌〈怨詩〉曰：「為君既不易，為臣良獨難。忠信事不顯，乃有見疑患。周旦佐文武，金縢功不刊。推心輔王政，二叔反流言。」聲節慷慨，俯仰可觀。安泣下沾衿，乃越席而就之，捋其鬚曰：「使君於此不凡！」帝甚有愧色。

《世說新語・任誕 49》注引《續晉陽秋》載同一件事曰：

左將軍桓伊善音樂，孝武飲燕，謝安侍坐，帝命伊吹笛。伊神色無忤，既吹一弄，乃放笛云：「臣於箏乃不如笛，然自足以韻合歌管。臣有一奴，善吹笛，且相便串，請進之。」帝賞其放率，聽召奴。奴既至，吹笛，伊撫箏而歌怨詩，因以為諫也。

從單純的藝術感染力，到可以「聲節慷慨，俯仰可觀」令人泣下沾衿，非但嫌隙盡棄，並可諷諫君王，則音樂的匡正作用，在主體性明確之後，也自然發揮了教化人心的功效。

桓伊之擅長吹笛，除了有教化作用，並且最具精神。《世說新語・任誕 49》余嘉錫《箋疏》載《類聚四十四》引《語林》曰：

桓野王 [註28] 善解音，晉孝武祖宴西堂，樂闋酒闌，將詔野王箏歌。野王辭以須笛。於是詔其常吹奴碩，賜姓曰張，加四品將軍，引使上殿。張碩意氣激揚，吹破三笛。末取睹腳笛，然後乃理調成曲。

又載《書鈔一百十》引《語林》曰：晉孝武祖宴西堂，詔桓子野彈箏，桓乃撫箏而歌怨詩，悲屬之響，一堂流涕。

總之，魏晉以後，因為音樂主體地位已獲確立，而文學書法繪畫等藝術領域中「以形寫神」，以抽象傳達具象的理論與創作皆已成熟，音樂的感染力也獲得了前所未有的加強與發揮。

〔註28〕　野王蓋子野之誤。

二、玄虛之風——生活行爲之滲透

　　抽象趨勢除深刻影響魏晉人士之藝術審美觀感之外，更重要的是滲透進入他們的生活之中，產生一股瀰漫整個時代的玄虛之風。魏晉士人普遍嚮慕玄虛而不務實際，這和本文第二章中所論的任誕之風配合起來，愈煽愈熾，影響世風至鉅。觀以下各載籍可略見當時散誕空談之弊：

　　《晉書卷四十七‧傅玄傳》：

　　　　玄〈舉清遠疏〉曰：近者魏武好法術，而天下貴刑名；魏文慕通達，而天下賤守節，其後綱維不攝，而虛無放誕之言盈於朝野，使天下無復清議，而亡秦之病復發於今。

　　《藝文類聚》卷二十六載有劉琨《答盧諶書》曰：

　　　　昔在少壯，未嘗檢括，遠慕老莊之齊物，近嘉阮生之放曠，怪厚薄何從而生，哀樂何由而至。自頃輈張，困於逆亂，國破家亡，親友彫殘，負杖行吟，則百憂俱至；塊然獨坐，則哀憤兩集，……然後知聃周之爲虛誕；嗣宗之爲妄作也。

　　房玄齡《晉書卷七十七‧殷浩傳論》：

　　　　殷浩清徽雅量，眾議攸歸，高秩厚禮，不行而至，咸謂教義由其興替，社稷侯以安危。及其入處國鈞，未有嘉謀善政；出總戎律，惟聞覆國喪師。是知風流異貞固之才，談論非奇正之要。……贊曰：……夷曠有餘，經綸不足。捨長任短，功虧名辱。

　　《梁書卷五六‧侯景傳》：

　　　　先是，丹陽陶弘景隱於華陽山，博學多識，嘗爲詩曰：「夷甫任散誕，平叔坐談空，不意昭陽殿，化作單于宮。」大同末，人士競談玄理，不習武事。至是，景果居昭陽殿。

　　顏之推《顏氏家訓‧勉學》：

　　　　何晏、王弼祖述玄宗，遞相誇尚，景附草靡，皆以農黃之化在乎己身，周孔之業棄之度外。

　　玄學的理論在西晉也有長足的發展。向秀和郭象註《莊子》，「於舊註外爲解義，妙析奇致」，在發明《莊子》旨要的同時又改造《莊子》，較爲全面而又系統地解決了玄學誕生以來所提出的一系列的問題，諸如「本末」、「體用」、「有無」、「獨化」、「養生」、「性情」、「自然」，與「名教」等等。

　　《晉書卷四十九‧向秀傳》：

秀雅好老莊之學。莊周著內外數十篇，歷世才士雖有觀者，莫適論
其旨統也，秀乃爲之隱解，發明奇趣，振起玄風，讀之者超然心悟，
莫不自足一時也。惠帝之世，郭象又述而廣之，儒墨之跡見鄙，道
家之言遂盛焉。

《世說新語・文學19》載當時玄談盛行的情況：

裴散騎娶王太尉女，婚後三日，諸婿大會，當時名士，王裴子弟悉
集。郭子玄在坐，挑與裴談。子玄才甚豐贍，始數交未快。郭陳張
甚盛，裴徐理前語，理致甚微，四坐咨嗟稱快。王亦以爲奇，謂諸
人曰：「君輩勿爲爾，將受困寡人女婿。」

婚嫁宴集，也少不了以玄談佐餐，可知玄談爲當時名流士人的生活內容的一
個重要方面，玄風大暢。史籍對此不無記載。如《晉陽秋》載：

太康以來，天下共尚無爲，貴談老莊，少有說事。

《晉書卷七十・應詹傳》：

元康以來，賤經尚道，以玄虛宏放爲夷達，以儒術清儉爲鄙俗。

過江之後，亡國之痛也沒能沖淡人們對於玄談的興趣。像王敦、衛玠、謝鯤
等都是當時著名的玄談家。連丞相王導也結集著一大批玄談之人共玄談。《世
說新語・文學22》載：

殷中軍爲庾公長史，下都，王丞相爲之集，桓公、王長史、王藍田、
謝鎮西並在。丞相自起解帳帶麈尾，語殷曰：「身今日當與君共談析
理。」既共清言，遂達三更。丞相與殷共相往反，其餘諸賢，略無
所關。既彼我相盡，丞相乃歎曰：「向來語，乃竟未知理源所歸，至
於辭喻不相負，正始之音，正當爾耳。」

朝野相扇，一時舉世虛玄。此一方面造成學術上以意逆志，不拘章句的風氣，
大異於兩漢時期的章句考證。如前引「雅好老莊之學」的向秀，顏延年〈五
君詠〉論之曰：

向秀甘淡薄，深心託毫素。探道好淵玄，觀書鄙章句……

《世說新語・輕詆24》注引《支遁傳》亦曰：

遁每標舉會宗，而不留心象喻，解釋章句，或有所漏，文字之徒，
多以爲疑。

「好淵玄」的結果，便「觀書鄙章句」、「不留心象喻」，以致於「解釋章句，
或有所漏」，這也是祖尚玄虛之風給學術風氣帶來的影響之一。

　　不過更嚴重的仍屬社會上因祖尚玄虛，不務實際，所造成的委靡風氣，至有「清談誤國」之論。如《晉書卷四十三・王衍傳》載：

　　衍既有盛才美貌，明悟若神，常自比子貢。兼聲名藉甚，傾動當世。妙善玄言，唯談老莊爲事。每捉玉柄麈尾，與手同色。義理有所不安，隨即改更，世號『口中雌黃』。朝野翕然，謂之『一世龍門』矣。累居顯職，後進之士，莫不景慕放效。選舉登朝，皆以爲稱首。矜高浮誕，遂成風俗焉。

　　及爲石勒所破……衍自說少不豫事，欲求自免，因勸勒稱尊號。勒怒曰：『君名蓋四海，身居重任，少壯登朝，至於白首，何得言不豫世事邪！破壞天下，正是君罪！』……衍將死，顧而言曰：「嗚呼；吾曹雖不如古人，向若不祖尚浮虛，戮力以匡天下，猶可不至今日。」

可惜王衍臨終的悔恨並沒有產生多大的反響。江左玄風愈演愈烈，勢不可擋。《晉書卷八十九・忠義傳》所載嵇含之語：「借玄虛以助溺，引《道德》以自獎，戶詠恬曠之辭；家畫老莊之像」誠不虛也。

　　《世說新語・輕詆11》：

　　桓公入洛，過淮、泗，踐北境，與諸僚屬登平乘樓，眺矚中原，慨然曰：「遂使神州陸沈，百年丘墟，王夷甫諸人，不得不任其責！」袁虎（即袁宏）率爾對曰：「運自有廢興，豈必諸人之過？」桓公懍然作色，顧謂四座曰：「諸君頗聞劉景升不？有大牛重千斤，噉芻豆十倍於常牛，負重致遠，曾不若一羸牸。魏武入荊州，烹以享士卒，於時莫不稱快。」意以況袁。四座既駭，袁亦失色。

　　裴注引《八王故事》曰：夷甫雖居台司，不以事物自嬰，當世化之，羞言名教。自臺郎以下，皆雅崇拱默，以遺事爲高。四海尚寧，而識者知其將亂。

　　又引《晉陽秋》曰：夷甫將爲石勒所殺，謂人曰：『吾等若不祖尚浮虛，不至於此！』

《晉書卷七十七・殷浩傳》載庾翼貽浩書曰：

　　……王夷甫，先朝風流士也，然吾薄其立名非眞，而始終莫取。若以道非虞夏，自當超然獨往，而不能謀始，大合聲譽，極致名位，正當抑揚名教，以靜亂源。而乃高談莊老，說空終日，雖云談道，實長華競。及其末年，人望猶存，思安懼亂，寄命推務。而甫自申

　　述，徇小好名，既身囚胡虜，棄言非所。凡明德君子，遇會處際，

　　寧可然乎？而世皆然之。益知名實之未定，弊風之未革也。」

　　余嘉錫曰：晉人之論王夷甫者，庾翼之言為最切矣。

故《晉書卷九十一・儒林傳序》：

　　有晉始自中朝，迄於江左，莫不崇飾華競，祖述虛玄，擯闕里之典

　　經，習正始之餘論，指禮法為流俗，目縱誕以清高，遂使憲章弛廢，

　　名教頹毀，五胡乘間而競逐，二京繼踵以淪胥，運極道消，可為長

　　歎息者矣。

顧炎武《日知錄・正始條》：

　　……一時名士風流，盛於雒下，乃其棄經典而尚老莊，蔑禮法而崇

　　放達，視其主之顛危若路人然，即此諸賢為之倡也。自此以後，競

　　相祖述……以致國亡於上，教淪於下，羌戎互僭，君臣屢易，非林

　　下諸賢之咎而誰咎哉？

如此，這一股玄虛之風深深滲透進社會各階層，使得清談虛妄成為整個時代
的標記，個人因此而放曠消極；社會風氣因此而委靡不振；甚至國家命祚亦
因此而草草斷送。魏晉美學的抽象趨勢，在這一方面所產生的結果飽受負面
評價，然而更說明其影響一時代之深切痛長。

結　語

　　如上所述，抽象趨勢不同於人本、緣情二趨勢那樣和個人有著密切關連。
它本是一個哲學上的趨勢，肇端於漢魏之際，形成於正始年間，而清楚表現
在學術思想、和清談的內容上。學術上，因著劉邵等人總結了人物品鑑的各
項實務經驗，發展成抽象的品鑑原理；也因著王弼何晏等人祖述老莊，以無
為貴，連論人君之德時亦志在以之證成其貴無的玄遠之學。而在清談活動上，
因著以德行為中心的清議惹來了慘遭屠戮的後果，人物品鑑日益走上以當下
直覺為判斷依據的印象式品鑑，再配合上何、王等玄學家不斷展開的脫離日
常生活的玄理對談和論辯，抽象趨勢終於在正始以後成為魏晉學術和社會各
方面的主流，也因此而成為當時美學思潮上的大趨勢之一。

　　這個哲學思潮上的抽象玄遠之趨勢，在魏晉以後，直至南北朝時期，對
於審美觀感、和社會生活各方面發生了極其巨大的影響。首先在審美方面，

它一改先秦兩漢重視具象、濃烈的壯美傳統，而追求傳神、清虛、抽象的優美概念，從而在書法、繪畫、音樂各領域都獲得了前所未有的突破和成就，魏晉南北朝成為一個美學的輝煌時期，此抽象趨勢當居首功。然而在社會生活方面，它所形成的玄虛之風氣，卻也為整個時代帶來了陷溺不可自拔的消極因素，成了那個時代的標記，和傷痕。

結　論

　　魏晉南北朝時期是中國美學第一個高潮期，它不僅自身在美的呈現上有極高的成就，並且在審美理想、審美理論方面建樹不斷，「形神論」、「言意論」、「緣情說」、「文氣說」、「風骨論」等一切影響整個中國美感的重大理論，都出現在這一時期。沒有魏晉南北朝時期的這些重大開拓與建樹，唐代以後豐盛博大的美學傳統即無從立本矣。

　　而魏晉南北朝時期這樣一個美學高潮的產生，乃肇因於漢末魏初之際，因為社會結構、心理價值，和哲學思辨各方面發生的一連串巨變，所產生的「人本」、「緣情」、「抽象」三大趨勢所致。無此三趨勢，即無今日之魏晉美學可言。

　　這是因為，兩漢在董仲舒神本的「天人感應說」所領導的德行中心的審美判斷之籠罩下，長期以來都將審美關係建立在外向和諧的模擬、嚮往、追求之中：哲學上要「以人應天」；文學上要「體物寫志」，人必須藉著追逐、描摹外物，發現其中之美，才談得到審美。這是再現論的審美時代。然而在漢末魏晉之際，這種外向和諧的審美結構發生了一連串劇烈的解構和重建過程，使得整個審美關係結構內向化、心理化、個性化，從而造成了魏晉南北朝以降，擴及於整個中國美學史的偏重於表現論的審美特色。這一系列的重大轉化，係同時在政治、社會生活型態；文學、藝術表現型態；及學術、思想型態等各方面共同地呈現。匯集而成人本、緣情、抽象三個彷彿一股浩蕩巨流般的嶄新趨勢，把整個魏晉南北朝美學帶進那個前所未有的，充滿內在自覺的，嶄新的局面中去。

　　所謂人本趨勢，指的是相對於兩漢時期的神本、物本等思想型態，而在

漢魏之際興起的一股以人的自身價值爲根本的新的美學趨勢。也就是魯迅、李澤厚等人所謂的「人的自覺」。其產生原因，一因爲曹操標舉「唯才是舉」的用人方針，一舉打破了兩漢唯德是尚的社會價值標準；二由於亂世流離中種種死生新故的人生感慨所激發出的人的存在、和責任自覺；更因爲王弼、何晏等人在正始時期所提出的「貴無之論」，重新釐清了「道」（即「無」）與「物」之間的「長而不宰」的對應關係，使得順任物性成爲時人共識，審美標準也因而從兩漢時期的外向和諧之追逐，一轉而回歸爲內在和諧的注重，王弼所說的「大美配天而華不作」，明白揭示了一種質樸去華的新的審美標準來。這樣在社會價值標準、人的心理存在意識、和普遍審美標準轉移三方面交相作用下，人本趨勢逐步形成。表現在文學理論上，曹丕在漢末石破天驚般地提出「文氣說」，以作者之個性爲本位的創作審美意識、及以作品風格爲本位的作品審美意識正式覺醒；表現在人物品鑑上，劉劭於魏初首次論證的「英雄論」，從曹操的以「才」、以「術」的任用標準之外，另闢一個更爲內在的「以智爲美」的人物審美標準；而表現在清談和哲理思辨上，玄學中一連串的「才性之辨」更爲人的內在價值提供了堅實的基礎。因此同樣是在社會價值標準、人物的心理審美意識、和普遍審美標準轉移三方面產生的審美新命題的交相作用下，人本趨勢完全奠定了。這個強大的趨勢對魏晉南北朝美學最明顯的影響，是社會上普遍吹起的一股「唯我之風」，及其所造成的「任誕」風氣，以及因爲意識到自我存在價值而產生的或爲憂生，或爲樂生的空前強烈的生命觀照，表現爲企圖延續生命長度的服食求仙的虛無作風、或者努力增加生命密度的奢華享樂的極端行止。這樣的影響，漫及整個魏晉南北朝，文學上所謂的「六朝綺靡」、社會上所謂的「六代金粉」，皆肇因於此。

　　緣情趨勢是當人本趨勢所帶來的人的覺醒深入而普遍於人心之後，審美關係結構再進一步內向化、心理化、個性化的自然結果。它標誌著個體的內在情感從群體生命價值、道德倫理價值的涵蓋、籠罩、禁錮中脫穎而出，開始激盪澎湃於社會人心的各個角落。從「人當道情」的覺醒，經過「抑情抗禮」的激烈扭曲，到「情之所鍾，正在我輩」的徹悟，緣情趨勢於焉成立。而玄學領域中王弼的「聖人有情說」，從聖凡共有的角度肯定了審美情感的共通性；音樂美學領域中嵇康的「聲無哀樂論」，將作爲審美對象的「聲」和作爲審美情感的「哀樂」對等而觀，分別賦予它們客觀的獨立地位，因而大幅度地強調了審美情感的主體性；以及文學領域中陸機的「詩緣情而綺靡說」，

不但將情感從審美的主體地位進一步躍居於整個審美活動的中介地位，並且因為力求「綺靡」而開始強調情感表現的藝術形式，如此三方面層層遞進，緣情趨勢終於根深柢固地生根立基，從人本趨勢的附加型態卓然自立為另一個重要的美學趨勢。其影響及於魏晉南北朝者，首推社會民間的一片尚情之風，從父子、夫婦、兄弟、友情、愛情等人際關係的各層面，到對於山川自然、知識論辯，魏晉人士都展現了過人的深情厚意；然後更進一步地，他們在典章制度上緣情制禮、在文學理論中緣情論文。「情」之一字，在魏晉人士身上，比任何一個時代都要刻烙得深長、燃燒得熾烈。

　　人本趨勢與緣情趨勢，明顯地有著連帶關係，層層相因，也環環相激地促進著魏晉美學的發展。但是魏晉時期不論社會民生，或學術思想範疇，都還有著一個龐大的空缺，唯有抽象趨勢能夠填充。一般人提到魏晉都立刻聯想到虛無玄學，卻不知一切虛無之風其實都肇端於漢魏之際的這個美學的抽象趨勢。反映在學術思想上，從魏初的儒、道、名、法各家兼融，演變為正始以後玄學獨盛；呈現在清談上，則從漢魏之際的人物品鑑，發展為正始以後的玄理為主，漢魏之際的抽象趨勢是顯而易見的。其對於魏晉美學的影響，首推「形神之論」的巍然樹立，徹底改變了魏晉人士的審美觀，從巧構形似到以形寫神，在藝術欣賞理論、書法理論、繪畫理論、音樂理論各層面，都起著深刻的影響；另外，抽象趨勢滲透到生活行為上，就產生魏晉時期的一片玄虛之風，甚而至於以清談亡國。抽象趨勢，影響不可謂之不巨。

　　「人本」、「緣情」、「抽象」三趨勢，合而成為魏晉美學的嶄新局面。「人本趨勢」標誌著審美主體的覺醒和獨立，從此審美判斷的建立不再依賴外物，而在於內在的審美意識、內在的和諧；「緣情趨勢」進一步顯示了審美規律自身內部的重整完成，藝術表現不再是「緣道」、「緣事」的結果，而惟獨繫乎在審美主體內心的那份情感上；而「抽象趨勢」更深一層地重組了人們美感形成的過程和決定因素，具體再現一個外在事物之面貌的「體物」時代已經過去了，魏晉時期的人們是在表現內在才性、風度、神韻的原則下從事一切文學藝術創作、以及生活言行舉止的。這三趨勢綜合作用下，內在於人的審美主體確立了、內在於藝術的審美規律清晰了，而且，獨立於一切價值之外的美感形成了。如此才談得到審美，才談得到美學。

　　至於此三趨勢其間的依存關係，可略圖形於下：

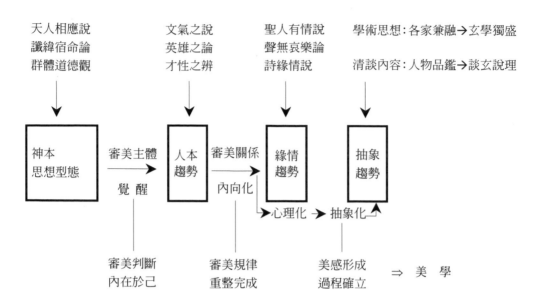

另外,「人本趨勢」所帶來的完全肯定自我價值的「唯我之風」、「緣情趨勢」所帶來的「尚情之風」,配合上「抽象趨勢」所帶來的「玄虛之風」三方面交相作用,才真正形成了社會美學上的所謂「魏晉風度」。亦可圖示如下:

於是,前引湯用彤先生所說的「漢末晉初,學術前後不同」,而其轉變關鍵正在漢末魏初〔註1〕;以及吳功正《六朝美學史》所言之「從漢代神學到魏晉六朝人學這個哲學、美學的途程中……一切都要到漢末才出現凝聚和沈澱,因此,對於六朝來說,最重要的不是整個漢代,而是漢末,是經過漢末的淤合或反撥,最終輸入六朝的。」〔註2〕的說法,經由對此「人本」、「緣情」、「抽象」三趨勢的分析,或可得以明確釐清並論證。同時,很明顯的,因有此三趨勢,魏晉南北朝,乃至整個中國美學的特殊風貌,也就在漢魏之際產生,並確立了。

故曰:「人本趨勢」、「緣情趨勢」、「抽象趨勢」是魏晉美學發展的基礎;也是吾人認識、研究魏晉美學之基礎。

〔註1〕 語見本書第四章引湯用彤《魏晉玄學論稿・讀人物志》,論證亦見該文,及同書〈言意之辨〉。
〔註2〕 見吳功正《六朝美學史》,頁37,江蘇美術出版社,1996年4月二版。

參考書目

一、書籍類

1. 《漢書》，鼎文標點本。

2. 《後漢書》，鼎文標點本。

3. 《三國志》，鼎文標點本。

4. 《晉書》，鼎文標點本。

5. 《宋書》，鼎文標點本。

6. 《南史》，鼎文標點本。

7. 《南齊書梁書陳書》，鼎文標點本。

8. 《漢魏六朝百三名家集》，明・張溥，文津出版社，民國 68 年。

9. 《全上古三代秦漢三國六朝文》，嚴可均校輯，中華書局。

10. 《先秦漢魏晉南北朝詩》，逯欽立輯校，木鐸出版社，民國 71 年。

11. 《楚辭補注》，洪興祖補注，藝文印書館，民國 54 年。

12. 《四書集註》，朱熹，學海出版社。

13. 《老子王弼注》，石田羊一郎勘誤，河洛圖書出版社。

14. 《莊子集釋》，郭慶藩，河洛圖書出版社，民國 63 年。

15. 《韓非子集解》，陳奇猷校注，河洛圖書出版社，民國 63 年。

16. 《呂氏春秋集釋》，許維遹，鼎文書局，民國 66 年。

17. 《晏子春秋集釋》，吳則虞，鼎文書局，民國 66 年。

18. 《淮南子》，中華書局，民國 57 年。

19. 《列子集釋》，楊伯峻，明倫出版社，民國 59 年。

20. 《抱朴子》，葛洪，世界書局，民國 58 年。

21. 《新譯抱朴子》，李中華注譯，黃志民校閱，三民書局，民國 85 年。

22. 《春秋繁露今註今譯》，賴炎元註譯，商務印書館，民國 81 年。

23. 《論衡》，王充，商務印書館。

24. 《論衡校釋》，黃暉，商務印書館，民國 53 年。

25. 《曹植集校注》，趙幼文，明文書局，民國 74 年。

26. 《人物志》，劉卲，中華書局，民國 72 年。

27. 《人物志》，劉卲著，劉君祖撰述，金楓出版公司，1986 年。

28. 《嵇康集校注》，戴明揚，河洛圖書出版社，1986 年。

29. 《嵇康年譜》，莊萬壽，三民書局，民國 70 年。

30. 《中國歷代文學論著精選》，郭紹虞，華正書局，民國 69 年版。

31. 《陸機文賦校釋》，楊牧校釋，洪範書店，民國 74 年。

32. 《詩品注》，汪中選注，正中書局，71 年 9 月。

33. 《鍾嶸詩品箋證稿》，王叔岷撰，中研院文哲所，民國 81 年 3 月。

34. 《文心雕龍注》，黃叔琳校注，學海出版社，民國 66 年 8 月。

35. 《文心雕龍讀本》，王更生注譯，文史哲出版社，民國 80 年 9 月。

36. 《文心雕龍研究》，王更生，文史哲出版社，民國 78 年。

37. 《文心雕龍新論》，王更生，文史哲出版社，民國 80 年 5 月。

38. 《文心雕龍新探》，張少康，文史哲出版社，民國 80 年 7 月。

39. 《文心雕龍的風格學》，詹鍈，木鐸出版社，民國 73 年。

40. 《世說新語箋疏》，余嘉錫撰，仁愛書局，民國 73 年。

41. 《世說新語考釋》，吳金華，安徽教育出版社，1994 年。

42. 《世說新語研究》，王能憲，江蘇古籍出版社，1992 年

43. 《從「世說新語」探討魏晉文人思想與生活》，吳友蘭，文史哲出版社，民國 74 年。

44. 《金樓子》，梁元帝，世界書局，民國 48 年。

45. 《顏氏家訓注》，趙曦明注，藝文印書館，民國 62 年。

46. 《增補六臣注文選》，李善等注，華正書局，民國 66 年。

47. 《洛陽伽藍記校箋》，楊勇，正文書局，民國 71 年。

48. 《藝概》，劉熙載撰，王國安標點，漢京文化公司，民國 74 年。

49. 《古詩源》，沈德潛，商務印書館，民國 77 年。

50. 《古詩源詳釋》，洪容中校刊，華聯出版社，民國 61 年。

51. 《說詩晬語論歷代詩》，朱自力，里仁書局，民國 83 年。

52. 《經學歷史》，皮錫瑞，鳴宇出版社，民國 69 年。

53. 《經典釋文序錄疏證》，吳承仕，嵩高書屋，民國 74 年。

54. 《兩漢五經博士考》，張金吾，商務印書館，1937 年。

55. 《中國古典文獻學》，木鐸出版社，民國 72 年。

56. 《新編中國哲學史》，勞思光，台北三民書局，民國 73 年。

57. 《中國哲學發展史》，吳怡，台北三民書局，民國 78 年。

58. 《中國哲學史資料選輯──魏晉隋唐之部》，馮芝生、容肇祖等，九思出版公司，民國 67 年。

59. 《兩漢思想史》，徐復觀，學生書局，民國 68 年。

60. 《道家思想史綱》，黃釗主編，湖南師範大學，1991 年。

61. 《中國學術思想史》，鄺士元，里仁書局，民國 81 年。

62. 《中國學術思想大綱》，林尹，商務印書館，民國 79 年。

63. 《漢代學術史略》，天山出版社，民國 74 年。

64. 《老莊思想論集》，王煜，聯經出版公司，民國 79 年版。

65. 《魏晉思想甲編五種》，賀昌群、容肇祖，里仁書局，民國 73 年，劉大杰、湯用彤、袁行霈。

66. 《才性與玄理》，牟宗三，學生書局，民國 67 年。

67. 《魏晉玄學》，牟宗三，東海大學，民國 51 年。

68. 《中國哲學的特質》，牟宗三，學生書局，民國 83 年。

69. 《中國人文精神之發展》，唐君毅，學生書局，民國 68 年。

70. 《玄學與魏晉士人心態》，羅宗強，文史哲出版社，民國 81 年。

71. 《中國學術思想史論叢》，錢穆，東大圖書公司，1977 年。

72. 《魏晉思想史》，許抗生，桂冠圖書公司，1992 年。

73. 《魏晉玄學史》，許杭生等，陝西師大出版社，1989 年。

74. 《魏晉玄學探微》，趙書廉，河南人民出版社，1992 年。

75. 《魏晉三大思潮論稿》，田文棠，陝西人民出版社，1988 年。

76. 《魏晉清談述論》，周紹賢，台灣商務印書館，民國 55 年。

77. 《魏晉思想與談風》，何啓民，中國學術著作，獎助委員會，民國 56 年。

78. 《郭象與魏晉玄學》，湯一介，谷風出版社，1987 年。

79. 《魏晉南北朝儒學流變之省察》，林登順，文津出版社，民國 85 年。

80. 《魏晉南北朝研究論集》，鄺士元，文史哲出版社，民國 73 年。

81. 《王充思想評論》，陳拱，台灣商務印書館，1996 年。

82. 《王充文學批評及其影響》，李道顯，文史哲出版社，民國 73 年。

83. 《王充思想之形成及其《論衡》》，黃國安，台灣商務印書館，民國 72 年。

84. 《徐幹思想研究》，李文獻，文津出版社，民國 81 年。

85. 《六朝社會文化心態》，趙輝，文津出版社，民國 85 年。

86. 《魏晉風氣與六朝文學》，朱義雲，文史哲出版社，民國 69 年。

87. 《魏晉清談》，唐翼明，東大圖書公司，民國 81 年。

88. 《魏晉清玄》，李春青，雲龍出版社，1995 年。

89. 《魏晉玄談》，孔繁，洪葉出版社，1993 年。

90. 《人之哲學》，項退結，中央文物供應社，民國 71 年。

91. 《中國文學史》，葉慶炳，學生書局，民國 69 年版。

92. 《中國文學發展史》，劉大杰，華正書局，民國 65 年版。

93. 《中國文藝思潮史略》，朱維之，合作出版社，民國 28 年版。

94. 《中國文學批評史》，郭紹虞，台灣明倫書局，不詳。

95. 《中國文學批評史》，羅根澤，學海出版社，民國 69 年。

96. 《中國文學批評史》，陳鍾凡，龍泉書屋，民國 68 年。

97. 《魏晉南北朝文學史參考資料》，游國恩編選，漢京文化公司，民國 74 年。

98. 《兩漢魏晉南北朝文學批評資料彙編》，曾永義、柯慶明編，成文出版社，民國 67 年。

99. 《中國歷代文學論著精選》，郭紹虞編，華正書局，民國 69 年。

100. 《詩論》，朱光潛，正中書局，民國 82 年。

101. 《中國文學理論》，劉若愚著、杜國清譯，聯經出版公司，民國 74 年。

102. 《中國文學理論史》，六朝篇，王金凌，華正書局，民國 77 年。

103. 《魏晉南北朝文學思想史》，張仁青，文史哲出版社，民國 67 年。

104. 《心哉美矣——漢魏六朝文心流變史》，李建中，文史哲出版社，民國 82 年。

105. 《漢文學史綱》，魯迅，風雲時代出版社民國 79 年。

106. 《六朝文論》，廖蔚卿，聯經出版公司，民國 67 年。

107. 《中古學術論略》，張蓓蓓，大安出版社，1991 年。

108. 《六朝文學觀念叢論》，顏崑陽，正中書局，民國 82 年。

109. 《中國中古文學史、論文雜記》，劉師培，人民文學，1984 年。

110. 《漢魏六朝樂府文學史》，蕭滌非，長安出版社，民國 70 年。

111. 《詩言志辨》，朱自清，開明書店，民國 71 年。

112. 《漢魏六朝詩論叢》，余冠英，鼎文書局，民國 66 年。

113. 《建安文學編年史》，劉知漸，重慶出版社，1985 年。

114. 《三曹資料彙編》，河北師範，北京中華，1980 年。

115. 《對酒當歌──六朝文學與曹氏父子》，張鈞莉，幼獅文化，民國 83 年。

116. 《建安七子集》，俞紹初輯校，文史哲出版社，民國 79 年。

117. 《建安七子學述》，江建俊，文史哲出版社，民國 71 年。

118. 《建安詩文鑑賞辭典》，王巍、王文祿主編，東北師範大學出版社，1994 年。

119. 《建安文學述評》，李景華，首都師範大學，1994 年。

120. 《南朝詩研究》，王次澄，東吳大學中國學術，著作獎助委員會，民國 73 年。

121. 《齊梁詩探微》，盧清青，文史哲出版社，民國 73 年。

122. 《六朝遊仙詩研究》，張鈞莉，花木蘭出版社，2008 年。

123. 《沈約及其學術探究》，姚振黎，文史哲出版社，民國 78 年。

124. 《北朝文學研究》，吳先寧，文津出版社，民國 82 年。

125. 《中古文學史論》，王瑤，北京大學，1986 年。

126. 《漢魏六朝文研究》，劉師培，中華書局。

127. 《文論講疏》，許文雨，正中書局，民國 56 年。

128. 《漢末士風與建安詩風》，孫明君，文津出版社，民國 84 年。

129. 《六朝人才觀念與文學》，林童照，文津出版社，民國 84 年。

130. 《二十二史劄記》，趙翼，仁愛書局，民國 73 年。

131. 《秦漢的方士與儒生》，顧頡剛，里仁書局，民國 74 年。

132. 《魏晉南北朝史》，勞榦，文化大學出版部，民國 69 年。

133. 《秦漢文化史》，韓養民，里仁書局，民國 75 年。

134. 《魏晉南北朝文化史》，萬繩楠，雲龍出版社，1995 年。

135. 《魏晉南北朝政治史》，張儐生，文化大學出版部，民國 72 年。

136. 《魏晉南北朝政治制度研究》，陳琳國，文津出版社，民國 83 年。

137. 《魏晉南北朝隋唐經濟史稿》，李劍農，華世出版社，民國 70 年。

138. 《漢魏兩晉南北朝佛教史》，湯錫予，國史研究室，民國 62 年。

139. 《魏晉南北朝史論叢》，唐長孺，北京不詳，1955 年。

140. 《魏晉南北朝史論拾遺》，唐長孺，台北不詳，1982 年。

141. 《六朝的城市與社會》，劉淑芬，學生書局，民國 81 年。

142. 《兩晉南北朝士族政治之研究》，毛漢光，中國學術著作獎助委員會，民國 55 年。

143. 《五朝門第》，王伊同，香港中文大學，1978 年。

144. 《江東世家大族研究》，方北辰，文津出版社，民國 80 年。

145. 《中古士族現象研究》，陳明，文津出版社，民國 83 年。

146. 《陳寅恪先生論文集》，陳寅恪，九思出版社，民國 66 年。

147. 《中國知識階層史論》，余英時，台北聯經，民國 69 年。

148. 《士與中國文化》，余英時，上海人民，1987 年。

149. 《歷史與思想》，余英時，聯經出版社，民國 79 年。

150. 《中國思想傳統的現代詮釋》，余英時，聯經出版社，民國 79 年。

151. 《美學》，田曼詩，三民書局，民國 79 年。

152. 《美學原理》，楊辛、甘霖，曉園出版社，1991 年。

153. 《談美》，朱光潛，天龍出版社，民國 75 年。

154. 《新藝術論》，蔡儀，元山書局，民國 75 年。

155. 《新美學》，蔡儀，元山書局，民國 75 年。

156. 《美學概論》，王朝聞，谷風出版社，民國 78 年。

157. 《美學百題》，丹青圖書公司。

158. 《從浪漫到新浪漫》，黃海雲，藝術家出版社，民國 80 年。

159. 《美學辭典》，王世德主編，木鐸出版社，民國 76 年。

160. 《現代美學體系》，葉朗，書林出版公司，民國 82 年。

161. 《美的範疇論》，姚一葦，台灣開明書店，民國 78 年。

162. 《西方美學史》，朱光潛，漢京出版社，民國 71 年。

163. 《美學史》，凱·埃·吉爾伯特、赫·庫恩著，夏乾豐譯，上海譯文出版社。

164. 《西洋古代美學》，W·Tatarkiewicz 著，劉文潭譯，聯經出版公司，民國 70 年。

165. 《美學原理》，克羅齊著，正中書局編委會譯，正中書局，民國 78 年版。

166. 《美學》，德尼斯·于斯曼著，欒棟、關寶艷譯，遠流出版公司，1990 年。

167. 《言說的理論》，麥克唐納著，陳璋津譯，遠流出版公司，1990 年。

168. 《西方美學導論》，劉昌元，聯經出版公司，民國 78 年。

169. 《西方美學名著引論》，木鐸出版社。

170. 《當代西方美學》，朱狄，谷風出版社，民國 77 年。

171. 《德國古典美學》，蔣孔陽，谷風出版社，1987 年。

172. 《美學的方法》，今道友信編、李心鋒等譯，文化藝術出版社，1990 年。

173. 《西方美學家論美與美感》，朱光潛編譯，天山出版社。

174. 《現代美學》，劉文潭，台灣商務印書館，民國 80 年。

175. 《藝術概論》，凌嵩郎，不詳，民國 79 年。

176. 《形上美學要義》，史作檉，書鄉文化公司，民國 82 年。

177. 《美學散論》，王善忠，社會科學文獻出版社，1993 年。

178. 《中國美學史（一）——先秦兩漢之部》，李澤厚，劉綱紀主編，里仁書局，民國 75 年。

179. 《中國美學史（二）——魏晉南北朝》，李澤厚，劉綱紀主編，谷風出版社，民國 76 年，美學思想。

180. 《中國美學思想史》，敏澤，齊魯書社，1989 年。

181. 《中國美學史大綱》，葉朗，滄浪文化，民國 75 年。

182. 《中國美學史資料選編》，王進祥執行編輯，漢京文化出版社，民國 72 年。

183. 《中國美學主潮》，周來祥主編，山東大學出版社，1992 年。

184. 《六朝美學史》，吳功正，江蘇美術出版社，1996 年。

185. 《六朝美學》，袁濟喜，北京大學出版社，1989 年。

186. 《中國古代美學範疇》，曾祖蔭，丹青圖書公司，民國 76 年。

187. 《美學再出發》，朱光潛，丹青圖書公司，民國 76 年。

188. 《美從何處尋》，宗白華，元山書局，民國 75 年。

189. 《美學散步》，宗白華，世華書局。

190. 《美的歷程》，李澤厚，三民書局，民國 85 年。

191. 《華夏美學》，李澤厚，時報文化，民國 78 年。

192. 《美學四講》，李澤厚，三民書局，民國 85 年。

193. 《中國古代思想史論》，李澤厚，三民書局，民國 85 年。

194. 《我的哲學提綱》，李澤厚，三民書局，民國 85 年。

195. 《走我自己的路》，李澤厚，三民書局，民國 85 年。

196. 《美學論集》，李澤厚，三民書局，民國 85 年。

197. 《中國美學史論集》，林同華，丹青圖書公司，民國 75 年。

198. 《當代中國美學研究概述》，趙士林，谷風出版社，民國 77 年。

199. 《中國古代美學要題新論》，張國慶，中國社會科學出版社，1994 年。

200. 《心學與美學》，趙士林，中國社會科學出版社，1992 年。

201. 《文學美綜論》，柯慶明，長安出版社，民國 72 年。

202. 《詩美學》，李元洛，東大圖書公司，民國 79 年。

203. 《詩與詩學》，杜松柏，洙泗出版社，民國 79 年。

204. 《中國詩歌藝術研究》，袁行霈，五南圖書出版公司，民國 79 年。
205. 《中國詩歌美學》，蕭馳，北京大學出版社，1986 年。
206. 《中國古典美學風骨論》，汪涌豪，人民大學出版社，1994 年。
207. 《劉勰的審美理想》，陳詠明，文津出版社，民國 81 年。
208. 《魯迅美學思想論稿》，劉再復，明鏡文化事業公司，民國 78 年。
209. 《中國藝術概論》，王壯爲等，中國文化大學，民國 77 年。
210. 《中國美術史略》，閻麗川，丹青圖書公司。
211. 《古美術論集》，黃苗子，元山書局，民國 76 年。
212. 《中國古典繪畫美學》，郭因，丹青圖書公司，民國 75 年。
213. 《中國畫研究》，陳兆復，丹青圖書公司。
214. 《漢代畫像石》，吳曾德，丹青圖書公司。
215. 《六朝畫論研究》，陳傳席，學生書局，民國 80 年。
216. 《歷代名畫記》，唐·張彥遠，人民美術出版社，1983 年。
217. 《中國園林建築研究》，不詳，丹青圖書公司。
218. 《中國書法理論體系》，熊秉明，不詳。
219. 《書品（等九種）》，南朝·庾肩吾等，金楓出版公司，1989 年。
220. 《書譜》，唐·孫過庭著，王仁鈞撰述，金楓出版公司，1986 年。

二、論文類

1. 〈魏晉風度及文章與藥及酒之關係〉，魯迅，《而已集》台北風雲時代，民國 78 年版。
2. 〈論建安曹氏父子的詩〉，余冠英，《文學遺產增刊》一輯，作家出版社，北京，1957 年。
3. 〈從遊仙詩看曹氏父子的性格與風格〉，張鈞莉，《中外文學》第二十卷第五期，民國 80 年 10 月。
4. 〈南朝樂府民歌主要內容的分析〉，李嘉言，同上。
5. 〈思潮風尚變遷與東漢後期文學〉，齊天舉，《中國古典文學論叢第四輯》，人民文學，北京，1986 年。
6. 〈論東晉南朝陳郡謝氏的文學傳統——兼論山水詩的產生〉，蕭華榮，同上。
7. 〈南朝詩歌發展原因初探〉，張明非，同上。
8. 〈論漢魏六朝詩教說的演變及其在詩歌發展中的作用〉，葛曉音，同上。
9. 〈陶淵明作品的現實性和人民性〉，劉禹昌，《吉林大學人文科學學報》

第三期，1959 年。

10. 〈鮑照詩的藝術特點〉，陳寂，《魏晉六朝詩研究論文集》，中國語文學社編，北京，1969 年。

11. 〈東漢的名士與建安文學——對建安文學的政治思想背景的探索〉，徐樹儀，《建安文學研究文集》，黃山書社出版，1984 年。

12. 〈「建安風骨」是對建安文學美感特徵的概括〉，唐躍，同上。

13. 〈試論建安文學初期的黃老思潮——從亳縣曹墓出土的兩方畫磚談起〉，侗慶，同上。

14. 〈論曹丕「文氣說」的歷史淵源〉，呂美生，同上。

15. 〈曹丕文氣說的美學意涵——美的價值自覺與審美意識的學醒〉，張鈞莉，《中原華語文學報》（創刊號），民國 97 年 4 月。

16. 〈個性與風格——曹丕文氣說的審美主體與審美對象觀〉，張鈞莉，《中原華語文學報》第二期，民國 97 年 10 月。

17. 〈形影神詩與東晉之佛道思想〉，逯欽立，《中研院史語所集刊》第十六。

18. 〈中國當前的美學〉，葉朗，《文學與美學》，淡江大學中文研究所主編，文史哲出版社，台北，民國 79 年。

19. 〈六朝「巧構形似」的美學範疇與西方模擬說〉，楊旻瑋，同上。

20. 〈打開環狀結構的祕密——審美活動中主客體關係的分析〉，許明，同上。

21. 〈中國藝術與中國古代美學思想〉，蔣孔陽，《文學與美學》第二集，淡江大學中文研究所主編，文史哲出版社，台北，民國 80 年。

22. 〈形象思維與魏晉書法〉，王仁鈞，同上。

23. 〈非人性化藝術的美學觀〉，蔡英俊，同上。

24. 〈論魏晉玄學中的內在性與超越性的問題〉，湯一介，《魏晉南北朝文學與思想學術討論會論文集》，文史哲出版社，民國 80 年。

25. 〈玄學主體思維散論〉，蒙培元，同上。

26. 〈中國人的人品觀〉，張蓓蓓，《錢穆先生紀念館館刊》第二期，台北市立圖書館，民國 83 年 7 月。

27. 〈論「人物志」的英雄理論及英雄人物〉，莊耀郎，《台灣師大國文學報》第二十五期，民國 85 年 6 月。

28. 〈嵇康思想中的名理與玄理〉，戴璉璋，《中國文哲研究集刊》第四期。

29. 〈試析「聲無哀樂論」之玄理〉謝大寧，《中國學術年刊》第十八期，台灣師大國研所，民國 86 年 3 月。

30. 〈先秦至六朝「情性」與文學的探討〉，陳昌明，《中國文學研究》創刊號，台灣大學中文研究所，民國 76 年 5 月。

31. 〈論魏晉名士的自我意識〉，張鈞莉，《銘傳學刊》第十卷第二期，民國88年4月。

32. 〈文心雕龍的辭氣論——兼論辭氣品鑑與人物品鑑的關係〉，鄭毓瑜，《台大中文學報》（創刊號），民國74年11月。

33. 《魏晉清談主題之研究》，林麗真，台大中文所博士論文，民國67年。

34. 《王弼玄學》，莊耀郎，師大國文所博士論文，民國80年。

35. 《漢晉人物品鑑研究》，張蓓蓓，台大中文所博士論文，民國76年。

36. 《魏晉人物品鑑研究》，賴麗容，師大國研所博士論文，民國85年。

37. 〈中華文化思想中「天」的混同與「人」的失落——董仲舒天人合一說析評〉，張鈞莉，《中原華語文學報》第四期，民國98年10月。

38. 《從災異到玄學》，謝大寧，師大國文所博士論文，民國78年。

39. 《魏晉任誕士風研究》，栗子菁，台大中文所碩士論文，民國77年。

40. 《六朝文氣論研究》，鄭毓瑜，台大中文所碩士論文，民國73年。

41. 《六朝風格論之理論與實踐研究》，蔡英俊，台大中文所碩士論文，民國69年。

42. 《六朝緣情觀念研究》，陳昌明，台大中文所碩士論文，民國76年。

43. 《梁末羈北文士研究》，沈冬青，台大中文所碩士論文，民國75年。

三、英文類

1. Nienhauser,William H. Jr. *The Indiana Companion To Traditional Chinese Literature* Southern Materials Center, INC.Taipei ,1986. A reprint.

2. Holt , Abrams M. H. *A Glossary Of Literary Terms* 5th Edition Holt, Rineharte And Winston, Inc.1988.

3. Alex Preminger ,ed. *The Princeton Handbook of Poetic Terms* Bookman Books,Ltd.1988. A reprint.

4. Liu , Wu-chi *An Introduction To Chinese Literature* Indiana University Press 1966.

5. Owen , Stephen *Traditional Chinese Poetry And Poetics* Southern Materials Center, INC.Taipei ,1986. A reprint.

6. Lu , Zhiwei *Five Lectures on Chinese Poetry* 書林出版公司，民國79年。

7. Sun Chang , Kang-I *Six Dynasties Poetry* Princeton University Press 1986.

8. Owen , Stephen Remembrance——The Experience of the Past in Classical Chinese Literature Harvard University Press 1986.

9. HU , Patricia Pin-ching 胡品清，Random Talks On Classical Chinese Poetry，漫談中國古典詩詞 Join Sun Publishing Co.,Ltd. 長松文化事業有限公司，1990。

10. Owen , Stephen *The Poetry of the Early T'ang* Yale University Press 1977.

11. Jakobson , Roman and Pomorska , Krystyna *Dialogues* The MIT Press,1988.

12 . Eagleton , Terry *Literary Theory* Basil Blackwell Ltd, 1988. A reprint.

13. John Hospers Introductory Readings In Aesthetics. A reprint.

14. Melvin Rader A Modern Book of Aesthetics. A reprint.